Transparenz im Gesundheitswesen

Denise Marie Hradecky

Transparenz im Gesundheitswesen

Methodische Ansätze für eine fundierte Entscheidungsfindung

Springer Gabler

Denise Marie Hradecky
Health Care Management
Interorganizational – Denise Hradecky
Göppingen, Baden-Württemberg, Deutschland

ISBN 978-3-658-48124-7 ISBN 978-3-658-48125-4 (eBook)
https://doi.org/10.1007/978-3-658-48125-4

Die Deutsche Nationalbibliothek verzeichnet diese Publikation in der Deutschen Nationalbibliografie; detaillierte bibliografische Daten sind im Internet über https://portal.dnb.de abrufbar.

Planung/Lektorat: Margit Schlomski
Springer Gabler ist ein Imprint der eingetragenen Gesellschaft Springer Fachmedien Wiesbaden GmbH und ist ein Teil von Springer Nature.
Die Anschrift der Gesellschaft ist: Abraham-Lincoln-Str. 46, 65189 Wiesbaden, Germany

Vorwort

Die Entstehung dieses Buches ist das Ergebnis eines intensiven und erkenntnisreichen Prozesses, in dem unterschiedliche Perspektiven und Fragestellungen zum Thema Transparenz im Gesundheitswesen zusammengeführt wurden. Ziel war es, eine praxisorientierte und zugleich wissenschaftlich fundierte Grundlage zu schaffen, die Akteurinnen und Akteuren im Gesundheitssektor als wertvolle Orientierung dient. Angesichts der vielfältigen Herausforderungen, mit denen das deutsche Gesundheitssystem konfrontiert ist – von der wirtschaftlichen Belastung zahlreicher Krankenhäuser bis hin zum anhaltenden Mangel an medizinischem Fachpersonal –, möchte dieses Buch Entscheidungsträgerinnen und Entscheidungsträger sowie Praktikerinnen und Praktiker darin unterstützen, fundierte und vorausschauende Entscheidungen zu treffen.

Mein besonderer Dank gilt meinem Ehemann, meinem Sohn und meiner Tochter, die mir in der intensiven Arbeitsphase mit großer Geduld und Unterstützung zur Seite standen.

Ich hoffe, dass dieses Buch nicht nur als praktisches Hilfsmittel, sondern auch als Impulsgeber für Innovation und nachhaltige Veränderungen im Gesundheitswesen dient. Es möchte dazu beitragen, Forschungsergebnisse und internationale Best Practices zugänglich zu machen und den Leserinnen und Lesern eine fundierte Grundlage für die Gestaltung transparenter, zukunftsorientierter Strategien bieten.

Göppingen
im Januar 2025

Denise Marie Hradecky

Interessenkonflikt Der/die Autor*in hat keine für den Inhalt dieses Manuskripts relevanten Interessenkonflikte.

Inhaltsverzeichnis

Über die Autorin

Denise Marie Hradecky, LL. M., MSc., B.H.
Interorganizational – Denise Hradecky
Rechberghäuser Weg 11, 73035 Göppingen
E-Mail: d.hradecky@interorganizational.de

Denise Marie Hradecky ist Expertin in Gesundheitswirtschaft, Wirtschaftsrecht und internationaler Vernetzung mit einem interdisziplinären akademischen und beruflichen Hintergrund. Sie absolvierte einen *Master of Laws* (LL.M.) in Wirtschaftsrecht sowie einen *Master of Science* (M.Sc.) in Health Care Management. Zudem erwarb sie einen *Bachelor of Health* (B.H.) in Medical Diagnostic and Radiotherapy. Ihr Fachwissen vertiefte sie durch ein Austauschprogramm in International Healthcare Management, Economics & Policy an der Bocconi Universität Mailand sowie durch die Teilnahme an einer Summer School der Sapienza Universität Rom, die sich mit dem Mehrebenensystem der Grundrechte und der Rolle europäischer sowie nationaler Gerichte befasste. Darüber hinaus absolvierte sie weiterführende Qualifikationen an der University of Cambridge und der Harvard University.

Ihre berufliche Laufbahn umfasst verschiedene Führungs- und Beratungspositionen im Gesundheitswesen. Als freiberufliche Expertin ist sie in den Bereichen Gesundheitsforschung, Organisationsentwicklung und digitale Transformation tätig und berät sowohl nationale als auch internationale Unternehmen sowie politische Entscheidungsträger zu Gesundheitspolitik und Gesundheitsrecht. Sie war an mehreren politikwissenschaftlichen Tagungen zur Gesundheitspolitik beteiligt, die den internationalen Austausch zwischen Deutschland und anderen Ländern förderten, und engagierte sich in der Gründung einer Hochschule für Gesundheitswissenschaften in Samarkand, Usbekistan.

Darüber hinaus ist Hradecky als Dozentin für Gesundheitsrecht und -management an Akademien für Pflegeberufe tätig. Zuvor war sie unter anderem als Beraterin des Vorstands der größten Universitätsklinik der Niederlande tätig, wo sie maßgeblich an der Organisationsentwicklung und -strukturierung beteiligt war. Zudem übernahm sie als stellvertretende Pflegedirektorin eines großen Krankenhauses in Deutschland Verantwortung für die Personalführung, Prozessoptimierung und strategische Weiterentwicklung der Klinik.

Sie ist Mit-Autorin des Fachbuchs „Internationale Pflegefachkräfte für kommunale Krankenhäuser gewinnen: Maßnahmen und rechtliche Rahmenbedingungen“, erschienen 2024 im Springer Gabler Verlag.

1 Einleitung: Transparenz als Schlüssel für ein zukunftsfähiges Gesundheitssystem

Transparenz im Gesundheitswesen ist kein theoretisches Konzept, sondern eine wesentliche Grundlage, um die drängenden Herausforderungen moderner Gesundheitssysteme zu bewältigen. In einer Zeit, in der wirtschaftliche Engpässe, ein akuter Mangel an Fachpersonal und steigende Anforderungen an Qualität und Effizienz das Gesundheitssystem prägen, wird Transparenz zur unverzichtbaren Grundlage für fundierte Entscheidungen. Sie schafft Vertrauen, ermöglicht eine evidenzbasierte Steuerung und fördert die langfristige Verbesserung der Gesundheitsversorgung. Dieses Buch verfolgt das Ziel, Transparenz als strategisches Werkzeug zu definieren und praktikable Ansätze für ihre Implementierung aufzuzeigen.

Die aktuelle Lage des deutschen Gesundheitssystems verdeutlicht die Dringlichkeit dieses Themas. Zahlreiche Krankenhäuser sind mit einem signifikanten finanziellen Druck konfrontiert und weisen kontinuierlich Defizite auf. Der Mangel an Ärztinnen und Ärzten sowie Pflegekräften führt zu überlasteten Strukturen und beeinträchtigt die Versorgungsqualität. Gleichzeitig erwarten Patienten[1] mehr Mitsprache, Einsicht in Behandlungsentscheidungen und Transparenz hinsichtlich Kosten und Qualität. Dieses Spannungsfeld zeigt klar, dass traditionelle Ansätze zur Steuerung und Organisation nicht mehr genügen. Es braucht innovative, gut durchdachte und praxisorientierte Lösungen, die auf wissenschaftlicher Evidenz basieren.

[1] In diesem Buch wird aus Gründen der Lesbarkeit auf eine geschlechtergerechte Sprache verzichtet; sämtliche Personenbezeichnungen gelten gleichermaßen für alle Geschlechter.

D. M. Hradecky, *Transparenz im Gesundheitswesen*,
https://doi.org/10.1007/978-3-658-48125-4_1

Dieses Buch wurde als praxisnahes Hilfsmittel konzipiert, um den Akteuren im Gesundheitswesen eine belastbare Entscheidungsgrundlage zu bieten. Krankenhäuser, Entscheidungsträger und Gesundheitsorganisationen sehen sich bereits einem starken Zeit- und Kostendruck ausgesetzt. Vor diesem Hintergrund setzt dieses Werk dort an, wo die Ressourcen knapp sind: Es liefert fundierte Analysen, systematisches Benchmarking und Einblicke in internationale Best Practices. Anstatt eigenständig umfassende Recherchen durchzuführen, können sich die Leserinnen und Leser auf die Erkenntnisse und Werkzeuge stützen, die dieses Buch bereitstellt.

Die Inhalte beruhen auf einer umfassenden Analyse nationaler und internationaler Ansätze zur Förderung von Transparenz. Vorbilder aus Australien, Dänemark, Estland, Finnland, Kanada, dem Vereinigten Königreich, Schweden, den Niederlanden, Österreich und den USA verdeutlichen, wie Transparenz nicht nur als Kontrollmechanismus, sondern als Motor für Qualität und Effizienz eingesetzt werden kann. Das Buch untersucht die Übertragbarkeit dieser Modelle auf das deutsche Gesundheitssystem und bietet konkrete Handlungsempfehlungen, die sowohl die organisatorischen als auch die kulturellen Dimensionen der Transparenz berücksichtigen.

Dabei zeigt sich, dass Transparenz weit über technologische Innovationen wie künstliche Intelligenz, Big Data oder elektronische Patientenakten hinausgeht. Ihre erfolgreiche Implementierung erfordert einen tiefgreifenden kulturellen Wandel innerhalb von Gesundheitseinrichtungen. Eine offene Kommunikationskultur, klare Verantwortlichkeiten und die Einbindung aller relevanten Akteure – von politischen Entscheidungsträgern über Leistungserbringer bis hin zu Patienten – sind entscheidend für die Akzeptanz und Nachhaltigkeit transparenter Strukturen.

Das Buch legt besonderen Wert auf die praktische Umsetzbarkeit der vorgestellten Konzepte. Anhand detaillierter Fallstudien und Praxisbeispiele wird gezeigt, wie Transparenz umgesetzt werden kann. Diese Beispiele illustrieren nicht nur Best Practices, sondern beleuchten auch Herausforderungen und Stolpersteine, die bei der Implementierung bewältigt werden müssen. Der Leser erhält dadurch nicht nur theoretische Einblicke, sondern auch konkrete Werkzeuge und Leitlinien, die eine direkte Anwendung ermöglichen.

Dieses Buch versteht sich als Beitrag zur Weiterentwicklung eines zukunftsfähigen Gesundheitssystems. Es richtet sich an alle, die sich der Herausforderung stellen, das Gesundheitswesen effizienter, patientenorientierter und nachhaltiger zu gestalten. Transparenz wird hier nicht als Hindernis oder zusätzliche Belastung dargestellt, sondern als Chance, das Vertrauen in das System zu stärken, die Versorgungsqualität zu sichern und die begrenzten Ressourcen zielgerichtet einzusetzen. Mit diesem Buch soll verdeutlicht werden, dass auch in Zeiten großer Herausforderungen kluge, fundierte und nachhaltige Entscheidungen möglich sind, die langfristig positive Veränderungen bewirken können.

Grundlagen und Entwicklung der Transparenz im Gesundheitswesen

2

Inhaltsverzeichnis

Transparenz hat sich im Gesundheitswesen als unverzichtbares Prinzip etabliert, das über die Offenlegung von Informationen hinausgeht. Sie dient als Grundlage für eine patientenorientierte Versorgung, unterstützt die Qualitätssicherung und fördert das Vertrauen in das Gesundheitssystem. Um Transparenz in ihrer heutigen Form zu verstehen, ist ein Blick auf ihre historische Entwicklung sowie ihre gegenwärtige Relevanz unerlässlich.

Die Geschichte der Transparenz im Gesundheitswesen zeigt einen klaren Wandel von einem paternalistischen Modell hin zu einer datengetriebenen, patientenzentrierten Versorgung. Dieser Wandel wurde durch gesellschaftliche Umbrüche, technologische Innovationen und gesetzliche Regelungen angestoßen, die das Gesundheitswesen nachhaltig verändert haben. Die zunehmende Verfügbarkeit von Gesundheitsdaten und der Einsatz digitaler Technologien haben Transparenz zu einem Schlüsselinstrument gemacht, um Patientenrechte zu stärken und die Effizienz von Gesundheitssystemen zu steigern.

In der heutigen Zeit bildet Transparenz ein zentrales Element moderner Gesundheitspolitik und -versorgung. Sie ist nicht nur ein ethisches Gebot, sondern auch ein strategisches Mittel, um den Herausforderungen eines komplexen Gesundheitssystems zu begegnen. Dabei spielt sie eine entscheidende Rolle bei der Förderung von Qualität, Effizienz und sozialer Gerechtigkeit.

D. M. Hradecky, *Transparenz im Gesundheitswesen*,
https://doi.org/10.1007/978-3-658-48125-4_2

Die folgenden Abschnitte beleuchten zunächst die historische Entwicklung von Transparenz im Gesundheitswesen und gehen anschließend auf deren aktuelle Bedeutung ein. Dies schafft die Grundlage für ein tieferes Verständnis der methodischen Ansätze und strategischen Potenziale, die Transparenz bietet.

2.1 Historische Entwicklung der Transparenz im Gesundheitswesen

Die Transparenz im Gesundheitswesen hat sich im Laufe der Jahrzehnte von einem weitgehend vernachlässigten Thema zu einem zentralen Prinzip moderner Gesundheitssysteme entwickelt. Diese Transformation wurde durch tiefgreifende gesellschaftliche, technologische und rechtliche Veränderungen geprägt. Transparenz dient heute nicht nur als Grundlage für Qualitätssicherung und Patientenrechte, sondern auch als strategisches Instrument, um Vertrauen zu fördern, Effizienz zu steigern und gesundheitliche Ungleichheiten zu reduzieren. Ein Verständnis der historischen Entwicklung sowie der aktuellen Bedeutung ist unerlässlich, um die Rolle von Transparenz im heutigen Gesundheitssystem zu erfassen und zukünftige Herausforderungen zu bewältigen.

2.1.1 Historische Entwicklung

Die historische Entwicklung der Transparenz im Gesundheitswesen spiegelt die kontinuierliche Veränderung gesellschaftlicher, technologischer und rechtlicher Rahmenbedingungen wider. Sie kann in drei zentrale Phasen unterteilt werden, die jeweils eine spezifische Dynamik im Umgang mit Transparenz und Patientenrechten verdeutlichen.

Phase 1: paternalistisches Modell (vor 1970)
In der frühen Phase des Gesundheitswesens dominierte ein paternalistisches Modell, das durch eine klare Hierarchie zwischen Leistungserbringern und Patienten gekennzeichnet war. Ärztliche Entscheidungen wurden weitgehend ohne Mitwirkung der Patienten getroffen, und Informationen zu Diagnosen, Behandlungsoptionen und Prognosen wurden nur selektiv weitergegeben. Transparenz wurde als nicht erforderlich angesehen, da das Vertrauen der Bevölkerung primär auf der Autorität und Expertise der medizinischen Fachkräfte beruhte (Steinhart, 2002).

Systematische Ansätze zur Erhebung und Veröffentlichung von Gesundheitsdaten sowie gesetzliche Regelungen zur Förderung von Patientenrechten oder des Informationszugangs waren nahezu nicht vorhanden. Dieses Modell schränkte die Autonomie der Patienten erheblich ein und machte fundierte Entscheidungen nahezu unmöglich (Harrison & Dowswell,

2002). Zudem waren viele Behandlungsentscheidungen stark von der individuellen Einschätzung der Fachkräfte abhängig, was die Vergleichbarkeit und Rechenschaftspflicht im Gesundheitswesen erschwerte (Rothman, 1991).

Phase 2: Wandel zur Patientenorientierung (1970–2000)
Die gesellschaftlichen Umbrüche der 1970er-Jahre führten zu einem Paradigmenwechsel im Gesundheitswesen. In dieser Phase wurde der Fokus zunehmend auf Patientenrechte und die Einbindung der Patienten in den Behandlungsprozess gelegt. Bewegungen für Bürgerrechte und gesellschaftliche Forderungen nach mehr Transparenz und Rechenschaftspflicht prägten diese Zeit. Die Einführung von Patientenrechten und Informationspflichten markierte einen Wendepunkt hin zu einer patientenorientierten Versorgung (Horch et al., 2012).

Ein zentraler Fortschritt dieser Phase war die Etablierung des Konzepts der informierten Zustimmung (‚informed consent'). Patienten erhielten zunehmend die Möglichkeit, informierte Entscheidungen zu treffen, indem ihnen klare Informationen über Risiken, alternative Behandlungsmöglichkeiten und Konsequenzen bereitgestellt wurden (Beauchamp & Childress, 2001). Diese Entwicklung wurde durch die Entstehung von Patientenorganisationen und -verbänden gefördert, die sich aktiv für Offenheit und Rechenschaftspflicht einsetzten (Thompson, 2007).

In vielen Ländern begann zudem die systematische Veröffentlichung von Qualitätsberichten, um Transparenz in der Leistungsfähigkeit von Gesundheitseinrichtungen zu schaffen. Dies legte die Grundlage für einen Wettbewerb um Qualität und die Einführung von Benchmarking als Instrument zur Verbesserung der Versorgung (Donabedian, 1988). Die Patientenorientierung wurde damit zu einem integralen Bestandteil moderner Gesundheitssysteme.

Phase 3: Digitalisierung und datengetriebene Transparenz (ab 2000)
Die digitale Revolution zu Beginn des 21. Jahrhunderts eröffnete neue Möglichkeiten für die Erfassung, Analyse und Bereitstellung von Gesundheitsdaten. Fortschritte in der Informationstechnologie ermöglichten die Entwicklung nationaler Register und Plattformen, die eine Vergleichbarkeit der Qualität und Effizienz von Gesundheitseinrichtungen förderten. Ein Beispiel hierfür ist der ‚Bundes-Klinik-Atlas' in Deutschland, der Transparenz über Krankenhausleistungen schafft und Patienten fundierte Entscheidungen ermöglicht (Jordan & Hoebel, 2015).

Parallel dazu gewannen eHealth-Technologien wie Patientenportale, Gesundheits-Apps und elektronische Gesundheitsakten an Bedeutung. Diese digitalen Tools geben Patienten die Möglichkeit, auf ihre Gesundheitsdaten zuzugreifen und aktiv an ihrem Gesundheitsmanagement teilzunehmen. Studien belegen, dass diese Technologien die Gesundheitskompetenz stärken und zu einer besseren Patientenbindung führen (WHO, 2021).

Die Einführung gesetzlicher Rahmenbedingungen, wie der Datenschutz-Grundverordnung (DSGVO), war ein weiterer entscheidender Schritt in dieser Phase. Sie zielte darauf ab, den Schutz sensibler Gesundheitsdaten sicherzustellen und gleichzeitig die Nutzung digitaler Transparenzsysteme zu fördern (DSGVO, 2016). Diese Maßnahmen stärkten das Vertrauen der Bevölkerung in digitale Systeme und trugen zur weiteren Verbreitung datengetriebener Ansätze im Gesundheitswesen bei.

Die Digitalisierung führte auch zu einer grundlegenden Veränderung der Patientenrolle. Patienten entwickelten sich von passiven Empfängern medizinischer Leistungen zu aktiven Teilnehmern und Entscheidungsträgern in ihrem Gesundheitsmanagement. Sie nutzen zunehmend digitale Plattformen, um Gesundheitsinformationen zu vergleichen und ihre Versorgung kritisch zu hinterfragen (Lupton, 2014) (Abb. 2.1).

Die Abbildung stellt dar, wie sich das Verhältnis zwischen Arzt und Patient von einer hierarchischen Struktur hin zu einer patientenzentrierten und digital unterstützten Entscheidungsfindung entwickelt hat.

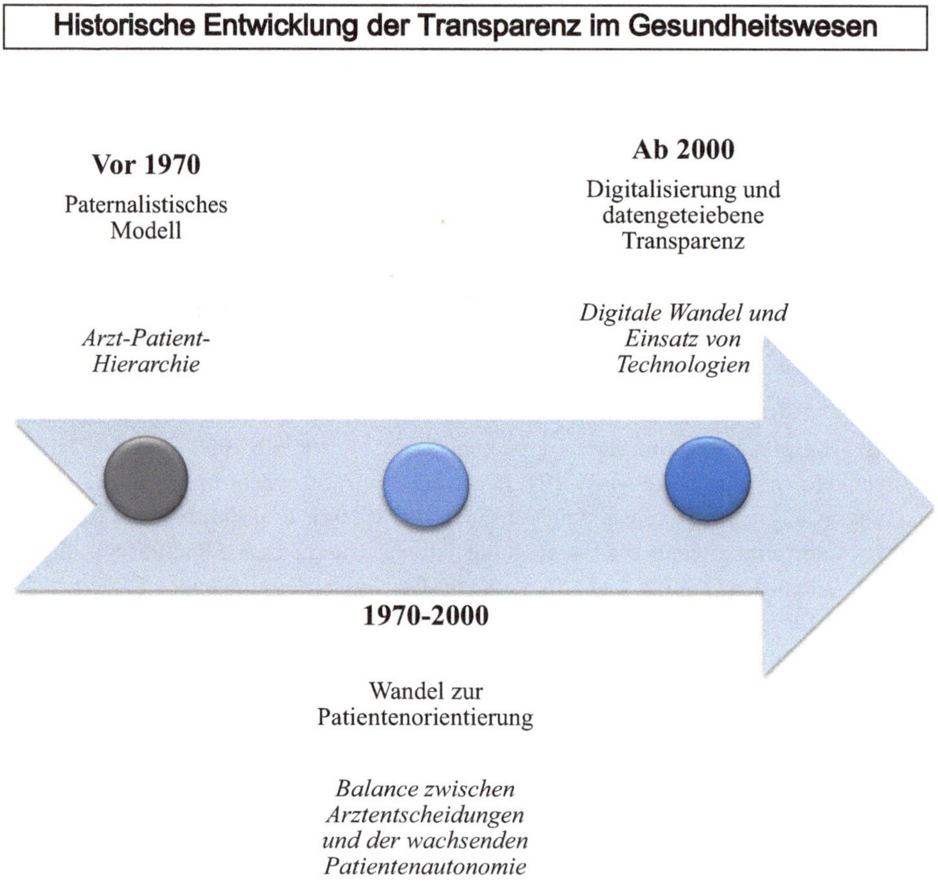

Abb. 2.1 Historische Entwicklung der Arzt-Patient-Beziehung und ihre Transformation durch Digitalisierung

Fazit

Die historische Entwicklung der Transparenz im Gesundheitswesen zeigt eine Transformation von einem paternalistischen Modell hin zu einer datenbasierten und patientenzentrierten Versorgung. Jede Phase trug dazu bei, die Grundlage für ein modernes Gesundheitssystem zu schaffen, das auf Offenheit, Vertrauen und Qualitätssicherung basiert. Die Digitalisierung hat diese Entwicklung erheblich beschleunigt und neue Herausforderungen hinsichtlich Datenschutzes und Informationsverarbeitung mit sich gebracht.

2.1.2 Die zentrale Rolle der Transparenz im modernen Gesundheitswesen

Transparenz ist heute ein unverzichtbares Prinzip für die Gestaltung eines modernen und effizienten Gesundheitssystems. Sie wird als essenzielles Instrument angesehen, um Qualität, Effizienz und Gerechtigkeit in der Gesundheitsversorgung zu fördern. Ihre Relevanz erstreckt sich über verschiedene Dimensionen, von der Qualitätssteigerung über die Förderung der Patientenautonomie bis hin zur Verbesserung der Ressourcennutzung und des Vertrauens in das System.

Qualitätssteigerung durch Transparenz

Die systematische Erfassung und Veröffentlichung von Qualitätsindikatoren ist ein zentraler Hebel, um die Leistung von Gesundheitseinrichtungen vergleichbar zu machen. Beispiele für solche Indikatoren sind Sterblichkeitsraten, Komplikationsquoten und Patientenzufriedenheit. Diese Transparenz schafft nicht nur die Grundlage für informierte Entscheidungen von Patienten, sondern fördert auch den Wettbewerb zwischen Leistungserbringern, der sich auf Qualität und Patientensicherheit konzentriert (Marshall et al., 2000; Smith et al., 2018).

Transparenz trägt in der Berichterstattung signifikant zur Verbesserung der Versorgungsqualität bei. Leistungserbringer sehen sich durch die öffentliche Sichtbarkeit ihrer Ergebnisse motiviert, kontinuierliche Verbesserungen umzusetzen (Bevan & Hamblin, 2009). Dies ist besonders relevant in einem Umfeld, das zunehmend auf evidenzbasierte und patientenzentrierte Ansätze setzt.

Förderung der Patientenautonomie

Transparenz stärkt die Autonomie der Patienten, indem sie den Zugang zu klaren und verständlichen Informationen ermöglicht. Diese Informationen unterstützen Patienten dabei, aktiv an Entscheidungsprozessen teilzunehmen, was ihre Gesundheitskompetenz und Zufriedenheit mit der Versorgung erhöht. Das Konzept des informierten Einverständnisses *(informed consent)* ist in diesem Kontext besonders relevant, weil es den Patienten ermöglicht,

Behandlungsoptionen, Risiken und Vorteile besser zu verstehen und eigenverantwortlich Entscheidungen zu treffen (Elwyn et al., 2012).

Digitale Plattformen wie Patientenportale und mobile Anwendungen spielen hierbei eine entscheidende Rolle. Sie ermöglichen einen direkten Zugriff auf Gesundheitsdaten und bieten Patienten eine größere Kontrolle über ihre Versorgung. Studien belegen, dass informierte Patienten nicht nur zufriedenere, sondern auch aktivere Partner im Behandlungsprozess sind, was wiederum die Therapieadhärenz und die gesundheitlichen Ergebnisse verbessert (WHO, 2021).

Effizienzsteigerung und Ressourcennutzung

Transparenz trägt dazu bei, ineffiziente Strukturen und Versorgungslücken zu identifizieren und gezielt zu beheben. Die Verfügbarkeit evidenzbasierter Daten ermöglicht es politischen Entscheidungsträgern und Leistungserbringern, Maßnahmen zur Optimierung der Ressourcenverteilung und Versorgungsgestaltung einzuleiten (Busse & Blümel, 2014). Dies ist insbesondere in einem System von zentraler Bedeutung, das mit wachsenden Kosten und begrenzten Ressourcen konfrontiert ist.

Ein Beispiel hierfür ist die Nutzung von Benchmarking-Tools, die es ermöglichen, Leistungsdaten verschiedener Gesundheitseinrichtungen miteinander zu vergleichen. Solche Ansätze fördern nicht nur die Effizienz, sondern tragen auch zur Verbesserung der Qualität und Fairness in der Gesundheitsversorgung bei (Harrison & Dixon, 2000).

Vertrauensaufbau

Transparenz stärkt das Vertrauen in das Gesundheitssystem, indem sie die Nachvollziehbarkeit von Entscheidungen und Prozessen erhöht. In Zeiten zunehmender Skepsis gegenüber Institutionen und Expertenwissen ist dies ein entscheidender Faktor für die Akzeptanz und die Effektivität von gesundheitspolitischen Maßnahmen (Jordan & Hoebel, 2015).

Eine transparente Kommunikation über Qualitätsindikatoren, Behandlungsergebnisse und zugrunde liegende Entscheidungsprozesse schafft Vertrauen und stärkt die Bindung der Patienten an das System. Patienten, die Zugang zu solchen Informationen haben, fühlen sich stärker in ihre Versorgung eingebunden und sind eher bereit, gesundheitspolitische Maßnahmen zu unterstützen (Esmaeilzadeh, 2019; Jabeen & Goli, 2024; Brennan et al., 2013; Fukami, 2024).

Fazit

Die aktuelle Bedeutung der Transparenz im Gesundheitswesen ist umfassend und vielschichtig. Sie bietet Vorteile auf individueller Ebene, indem sie Patientenautonomie und Zufriedenheit fördert, und stärkt auf systemischer Ebene Qualität, Effizienz und Vertrauen. Transparenz hat sich zu einem zentralen Bestandteil moderner Gesundheitssysteme entwickelt, der weit über die reine Informationsbereitstellung hinausgeht.

Allerdings bringt die zunehmende Verfügbarkeit von Gesundheitsdaten auch Herausforderungen mit sich, insbesondere in Bezug auf Datenschutz und ethische Fragestellungen. Die Digitalisierung eröffnet neue Chancen für Transparenz, erfordert jedoch gleichzeitig klare Regelungen und technologische Lösungen, um den Schutz sensibler Daten zu gewährleisten und das Vertrauen der Bevölkerung zu erhalten. Transparenz bleibt ein dynamisches Konzept, das sich kontinuierlich an die Anforderungen einer sich wandelnden Gesellschaft anpassen muss.

2.2 Transparenz als Schlüsselprinzip eines modernen Gesundheitssystems

Die historische Entwicklung der Transparenz im Gesundheitswesen hat die Grundlage für die heutigen Anforderungen an ein effektives und gerechtes Gesundheitssystem geschaffen. Die kontinuierliche Weiterentwicklung von einem paternalistischen Modell hin zu einer patientenzentrierten und datengetriebenen Gesundheitsversorgung zeigt, wie Transparenz nicht nur als ethisches Prinzip, sondern auch als strategisches Instrument etabliert wurde.

In der heutigen Zeit wird Transparenz als zentrale Transformationsstrategie anerkannt, die weit über die bloße Bereitstellung von Informationen hinausgeht. Sie ist ein wesentlicher Faktor zur Förderung von Qualität, Effizienz und Gerechtigkeit im Gesundheitssystem. Insbesondere die Digitalisierung eröffnet neue Möglichkeiten, Transparenz für eine stärkere Patientenbeteiligung, eine effektivere Ressourcensteuerung und ein höheres Maß an Vertrauen zwischen allen Akteuren im Gesundheitswesen zu nutzen.

Dieses Kapitel baut auf der historischen Analyse auf und beleuchtet, wie Transparenz in ihrer modernen Form systematisch umgesetzt werden kann. Es werden wesentliche Konzepte vorgestellt, die den aktuellen Einsatz von Transparenz prägen, sowie die Herausforderungen und Potenziale analysiert, die sich durch die Integration digitaler Technologien, rechtlicher Rahmenbedingungen und ethischer Prinzipien ergeben.

2.2.1 Definition und Konzepte der Transparenz

Transparenz im Gesundheitswesen wird zunehmend als ein dynamisches und multidimensionales Konzept betrachtet, das weit über die bloße Offenlegung von Informationen hinausgeht. Sie dient als zentrales Instrument zur Förderung von Qualität, Effizienz und Gerechtigkeit und ist untrennbar mit den ethischen und rechtlichen Prinzipien moderner Gesundheitssysteme verbunden. Die systematische Offenlegung, Bereitstellung und Zugänglichkeit von relevanten Gesundheitsinformationen für verschiedene Stakeholder – darunter Patienten, medizinisches Fachpersonal und politische Entscheidungsträger – ist dabei der Kern des Transparenzbegriffs (Jordan & Hoebel, 2015). Transparenz fördert nicht nur die Nachvollziehbarkeit und Verantwortlichkeit, sondern schafft auch eine Grundlage für evidenzbasierte Entscheidungen und stärkt das Vertrauen in die Institutionen des Gesundheitssystems.

Begriffsdefinition: Transparenz als strategisches Konzept
Im Gesundheitswesen wird Transparenz häufig als die systematische Bereitstellung von Informationen definiert, die Qualitätsindikatoren, Behandlungsergebnisse, finanzielle Daten und organisatorische Prozesse umfassen. Die Zielsetzung von Transparenz ist dabei zweigleisig: Einerseits soll sie den Zugang zu validen, verständlichen und objektiven Informationen erleichtern, andererseits dient sie als transformative Kraft zur Verbesserung von Strukturen und Prozessen. Transparenz ist damit nicht nur ein Werkzeug zur Information, sondern auch ein strategisches Mittel zur Förderung von Effizienz, Fairness und Innovationsbereitschaft (Fukami, 2024; Aydin et al., 2020; Timofeyev & Dremova, 2023; Freeman, 2002; Levay, 2016).

Die moderne Perspektive auf Transparenz geht über die Informationsbereitstellung hinaus und umfasst eine aktive Einbindung der betroffenen Akteure. Beispielsweise wird Transparenz zunehmend als Voraussetzung für Patientenautonomie und partizipative Entscheidungsfindung verstanden (Elwyn et al., 2012). Zudem gewinnt sie durch die zunehmende Digitalisierung und den Einsatz innovativer Technologien wie Blockchain und künstlicher Intelligenz eine neue Dimension.

Methodische Ansätze zur Förderung von Transparenz
1. Evidenzbasierte Berichterstattung
Evidenzbasierte Berichterstattung bildet die Grundlage für eine transparente Kommunikation im Gesundheitswesen. Dazu gehört die systematische Veröffentlichung von Qualitätsindikatoren wie Komplikationsraten, Sterblichkeitsraten und Patientenzufriedenheitsbewertungen. Diese Daten ermöglichen es Patienten, fundierte Entscheidungen über Behandlungsoptionen zu treffen, und fördern den Wettbewerb unter Gesundheitsdienstleistern, der auf Qualität und Sicherheit basiert (Porter & Teisberg, 2006). Ein bekanntes Beispiel ist der ‚Bundes-Klinik-Atlas', die umfassenden Daten zur Qualität deutscher Krankenhäuser bereitstellt und so Transparenz im Kliniksektor schafft.

2. Kommunikationsstandards
Klare und zugängliche Kommunikation ist eine Grundvoraussetzung für wirksame Transparenz. Um sicherzustellen, dass Informationen für alle Bevölkerungsgruppen verständlich sind, werden barrierefreie Informationsformate wie einfache Sprache und visuelle Darstellungen eingesetzt. Interaktive digitale Plattformen und mobile Gesundheitsanwendungen sind wichtige Instrumente, um Informationen patientenorientiert bereitzustellen (Zarcadoolas et al., 2013; Dingler et al., 2021; Ji & Bouillon, 2023; Heikkinen, 2022; WHO, 2020).

3. Technologische Innovationen
Die Digitalisierung eröffnet vielfältige Möglichkeiten, um Transparenz im Gesundheitswesen zu fördern. Moderne Technologien wie künstliche Intelligenz (KI) und Blockchain bieten Ansätze, Gesundheitsdaten sicher, nachvollziehbar und effizient zu verwalten. Blockchain-Technologie ermöglicht beispielsweise eine unveränderliche und transparente Speicherung von Gesundheitsinformationen. Diese Eigenschaften fördern die Nachvollziehbarkeit von Datenflüssen und stärken das Vertrauen in das System, insbesondere im Hinblick auf Datenschutz und Datensicherheit (Rabah & Chowdhury, 2022).

Künstliche Intelligenz bietet weitere Potenziale, indem sie große Mengen an Gesundheitsdaten analysiert und daraus personalisierte Empfehlungen ableitet. Solche datengetriebenen Ansätze können den Patienten individualisierte Behandlungspläne oder präventive Maßnahmen vorschlagen, die ihre spezifischen Bedürfnisse berücksichtigen. Studien zeigen, dass KI nicht nur die Effizienz steigert, sondern auch die Qualität der Versorgung durch präzisere Diagnosen und maßgeschneiderte Therapieansätze verbessern kann (Topol, 2019).

Diese Technologien bilden die Grundlage für eine patientenzentrierte und datengestützte Gesundheitsversorgung. Dennoch erfordern sie gleichzeitig klare gesetzliche und ethische Rahmenbedingungen, um Datenschutz, Datensouveränität und die Akzeptanz bei den Nutzern zu gewährleisten.

4. Transparenz in der Pandemie
Die COVID-19-Pandemie hat die Bedeutung von Transparenz auf eine neue Ebene gehoben. Die systematische und öffentliche Kommunikation von Kapazitäten, Infektionszahlen und Impfstoffverteilungen war entscheidend für das Vertrauen der Bevölkerung in das Gesundheitssystem. Gleichzeitig verdeutlichte die Pandemie die Herausforderungen, die mit der Offenlegung sensibler Daten einhergehen, und betonte die Notwendigkeit eines ausgewogenen Ansatzes zwischen Offenheit und Datenschutz (Gostin & Wiley, 2020).

Relevanz der Begriffsdefinition
Die methodische Umsetzung von Transparenz hat sich als unverzichtbarer Bestandteil eines zukunftsfähigen Gesundheitssystems etabliert. Sie bietet nicht nur eine Grundlage für evidenzbasierte Entscheidungsfindung, sondern fördert auch die Qualitätssicherung und Rechenschaftspflicht der Leistungserbringer. Im Zuge der Digitalisierung gewinnen innovative Ansätze wie die Nutzung von künstlicher Intelligenz und Blockchain zunehmend an Bedeutung, um den Zugang zu Informationen zu erleichtern und die Interaktion zwischen Patienten und Leistungserbringern zu verbessern. Diese Entwicklungen legen die Grundlage für die weitere Analyse der Implikationen von Transparenz im Gesundheitswesen.

2.2.2 Relevanz für Patienten und Gesundheitseinrichtungen

Die Bedeutung von Transparenz im Gesundheitswesen zeigt sich vor allem in ihren direkten und indirekten Auswirkungen auf Patienten und Gesundheitseinrichtungen. Während

Patienten ihre Autonomie stärken und informierte Entscheidungen treffen können, indem sie auf verständliche und valide Informationen zugreifen, haben Gesundheitseinrichtungen die Möglichkeit, ihre Qualität systematisch zu messen, zu verbessern und Vertrauen aufzubauen.

Die folgenden Abschnitte untersuchen diese wechselseitigen Vorteile, indem sie die Rolle der Transparenz sowohl aus der Perspektive der Patienten als auch der Gesundheitseinrichtungen beleuchten. Durch diesen dualen Ansatz wird deutlich, wie Transparenz als treibende Kraft für individuelle und institutionelle Verbesserungen im Gesundheitssystem wirkt.

Patienten: Förderung der Autonomie und Gesundheitskompetenz

Transparenz ermöglicht es Patienten, als aktive Partner im Gesundheitswesen zu agieren. Der Zugang zu verständlichen und validen Informationen stärkt die Gesundheitskompetenz, definiert als die Fähigkeit, Gesundheitsinformationen zu finden, zu verstehen und anzuwenden (Rubin, 2017; Sørensen, 2024; Campbell & Parsi, 2017; Sørensen et al., 2021; Guo et al., 2020).

Patienten mit ausgeprägter Gesundheitskompetenz sind in der Lage, fundiertere Entscheidungen über ihre Versorgung zu treffen und halten sich konsequenter an therapeutische Maßnahmen (Nutbeam, 2008).

Ein zentraler Ansatz ist das Shared-Decision-Making (SDM), bei dem Patienten gemeinsam mit Gesundheitsdienstleistern Entscheidungen treffen. Dieses Modell kombiniert medizinische Evidenz mit den Präferenzen und Werten der Patienten, was sowohl die Zufriedenheit als auch die Behandlungsergebnisse verbessert (Elwyn et al., 2012).

Ferner tragen digitale Technologien wie Patientenportale dazu bei, Transparenz zu fördern, indem sie direkten Zugriff auf medizinische Unterlagen, Diagnosen und Behandlungspläne ermöglichen. Solche Plattformen stärken nicht nur die Eigenverantwortung, sondern auch die Mitbestimmung der Patienten und fördern ein partnerschaftliches Verhältnis zwischen Patienten und Leistungserbringern.

Gesundheitseinrichtungen: Qualitätssicherung und Vertrauensaufbau

Für Gesundheitseinrichtungen ist Transparenz ein entscheidender Hebel zur Qualitätssteigerung. Durch die Veröffentlichung von Qualitätsindikatoren können Krankenhäuser und andere Einrichtungen ihre Leistung mit anderen vergleichen (Benchmarking). Dieser Prozess fördert die Einführung bewährter Praktiken und schafft Anreize für kontinuierliche Verbesserungen (Braithwaite, 2018; Donabedian, 1988).

Transparenz hilft außerdem dabei, ineffiziente Prozesse zu identifizieren und gezielt Maßnahmen zur Optimierung einzuleiten.

Neben der Qualitätssicherung spielt der Vertrauensaufbau eine zentrale Rolle. Die systematische Offenlegung von Qualitätsdaten stärkt das Vertrauen der Patienten in das Gesundheitssystem und erhöht die Glaubwürdigkeit der Einrichtung. Transparenz schafft ein Klima der Offenheit, in dem Patienten besser über ihre Versorgung informiert sind und sich sicherer fühlen, was langfristig zu einer stärkeren Patientenbindung beiträgt.

Vertrauen und Interaktion zwischen Akteuren

Vertrauen bildet das Fundament eines stabilen Gesundheitssystems und ist essenziell für die Beziehung zwischen Patienten und Gesundheitsdienstleistern. Transparenz trägt entscheidend dazu bei, dieses Vertrauen aufzubauen, indem sie den Zugang zu relevanten und verständlichen Informationen fördert. Informationen über Behandlungsoptionen, die Qualifikationen des medizinischen Fachpersonals und potenzielle Risiken medizinischer Eingriffe sind hierbei von besonderer Bedeutung. Diese Offenheit stärkt nicht nur die Autonomie der Patienten, sondern ermöglicht ihnen eine fundierte Entscheidungsfindung und steigert ihre Zufriedenheit mit der Behandlung (Hibbard & Greene, 2013).

Informierte Patienten erzielen tendenziell bessere gesundheitliche Ergebnisse, da sie aktiv an ihrer Gesundheitsversorgung mitwirken und fundierte Entscheidungen treffen können (Hibbard & Greene, 2013).

Eine offene und klare Informationspolitik kann dazu beitragen, Ängste und Unsicherheiten der Patienten zu verringern, insbesondere bei komplexen Eingriffen oder chronischen Erkrankungen. Studien zeigen, dass informierte Patienten aktiver an ihrer Behandlung teilnehmen und dadurch eine höhere Therapieadhärenz erreichen (Esmaeilzadeh, 2019; Porat et al., 2021; Marzban et al., 2022; Babel et al., 2021; Fukami, 2024). Dies unterstreicht, dass Transparenz nicht nur das Vertrauen in das Gesundheitssystem stärkt, sondern auch nachweislich positive Auswirkungen auf die individuellen Gesundheitsergebnisse hat.

Darüber hinaus verbessert Transparenz die Interaktion zwischen den verschiedenen Akteuren im Gesundheitssystem. Sie schafft eine Grundlage für eine offene Kommunikation und eine kooperative Entscheidungsfindung. Dies ist insbesondere in einer Zeit wachsender Komplexität im Gesundheitswesen entscheidend, da eine bessere Abstimmung zwischen Patienten, Leistungserbringern und politischen Entscheidungsträgern zur Effizienzsteigerung und einer verbesserten Governance beitragen kann (World Health Organization [WHO], 2023).

Stärkung des Vertrauens in Institutionen

Neben der Förderung des Vertrauens auf individueller Ebene wirkt Transparenz auch auf institutioneller Ebene, indem sie das Vertrauen in die zentralen Akteure des Gesundheitssystems stärkt (OECD, 2022a, b). Krankenhäuser, Arztpraxen und politische Entscheidungsträger profitieren von einer transparenten Kommunikation, die die Nachvollziehbarkeit von Entscheidungen und Prozessen erhöht. Studien belegen, dass Transparenz institutionelles Vertrauen stärkt und die Akzeptanz gesundheitspolitischer Maßnahmen verbessert (Moreno et al., 2014; Estrada & Bastida, 2020; Haider, 2024). Dies ist besonders wichtig angesichts der zunehmenden Skepsis gegenüber traditionellen Institutionen, die durch offene Kommunikationsstrukturen abgebaut werden kann (Tringale & Hattangadi-Gluth, 2019; Timofeyev & Dremova, 2023).

Ein konkretes Beispiel hierfür sind Patientenportale, die Einblicke in Behandlungsverläufe, Diagnosen und Arztberichte gewähren. Solche Plattformen schaffen ein Gefühl der Kontrolle und Mitbestimmung bei Patienten, das ihre Beziehung zu den Gesundheitsdienstleistern nachhaltig stärkt. Die systematische Offenlegung relevanter Daten auf solchen Portalen verbessert nicht nur die Interaktion zwischen Patienten und Leistungserbringern, sondern stärkt auch das Vertrauen in die gesamte Institution.

Transparente digitale Plattformen tragen maßgeblich dazu bei, den Dialog zwischen den Akteuren im Gesundheitswesen zu intensivieren und die Governance-Strukturen zu verbessern. Sie fördern nicht nur die Interaktion zwischen Patienten, Leistungserbringern und politischen Entscheidungsträgern, sondern bieten auch eine Grundlage für datengestützte Entscheidungen, die auf Vertrauen und Kooperation basieren (Konopik & Blunck, 2023).

Darüber hinaus stärkt Transparenz das Vertrauen in politische Entscheidungsprozesse, indem sie evidenzbasierte Politikgestaltung ermöglicht. Sie gibt politischen Akteuren und Verwaltungseinheiten die Möglichkeit, Maßnahmen umzusetzen, die sowohl wissenschaftlich fundiert als auch für die Bevölkerung nachvollziehbar sind, was deren Akzeptanz erheblich steigert (Ng et al., 2024; Sampson et al., 2019; Hawkins & Parkhurst, 2016; Garavito et al., 2024).

2.3 Grundlagen der Transparenz im Gesundheitswesen

Die Grundlagen der Transparenz im Gesundheitswesen sind entscheidend für die Entwicklung eines effektiven, gerechten und nachhaltigen Gesundheitssystems. Transparenz fungiert dabei nicht nur als technisches Instrument, sondern als strategischer Hebel zur Förderung von Qualität, Effizienz und Fairness (Brinkerhoff, 2004; Peters et al., 2009; Jabeen & Goli, 2024). Sie ermöglicht eine verantwortungsbewusste Governance, verbessert die Nachvollziehbarkeit von Entscheidungen und stärkt dadurch das Vertrauen von Patienten und Akteuren (Sikstrom et al., 2022). Sie ermöglicht eine objektive Bewertung von Gesundheitsdienstleistungen und unterstützt informierte Entscheidungen von Patienten, Leistungserbringern und politischen Akteuren. Durch die Offenlegung von Qualitätsindikatoren, finanziellen Daten und Behandlungsprozessen wird Transparenz zu einem zentralen Mechanismus, der Vertrauen, Verantwortung und Partizipation stärkt (Pronovost et al., 2016; Fukami, 2024; Olorunyomi & Sanyaolu, 2024). Dies trägt dazu bei, dass Gesundheitsorganisationen ihre Leistung verbessern und evidenzbasierte Entscheidungsprozesse etablieren (da Cruz et al., 2016).

Die wachsende Bedeutung der Transparenz wird besonders in der Digitalisierung und der zunehmenden Forderung nach evidenzbasierter Entscheidungsfindung sichtbar. Sie bildet die Grundlage für einen Paradigmenwechsel hin zu mehr Patientenautonomie, besserer Governance und einer gerechteren Verteilung von Ressourcen. Transparenz fungiert als Brücke zwischen den ethischen Verpflichtungen gegenüber Patienten und den systemischen Anforderungen an moderne Gesundheitsversorgung (Anastasiadou et al., 2024).

2.3.1 Transparenz als Instrument zur Qualitätssteigerung: Qualitätsindikatoren und Benchmarking

Qualität ist ein zentraler Bestandteil eines leistungsfähigen und patientenzentrierten Gesundheitssystems. Transparenz ist ein wirkungsvolles Instrument, um die Qualität der Versorgung kontinuierlich zu verbessern. Durch die systematische Erhebung und Offenlegung von Informationen können Gesundheitsdienstleister ihre Prozesse optimieren und die öffentliche Rechenschaftspflicht stärken. Gleichzeitig ermöglicht Transparenz Patienten und politischen Entscheidungsträgern, fundierte Entscheidungen zu treffen, indem sie die Nachvollziehbarkeit und Vergleichbarkeit von Gesundheitsleistungen sicherstellt. Diese Offenheit schafft eine Grundlage für Vertrauen, Wettbewerb und Innovation im Gesundheitssystem (OECD, 2022a, b; Anell et al., 2012).

Benchmarking ist ein zentraler Ansatz zur Förderung der Transparenz und zur Steigerung der Qualität in der Gesundheitsversorgung. Es ermöglicht den Vergleich von Gesundheitsdienstleistern anhand objektiver und standardisierter Qualitätsindikatoren. Diese Vergleichbarkeit dient nicht nur der Qualitätssicherung, sondern auch der Entwicklung evidenzbasierter Verbesserungsmaßnahmen.

Definition
Qualitätsindikatoren sind standardisierte Messgrößen, die genutzt werden, um die Leistung und Qualität von Gesundheitsdienstleistungen zu bewerten. Sie dienen als objektive Werkzeuge, um Informationen über die Effizienz, Effektivität, Sicherheit und Patientenorientierung in der Gesundheitsversorgung bereitzustellen. Im Zusammenhang mit Transparenz spielen Qualitätsindikatoren eine wichtige Rolle, da sie nicht nur für die interne Bewertung und Steuerung von Prozessen genutzt werden, sondern auch der Öffentlichkeit zugänglich gemacht werden können, um die Verantwortlichkeit und Vergleichbarkeit von Leistungserbringern zu fördern (OECD Health Division, 2022a, b). Insbesondere öffentliche Berichte über Qualitätsindikatoren spielen eine wesentliche Rolle bei der Entscheidungsfindung von Patienten und der Förderung von Wettbewerb unter Leistungserbringern (Ehlig et al., 2025).

Darüber hinaus wird betont, dass ein transparentes und vergleichbares Berichtswesen zu einer verbesserten Wahrnehmung und Nutzung von Gesundheitsdienstleistungen führt (Hossain et al., 2024). Solche Ansätze fördern nicht nur die Leistungstransparenz, sondern stärken auch die Verantwortlichkeit der Leistungserbringer gegenüber den Patienten und der Gesellschaft (Sokol-Hessner et al., 2024).

Diese Indikatoren sind sowohl für die Gesundheitsdienstleister als auch für Patienten und politische Entscheidungsträger von Bedeutung. Für Leistungserbringer bieten sie eine datenbasierte Grundlage, um Schwächen zu identifizieren und gezielte Verbesserungsmaßnahmen zu entwickeln (Donabedian, 2005). Patienten profitieren von der Fähigkeit, fundierte Entscheidungen zu treffen, beispielsweise bei der Auswahl einer Einrichtung oder Behandlungsmethode.

Gleichzeitig unterstützen sie politische Akteure bei der Entwicklung evidenzbasierter Strategien und der Ressourcenallokation (Anell et al., 2012). Im Kontext von Transparenz sind Qualitätsindikatoren ein zentraler Baustein, um Vertrauen in das Gesundheitssystem zu stärken. Die Offenlegung solcher Daten macht Unterschiede in der Versorgungsqualität sichtbar und erhöht die Nachvollziehbarkeit von Prozessen und Entscheidungen (Ehlig et al., 2025; OECD Health Division, 2022a, b). Transparente Berichterstattung unterstützt Patienten bei der fundierten Entscheidungsfindung und stärkt die Rechenschaftspflicht der Leistungserbringer gegenüber der Öffentlichkeit (Sokol-Hessner et al., 2024).

Die Veröffentlichung von Qualitätsindikatoren kann einen positiven Einfluss auf den Wettbewerb zwischen Leistungserbringern haben, indem sie Anreize für kontinuierliche Verbesserungen schafft (Berwick et al., 2003). Gleichzeitig stellt der Umgang mit diesen Daten Herausforderungen dar, insbesondere hinsichtlich der Standardisierung und Validität der Messgrößen sowie des Datenschutzes (OECD Health Division, 2022a, b).

Ein weiterer wichtiger Aspekt der Qualitätsindikatoren im Gesundheitswesen ist ihre Fähigkeit, systemische Defizite aufzuzeigen und evidenzbasierte Reformen zu unterstützen. Durch ihre systematische Anwendung können Versorgungslücken oder regionale Unterschiede in der Behandlungsqualität identifiziert werden, wodurch gezielte Interventionen ermöglicht werden (Timofeyev & Dremova, 2023; Zaman et al., 2023). Besonders in ländlichen oder unterversorgten Gebieten trägt die systematische Erhebung und Veröffentlichung von Indikatoren dazu bei, strukturelle Ungleichheiten zu adressieren und die Qualität der Gesundheitsversorgung nachhaltig zu verbessern (Kaplan et al., 2010; Campanella et al., 2016).

Die Vielseitigkeit der Qualitätsindikatoren zeigt sich in ihrer Anwendung auf unterschiedliche Dimensionen der Gesundheitsversorgung. Diese umfassen medizinische Ergebnisse, die Prozessqualität sowie die Patientenzufriedenheit. Diese Kategorien bieten eine umfassende Perspektive auf die Versorgungsqualität und legen den Grundstein für eine detaillierte Analyse der Stärken und Schwächen von Gesundheitssystemen. Die nachfolgende Darstellung beleuchtet die spezifischen Merkmale und Funktionen dieser Kategorien und zeigt auf, wie sie zur Qualitätssteigerung und zur Förderung der Transparenz beitragen können.

Kategorien

Die Qualitätsindikatoren lassen sich in drei Hauptkategorien unterteilen:

1. **Medizinische Ergebnisse:** Medizinische Ergebnisse sind ein zentraler Bestandteil der Qualitätsbewertung im Gesundheitswesen. Indikatoren wie Sterblichkeits- und Komplikationsraten bieten wesentliche Einblicke in die Effektivität medizinischer Behandlungen

und Interventionen. Diese Metriken ermöglichen es, die Qualität der Versorgung zu messen und gezielt Schwachstellen in klinischen Prozessen zu identifizieren. Gemäß dem Bericht *Health at a Glance 2022: OECD Indicators* sind Sterblichkeitsraten nach Eingriffen wie Hüftoperationen oder Herzinfarkten wichtige Parameter, um Unterschiede in der Versorgungsqualität sowohl zwischen als auch innerhalb von Ländern aufzudecken. Komplikationsraten, etwa nach chirurgischen Eingriffen, sind ebenfalls ein kritischer Maßstab, um die Sicherheit und Wirksamkeit medizinischer Leistungen zu bewerten und kontinuierliche Verbesserungen zu fördern (OECD Health Division, 2022a, b).
2. **Prozessqualität**: Prozessqualität bezieht sich auf Aspekte wie Behandlungszeiten, Wartezeiten und die Verfügbarkeit moderner Diagnostik- und Therapieverfahren, die die Effizienz der Abläufe in Gesundheitseinrichtungen widerspiegeln. Diese Indikatoren ermöglichen eine Bewertung, wie gut und schnell medizinische Leistungen erbracht werden. Der Bericht *Health at a Glance 2022: OECD Indicators* zeigt auf, dass Prozessqualität ein entscheidender Faktor ist, um systemische Herausforderungen wie lange Wartezeiten oder ineffiziente Abläufe zu identifizieren und gezielte Verbesserungsmaßnahmen umzusetzen. Moderne Diagnostik- und Therapiemöglichkeiten, die rechtzeitig verfügbar sind, können die Behandlungsqualität erheblich verbessern und die Patientenzufriedenheit steigern (OECD Health Division, 2022a, b).
3. **Patientenzufriedenheit**: Die Patientenzufriedenheit ist ein wesentlicher Indikator zur Bewertung der wahrgenommenen Versorgungsqualität im Gesundheitswesen. Subjektive Rückmeldungen der Patienten zu ihren Erfahrungen und Behandlungsergebnissen bieten wertvolle Einblicke in die Stärken und Schwächen von Versorgungseinrichtungen. Patientenzufriedenheitsbefragungen sind eine zentrale Methode, um die Perspektiven der Patienten systematisch zu erfassen und gezielt in die Bewertung und Verbesserung der Versorgungsqualität einzubinden (Alrubaiee & Alkaa'ida, 2011; da Silva & Moreira, 2020; Turan & Bozaykut-Bük, 2016). Diese Rückmeldungen tragen dazu bei, eine patientenzentrierte Versorgung zu fördern und das Vertrauen in das Gesundheitssystem zu stärken, indem sie eine direkte Verbindung zwischen den erlebten Erfahrungen und den bereitgestellten Dienstleistungen herstellen (Duggirala et al., 2008; Raposo et al., 2009).

Die Kategorien der Qualitätsindikatoren – medizinische Ergebnisse, Prozessqualität und Patientenzufriedenheit – bieten eine umfassende Grundlage, um die Qualität der Gesundheitsversorgung aus verschiedenen Perspektiven zu bewerten. Jede Kategorie liefert einzigartige Einblicke in spezifische Dimensionen der Versorgung und trägt dazu bei, ein detailliertes Bild der Leistungsfähigkeit von Gesundheitseinrichtungen zu zeichnen. Die Erhebung und systematische Analyse dieser Indikatoren ist essenziell, um Schwachstellen zu identifizieren, Verbesserungsmaßnahmen zu entwickeln und die Transparenz im Gesundheitssystem zu fördern.

Medizinische Ergebnisse messen die Effektivität und Sicherheit von Behandlungen und ermöglichen es, Versorgungsunterschiede zwischen Regionen oder Einrichtungen aufzudecken. Prozessqualität beleuchtet die Effizienz der Abläufe, wodurch Engpässe und ineffiziente Strukturen sichtbar werden. Patientenzufriedenheit schließlich bietet einen wertvollen Einblick in die subjektive Wahrnehmung der Patienten und trägt dazu bei, die Versorgung stärker auf ihre Bedürfnisse auszurichten. Gemeinsam bilden diese Kategorien eine solide Basis, um die Qualität der Gesundheitsversorgung objektiv und systematisch zu bewerten.

Ein zentraler Schritt zur Nutzung dieser Qualitätsindikatoren ist das Benchmarking. Durch den Vergleich von Gesundheitsdienstleistern anhand standardisierter Indikatoren können Unterschiede in der Qualität und Effizienz identifiziert werden. Benchmarking dient nicht nur als Werkzeug zur Leistungsmessung, sondern auch als Anreizsystem für kontinuierliche Verbesserungen. Es stellt sicher, dass Gesundheitsdienstleister aus Best Practices lernen und ihre Leistungen an den höchsten Standards ausrichten. Der folgende Abschnitt widmet sich diesem Ansatz und untersucht, wie Benchmarking als Instrument der Transparenz und Qualitätssicherung im Gesundheitswesen eingesetzt werden kann.

Benchmarking als Instrument der Transparenz

Benchmarking ist ein wesentlicher Bestandteil eines transparenten Gesundheitssystems. Es ermöglicht die objektive Bewertung und den Vergleich von Leistungserbringern anhand standardisierter Qualitätsindikatoren (Fischer et al., 2011; Fukami, 2024). Ziel ist es, Unterschiede in der Versorgungsqualität offenzulegen, kontinuierliche Verbesserungen anzustoßen und gleichzeitig die Rechenschaftspflicht gegenüber Patienten und der Öffentlichkeit zu stärken (Leatherman, 2002; Geissler et al., 2017). Benchmarking dient dabei nicht nur der Qualitätssicherung, sondern fördert auch Wettbewerb und Innovation im Gesundheitswesen (Boyanov, 2024).

Nationale und internationale Beispiele

In Deutschland bildet der ‚Bundes-Klinik-Atlas' eine wichtige Grundlage für Benchmarking und Transparenz. Diese Plattform stellt umfangreiche Daten zu Fallzahlen, Behandlungsqualität und der personellen sowie technischen Ausstattung von Krankenhäusern bereit. Die öffentlich zugänglichen Informationen unterstützen Patienten bei der Wahl geeigneter Behandlungsstätten und stärken das Vertrauen in das Gesundheitssystem, indem sie die Leistungen der Einrichtungen nachvollziehbar machen (Gemeinsamer Bundesausschuss, 2023).

International haben die schwedischen Qualitätsregister eine Vorreiterrolle übernommen. Sie umfassen spezifische Fachgebiete wie das *Swedish Hip Arthroplasty Register*, das umfassende Daten zu Hüftgelenkersatzoperationen erhebt. Die systematische Auswertung von Komplikationsraten und Behandlungsergebnissen hat dazu beigetragen, die Behandlungsqualität in Schweden nachhaltig zu verbessern. Solche Register fördern nicht nur interne Verbesserungsprozesse, sondern stärken auch die Transparenz und das Vertrauen der Öffentlichkeit in das Gesundheitssystem (Anell et al., 2012; OECD Health Division, 2022a, b).

Die Vorteile von Benchmarking im Gesundheitswesen

Benchmarking bietet vielfältige Vorteile für die Gesundheitsversorgung. Es schafft die Grundlage für datenbasierte Entscheidungen und fördert die Weiterentwicklung von Gesundheitssystemen auf mehreren Ebenen. Die folgenden Vorteile beleuchten sowohl regionale als auch internationale Perspektiven.

Aufdeckung von Versorgungslücken

Benchmarking-Daten ermöglichen die Identifikation von Unterschiede in der Versorgungsqualität regional und national zu analysieren. Studien zeigen, dass ländliche Regionen oft schlechtere Ergebnisse aufweisen, beispielsweise bei Sterblichkeits- oder Komplikationsraten. Dem *Health-at-a-Glance 2022-Report* der OECD zufolge liegen in vielen Ländern die Versorgungsergebnisse in städtischen Gebieten deutlich über denen ländlicher Regionen. Diese Diskrepanz wird häufig durch begrenzte Infrastruktur, weniger spezialisierte Fachkräfte und längere Anfahrtswege in ländlichen Gebieten verstärkt (OECD Health Division, 2022a, b).

Ein Vergleich zwischen Schweden und Deutschland zeigt, dass Länder mit nationalen Qualitätsregistern, wie Schweden, besser in der Lage sind, solche Lücken zu identifizieren und gezielt anzugehen. Schwedische Register, wie das *Swedish Hip Arthroplasty Register*, liefern detaillierte Daten zu Eingriffen, die auf regionale Unterschiede hinweisen und als Grundlage für politische Entscheidungen dienen können (Anell et al., 2012). In Deutschland zeigt der ‚Bundes-Klinik-Atlas', dass Kliniken in Ballungsräumen tendenziell bessere Ergebnisse bei komplexen Behandlungen erzielen, was die Notwendigkeit für eine bessere Verteilung von Ressourcen unterstreicht (G-BA, 2023).

Förderung des Wettbewerbs

Der Vergleich zwischen Gesundheitseinrichtungen schafft Anreize zur kontinuierlichen Verbesserung, da Leistungserbringer ihre Position im Wettbewerb stärken möchten. Benchmarking-Daten machen Leistungsunterschiede transparent und motivieren Krankenhäuser, ihre Prozesse zu optimieren. Beispielsweise hat das *Hospital-Compare*-Programm in den USA gezeigt, dass Krankenhäuser, die öffentlich bewertet werden, stärker in Qualitätssicherungsmaßnahmen investieren. Die Einführung von Benchmarking führte hier zu einer messbaren Reduktion der Sterblichkeitsrate bei Herzinfarktpatienten (CMS, 2022).

In Deutschland bietet der ‚Bundes-Klinik-Atlas' ähnliche Anreize. Einrichtungen, die in Qualitätsindikatoren wie Behandlungszeiten oder Komplikationsraten schlecht abschneiden, stehen unter Druck, ihre Standards an die Spitzenleistungsträger anzupassen. Dies stärkt nicht nur die Wettbewerbsfähigkeit der Krankenhäuser, sondern führt auch zu systemweiten Verbesserungen.

Entscheidungshilfen für Patienten

Benchmarking-Daten sind nicht nur für Leistungserbringer von Bedeutung, sondern auch ein wertvolles Werkzeug für Patienten. Transparente Informationen ermöglichen es ihnen, fundierte Entscheidungen über die Wahl von Krankenhäusern und Behandlungen zu treffen.

Die Bereitstellung patientenzentrierter Daten spielt eine zentrale Rolle bei der Stärkung der Gesundheitskompetenz und des Vertrauens in das Gesundheitssystem. Transparente und verständliche Gesundheitsinformationen ermöglichen es Patienten, fundierte Entscheidungen zu treffen und ihre Eigenverantwortung im Umgang mit ihrer Gesundheit zu erhöhen (Sentell et al., 2021; Esmaeilzadeh & Dharanikota, 2024). Eine gezielte patientenzentrierte Kommunikation trägt zudem dazu bei, Behandlungsprozesse nachvollziehbarer zu machen und das Vertrauen in medizinische Fachkräfte sowie in das gesamte Gesundheitssystem zu festigen (Liu & Jiang, 2021; Aboumatar et al., 2013).

Ein internationales Beispiel ist das ‚My Health Record'-System in Australien, das Patienten Zugang zu umfassenden Daten über die Leistung von Gesundheitseinrichtungen gibt. Dieses System wird von Patienten aktiv genutzt, um informierte Entscheidungen über ihre Gesundheitsversorgung zu treffen (Australian Digital Health Agency, 2022). In Deutschland stellt der ‚Bundes-Klinik-Atlas' ebenfalls relevante Daten bereit, um Patienten bei der Wahl der passenden Klinik zu unterstützen. Dies trägt dazu bei, die Transparenz und die Patientenzufriedenheit zu erhöhen.

Fazit

Benchmarking ist ein unverzichtbares Instrument, um Transparenz, Qualität und Gerechtigkeit im Gesundheitswesen zu fördern. Es ermöglicht die Identifikation von Versorgungslücken, fördert den Wettbewerb unter Leistungserbringern und stärkt die Entscheidungsfindung der Patienten. Dennoch erfordert die effektive Nutzung von Benchmarking-Daten standardisierte Indikatoren und eine sorgfältige Kontextualisierung, um Verzerrungen zu vermeiden und faire Vergleiche zu gewährleisten. In der Kombination mit patientenzentrierter Transparenz leistet Benchmarking einen wichtigen Beitrag zur Förderung von Eigenverantwortung und Prävention – Themen, die im nächsten Abschnitt näher betrachtet werden.

Zudem fördert Benchmarking nicht nur Transparenz und Wettbewerb innerhalb des Gesundheitssystems, sondern legt auch die Grundlage für eine stärkere Eigenverantwortung der Patienten. Durch den Zugang zu verständlichen und evidenzbasierten Informationen können Patienten informierte Entscheidungen treffen und präventive Maßnahmen ergreifen. Der nächste Abschnitt widmet sich der Frage, wie Transparenz die Gesundheitskompetenz fördert und Patienten dabei unterstützt, aktiv Verantwortung für ihre Gesundheit zu übernehmen.

2.3.2 Förderung der Eigenverantwortung und Prävention

Transparenz spielt eine zentrale Rolle bei der Förderung von Eigenverantwortung und Prävention im Gesundheitswesen. Sie bietet Patienten die Möglichkeit, fundierte Entscheidungen über ihre Gesundheit zu treffen, und stellt somit einen wesentlichen Beitrag zur Gesundheitskompetenz und zur Verringerung der Krankheitslast dar. Durch den Zugang zu präventiven Informationen und die Förderung von Gesundheitskompetenz werden nicht nur individuelle Gesundheitsziele unterstützt, sondern auch langfristig die Kosten für das Gesundheitssystem gesenkt. Gleichzeitig ist es essenziell, die Herausforderungen, denen benachteiligte Gruppen beim Zugang zu diesen Informationen begegnen, zu adressieren.

2.3.2.1 Zugang zu präventiven Informationen

Der Zugang zu wissenschaftlich fundierten und leicht verständlichen Informationen ist entscheidend, um präventive Gesundheitsmaßnahmen zu fördern. Patienten, die Zugang zu evidenzbasierten Informationen erhalten, sind in der Lage, proaktive Entscheidungen über ihre Gesundheit zu treffen. Beispiele für solche Informationen umfassen:

- **Impfempfehlungen**: Informationen über die Wirksamkeit und Sicherheit von Impfungen fördern deren Akzeptanz und tragen dazu bei, das Risiko von Infektionskrankheiten zu reduzieren. Laut dem *Health at a Glance 2022* der OECD tragen transparente Informationskampagnen wesentlich dazu bei, die Impfquote zu erhöhen und die Krankheitslast zu senken (OECD Health Division, 2022a, b).
- **Ernährungsrichtlinien**: Klare und zugängliche Ernährungsempfehlungen ermöglichen es den Menschen, ihre Essgewohnheiten zu verbessern und das Risiko chronischer Erkrankungen wie Diabetes und Herz-Kreislauf-Erkrankungen zu verringern. Die Verfügbarkeit und Zugänglichkeit evidenzbasierter Richtlinien, wie die Empfehlungen der Deutschen Gesellschaft für Ernährung (DGE), leisten einen nachweisbaren Beitrag zur Förderung gesundheitsbewusster Ernährungsgewohnheiten in der Bevölkerung (DGE, 2023).
- **Vorsorgeuntersuchungen**: Klar verständliche und leicht zugängliche Informationen zu den Vorteilen und der Verfügbarkeit von Vorsorgeuntersuchungen sind entscheidend, um die Bereitschaft der Bevölkerung zur Teilnahme zu steigern. Verständliche und zugängliche Informationen über präventive Maßnahmen wie Mammografien oder Darmkrebsvorsorge erleichtern es Patienten, fundierte Entscheidungen zu treffen und regelmäßige Untersuchungen wahrzunehmen (Yang & Matthews, 2011; Weber et al., 2023). Durch eine gezielte Kommunikation über Screening-Programme können nicht nur Erkrankungen frühzeitig erkannt, sondern auch gesundheitliche Ungleichheiten verringert und Behandlungsergebnisse verbessert werden (Racine et al., 2019; Vian, 2020).

Der Zugang zu präventiven Informationen ist somit ein entscheidender Faktor, um die Eigenverantwortung der Patienten zu stärken und eine langfristige Gesundheitsförderung zu gewährleisten.

2.3.2.2 Förderung der Gesundheitskompetenz

Gesundheitskompetenz beschreibt die Fähigkeit, Gesundheitsinformationen zu verstehen, zu bewerten und in Entscheidungen umzusetzen. Transparenz unterstützt diese Kompetenz, indem sie den Zugang zu klaren und verständlichen Daten sicherstellt. Digitale Plattformen wie Patientenportale oder mobile Anwendungen erleichtern den Zugang zu medizinischen Befunden und präventiven Empfehlungen. Die Bereitstellung interaktiver und barrierefreier Informationen hilft insbesondere Menschen mit geringer Gesundheitskompetenz, sich aktiv in ihre Gesundheitsversorgung einzubringen (Jordan & Hoebel, 2015).

Programme zur Förderung der Gesundheitskompetenz haben sich als wirkungsvolle Maßnahmen erwiesen, um die Bevölkerung für präventive Angebote zu sensibilisieren und deren Inanspruchnahme zu fördern. Ein zentraler Bestandteil dieser Programme ist die Nutzung verständlicher und barrierefreier Kommunikation medizinischer Informationen, wodurch mehr Menschen erreicht werden können (Bennett et al., 2009; Yamashita et al., 2020). Untersuchungen zeigen, dass eine hohe Gesundheitskompetenz direkt mit einer erhöhten Nutzung präventiver Leistungen sowie einer besseren individuellen Gesundheit korreliert (Musich et al., 2017; Chen et al., 2023).

2.3.2.3 Herausforderungen für benachteiligte Gruppen

Nicht alle Bevölkerungsgruppen haben gleichermaßen Zugang zu transparenzbasierten und präventiven Gesundheitsinformationen. Sozioökonomische Ungleichheiten, geringe Bildung und eingeschränkter Zugang zu digitalen Ressourcen erschweren es vielen Menschen, Gesundheitsinformationen zu nutzen. Diese Barrieren verstärken gesundheitliche Disparitäten und untergraben die Wirksamkeit präventiver Maßnahmen.

Benachteiligte Gruppen, wie beispielsweise Personen mit Migrationshintergrund oder geringer Bildung, benötigen spezifische Hilfe, um Gesundheitsinformationen zu verstehen und zu nutzen. Programme zur Förderung von Gesundheitskompetenz müssen daher barrierefrei und inklusiv gestaltet werden. Ansätze wie visuelle Kommunikation, Übersetzungen in mehrere Sprachen und der Einsatz kulturell angepasster Materialien können dazu beitragen, den Zugang zu Gesundheitsinformationen zu verbessern (Nutbeam, 2008).

Die Herausforderung besteht darin, Transparenz und Gesundheitskompetenz so zu gestalten, dass sie allen Bevölkerungsgruppen zugutekommen. Dies erfordert ein inklusives Gesundheitssystem, das auf die spezifischen Bedürfnisse und Barrieren der verschiedenen sozialen Gruppen eingeht.

Fazit

Die Förderung von Eigenverantwortung und Prävention durch Transparenz ist ein zentraler Baustein eines nachhaltigen Gesundheitssystems. Sie stärkt nicht nur die individuelle Gesundheitskompetenz, sondern reduziert langfristig die Krankheitslast und die Kosten im Gesundheitssystem. Dennoch müssen Maßnahmen kontinuierlich evaluiert und angepasst werden, um den Herausforderungen gerecht zu werden, insbesondere für benachteiligte Gruppen. Im nächsten Abschnitt wird beleuchtet, wie Transparenz als ethisches Prinzip und Instrument sozialer Gerechtigkeit eingesetzt werden kann, um gesundheitliche Ungleichheiten zu verringern.

Die Stärkung von Transparenz im Gesundheitswesen ist nicht nur ein technisches oder organisatorisches Anliegen, sondern auch eine tiefgreifende ethische Verpflichtung. Transparenz ermöglicht es, soziale und gesundheitliche Ungleichheiten offenzulegen und die Gerechtigkeit bei der Verteilung von Gesundheitsressourcen zu fördern. Gleichzeitig wirft sie Fragen nach dem Schutz der Privatsphäre und der ethischen Nutzung von Daten auf. Diese Spannungsfelder machen Transparenz zu einem zentralen Prinzip, das sorgfältig gestaltet und implementiert werden muss, um den ethischen Standards und Anforderungen moderner Gesellschaften zu entsprechen.

2.3.2.4 Transparenz als Instrument zur Reduktion gesundheitlicher Ungleichheiten

Gesundheitliche Ungleichheiten stellen eine der größten Herausforderungen für Gesundheitssysteme weltweit dar. Transparenz kann eine transformative Funktion übernehmen, indem sie Ungleichheiten sichtbar macht und eine auf Fakten basierende Grundlage für politische Maßnahmen schafft. Beispielsweise können Daten über regionale Unterschiede in der Versorgung, wie die Verfügbarkeit von Fachärzten oder Krankenhausbetten, dazu genutzt werden, gezielte Interventionen in unterversorgten Regionen zu planen. Der Bericht *Health at a Glance 2022* hebt hervor, dass transparente Berichterstattung über Versorgungslücken eine wesentliche Voraussetzung für die gerechte Verteilung von Gesundheitsressourcen ist (OECD Health Division, 2022a, b).

Ein Beispiel hierfür ist die systematische Offenlegung von Indikatoren zu Versorgungsqualität und -zugang in ländlichen und städtischen Gebieten. In ländlichen Regionen, in denen häufig geringere Gesundheitsressourcen zur Verfügung stehen, können solche Daten helfen, Defizite zu identifizieren und politische Entscheidungen zu lenken (WHO, 2022). Transparenz wirkt hier als Katalysator für soziale Gerechtigkeit, indem sie die Grundlage für gezielte Investitionen und Reformen schafft (Australian Digital Health Agency, 2023).

Ein weiterer Vorteil von Transparenz liegt in ihrer Fähigkeit, marginalisierte Bevölkerungsgruppen sichtbar zu machen. Bevölkerungsgruppen mit geringer Gesundheitskompetenz, Migrationshintergrund oder niedrigem sozioökonomischen Status profitieren von Daten, die auf ihre spezifischen Bedürfnisse eingehen und Barrieren aufzeigen. Diese

Daten können verwendet werden, um Gesundheitsprogramme anzupassen und Inklusion zu fördern (Kaye & Mirembe, 2021).

2.3.2.5 Privatsphäre und Datenschutz

Die Offenlegung von Gesundheitsdaten zur Förderung von Transparenz birgt jedoch erhebliche ethische Herausforderungen. Der Schutz sensibler personenbezogener Daten ist ein grundlegendes Recht, das durch gesetzliche Rahmenbedingungen wie die Datenschutz-Grundverordnung (DSGVO) geregelt wird. Laut der DSGVO müssen Gesundheitsdaten so verarbeitet werden, dass die Rechte und die Würde der betroffenen Personen gewahrt bleiben. Dies umfasst unter anderem Maßnahmen zur Anonymisierung und zur Sicherstellung, dass Daten ausschließlich zu legitimen Zwecken genutzt werden (DSGVO, 2016).

Während Transparenz das Vertrauen der Bevölkerung in das Gesundheitssystem stärken kann, besteht bei einer unsachgemäßen Nutzung oder Offenlegung von Daten das Risiko, dieses Vertrauen zu beeinträchtigen. Daher ist es von entscheidender Bedeutung, dass Datenschutzrichtlinien wie die Datenschutz-Grundverordnung (DSGVO) konsequent eingehalten werden. Ebenso wichtig ist es, die Bevölkerung transparent und umfassend über den Umgang mit ihren Gesundheitsdaten zu informieren, um Akzeptanz und Vertrauen zu fördern (Datenschutz-Grundverordnung [DSGVO], 2016; World Health Organization [WHO], 2022).

Transparenz und Datenschutz müssen als komplementäre Prinzipien betrachtet werden, die gemeinsam darauf abzielen, Vertrauen zu fördern und ethischen Standards zu genügen. Innovative Technologien wie Blockchain könnten in Zukunft dazu beitragen, die Sicherheit und Nachvollziehbarkeit der Datennutzung weiter zu verbessern (Australian Digital Health Agency, 2023).

2.4 Zusammenfassung der zentralen Erkenntnisse

Die Diskussion über die ethischen Dimensionen und die soziale Gerechtigkeit verdeutlicht, dass Transparenz im Gesundheitswesen weit mehr ist als ein rein organisatorisches oder technisches Konzept. Sie stellt eine fundamentale Grundlage für die Schaffung eines vertrauenswürdigen und gerechten Gesundheitssystems dar. Doch Transparenz endet nicht bei der Informationsoffenlegung oder der Förderung von Eigenverantwortung – sie entfaltet ihr volles Potenzial, wenn sie als strategisches Instrument zur Umgestaltung von Strukturen und Prozessen genutzt wird (OECD Health Division, 2022a, b).

Im nächsten Kapitel wird beleuchtet, wie Transparenz als transformative Kraft eingesetzt werden kann, um Innovationen voranzutreiben, die Patientenbeteiligung zu stärken und die Effizienz sowie die Qualität der Gesundheitsversorgung nachhaltig zu verbessern. Dabei stehen nicht nur technische Lösungen, sondern auch die Integration politischer, institutioneller und ethischer Perspektiven im Fokus. Transparenz wird so zu einer Leitstrategie für die Weiterentwicklung eines modernen und zukunftsfähigen Gesundheitssystems.

Literatur

Aboumatar, H. J., Carson, K. A., Beach, M. C., & Roter, D. L. (2013). The impact of health literacy on desire for participation in healthcare, medical visit communication, and patient-reported outcomes among patients with hypertension. *Journal of General Internal Medicine.* https://link.springer.com/article/10.1007/s11606-013-2466-5.

Alrubaiee, L., & Alkaa'ida, F. (2011). The mediating effect of patient satisfaction in the patients' perceptions of healthcare quality-patient trust relationship. *International Journal of Marketing.* https://www.researchgate.net/profile/Laith-Alrubaiee/publication/49610979_The_Mediating_Effect_of_Patient_Satisfaction_in_the_Patients'Perceptions_of_Healthcare_Quality-_Patient_Trust_Relationship/links/54b6d9be0cf2bd04be3360c9/The-Mediating-Effect-of-Patient-Satisfaction-in-the-Patients-Perceptions-of-Healthcare-Quality-Patient-Trust-Relationship.pdf.

Anastasiadou, O., Mpogiatzidis, P., & Zahariadis, S. (2024). Ethical issues regarding the digitalization and interoperability of health services. *Journal of Biotechnology Ethics.* ResearchGate PDF.

Anell, A., Glenngård, A. H., & Merkur, S. (2012). *Sweden: Health system review. Health Systems in Transition, 14*(5), 1–159. World Health Organization. https://apps.who.int/iris/handle/10665/330318.

Aydin, R., Zengul, F. D., & Quintana, J. (2020). Does transparency of quality metrics affect hospital care outcomes? A systematic review of the literature. *Advances in Health Care Management.* https://www.emerald.com/insight/content/doi/10.1108/S1474-823120200000019012

Babel, A., Taneja, R., Mondello Malvestiti, F., et al. (2021). Artificial intelligence solutions to increase medication adherence in patients with non-communicable diseases. *Frontiers in Digital Health.* https://www.frontiersin.org/articles/10.3389/fdgth.2021.669869/full.

Beauchamp, T. L., & Childress, J. F. (2001). *Principles of biomedical ethics* (5. Aufl.). Oxford University Press.

Bennett, I. M., Chen, J., Soroui, J. S., & White, S. (2009). The contribution of health literacy to disparities in self-rated health status and preventive health behaviors in older adults. *Annals of Family Medicine.* https://www.annfammed.org/content/7/3/204.short.

Berwick, D. M., James, B., & Coye, M. J. (2003). Connections between quality measurement and improvement. *Medical Care, 41*(1 Suppl), I30–I38. https://doi.org/10.1097/01.MLR.0000053652.51617.6A. https://journals.lww.com/lww-medicalcare/fulltext/2003/01001/Connections_Between_Quality_Measurement_and.4.aspx.

Bevan, G., & Hamblin, R. (2009). Hitting and missing targets by ambulance services for emergency calls: Effects of different systems of performance measurement within the UK. *Journal of the Royal Society of Medicine, 102*(10), 363–369.

Boyanov, K. (2024). Benchmarking in the public sector: A strategic tool for enhancing performance and accountability. *Journal of Management Sciences and Applications.* https://www.ceeol.com/search/article-detail?id=1290667.

Braithwaite, J. (2018). Changing how we think about healthcare improvement. *BMJ, 361*, k2014. https://doi.org/10.1136/bmj.k2014.

Brennan, N., Barnes, R., & Calnan, M. (2013). Trust in the health-care provider–patient relationship: A systematic mapping review of the evidence base. *International Journal for Quality in Health Care, 25*(6), 682–689. https://doi.org/10.1093/intqhc/mzt063.

Brinkerhoff, D. W. (2004). Accountability and health systems: Toward conceptual clarity and policy relevance. *Health Policy and Planning, 19*(6), 371–379. https://academic.oup.com/heapol/article-abstract/19/6/371/579576.

Busse, R., & Blümel, M. (2014). Germany: Health system review. *Health Systems in Transition, 16*(2), 1–296.

Campanella, P., Vukovic, V., Parente, P., Sulejmani, A., Ricciardi, W., & Specchia, M. L. (2016). The impact of public reporting on clinical outcomes: A systematic review and meta-analysis. *BMC Health Services Research.* https://link.springer.com/article/10.1186/s12913-016-1543-y.

Campbell, K., & Parsi, K. (2017). A new age of patient transparency: An organizational framework for informed consent. *The Journal of Law, Medicine & Ethics.* https://journals.sagepub.com/doi/abs/10.1177/1073110517703100.

Chen, X., Luo, G., Li, M., & Kreps, G. (2023). Examining the relationship between health literacy and preventive care use. *Health Behavior Research.* https://newprairiepress.org/hbr/vol6/iss4/10/.

da Cruz, N. F., Tavares, A. F., & Marques, R. C. (2016). Measuring local government transparency. *Public Management Review.* https://eprints.lse.ac.uk/62312/1/__lse.ac.uk_storage_LIBRARY_Secondary_libfile_shared_repository_Content_Da%20Cruz,%20N%20F_Measuring%20local%20government_Da%20Cruz_Measuring%20local%20government_2015.pdf.

da Silva, P. A., & Moreira, S. (2020). Predictors of patient satisfaction and the perceived quality of healthcare in an emergency department in Portugal. *Western Journal of Emergency Medicine.* https://www.ncbi.nlm.nih.gov/pmc/articles/PMC7081842/.

Dingler, T., Kwasnicka, D., Wei, J., Gong, E., & Michie, S. (2021). The use and promise of conversational agents in digital health. *Yearbook of Medical Informatics.* https://www.thieme-connect.com/products/ejournals/html/10.1055/s-0041-1726510

Donabedian, A. (1988). The quality of care: How can it be assessed? *JAMA, 260*(12), 1743–1748. https://doi.org/10.1001/jama.1988.03410120089033.

Donabedian, A. (2005). Evaluating the quality of medical care. *The Milbank Quarterly, 83*(4), 691–729. https://doi.org/10.1111/j.1468-0009.2005.00397.x.

Duggirala, M., Rajendran, C., & Anantharaman, R. N. (2008). Patient-perceived dimensions of total quality service in healthcare. *International Journal of Health Care Quality Assurance.* https://www.researchgate.net/profile/Mayuri-Duggirala/publication/235284649_Patient-perceived_dimensions_of_total_quality_service_in_healthcare/links/53febd330cf23bb019be59ca/Patient-perceived-dimensions-of-total-quality-service-in-healthcare.pdf.

Ehlig, D., Geissler, A., & Vogel, J. (2025). *Public reporting in five health care areas: A comparative content analysis across nine countries. Health Policy.* ScienceDirect.

Elwyn, G., Frosch, D., & Thomson, R. (2012). Shared decision making: A model for clinical practice. *Journal of General Internal Medicine, 27*(10), 1361–1367. https://doi.org/10.1007/s11606-012-2077-6.

Esmaeilzadeh, P. (2019). The impacts of the perceived transparency of privacy policies and trust in providers for building trust in health information exchange: Empirical study. *JMIR Medical Informatics, 7*(4), e14050. https://medinform.jmir.org/2019/4/e14050.

Esmaeilzadeh, P., & Dharanikota, S. (2024). The role of patient engagement in patient-centric health information exchange (HIE) initiatives: An empirical study in the United States. *Information Technology & People.* https://www.emerald.com/insight/content/doi/10.1108/ITP-05-2020-0316/full/html.

Estrada, L., & Bastida, F. (2020). Effective transparency and institutional trust in municipal governments. *Administration & Society.* https://journals.sagepub.com/doi/abs/10.1177/0095399719874346.

Porat, T., Tapuria, A., Kalra, D., & Dsouza, G. (2021). Impact of patient access to their electronic health record: Systematic review. *Informatics for Health and Social Care.* https://www.tandfonline.com/doi/abs/10.1080/17538157.2021.1879810.

Porter, M. E., & Teisberg, E. O. (2006). *Redefining health care: Creating value-based competition on results.* Harvard Business School Press.

Pronovost, P. J., Austin, J. M., Cassel, C. K., & Delbanco, S. F. (2016). Fostering transparency in outcomes, quality, safety, and costs. *Vital Directions for Health and Health Care.* https://nam.edu/wp-content/uploads/2018/02/Vital-Directions-for-Health-and-Health-Care-Final-Publication-022718.pdf#page=290.

Rabah, K., & Chowdhury, M. J. M. (2022). Blockchain for healthcare systems: Enhancing security, privacy, and interoperability. *Journal of Medical Systems, 46*(2), 1–15. https://doi.org/10.1007/s10916-021-01805-3.

Racine, E., Boehlen, W., & Sample, M. (2019). Healthcare uses of artificial intelligence: Challenges and opportunities for growth. *Healthcare Management Forum.* https://journals.sagepub.com/doi/abs/10.1177/0840470419843831.

Raposo, M. L., Alves, H. M., & Duarte, P. A. (2009). Dimensions of service quality and satisfaction in healthcare: A patient's satisfaction index. *Service Business.* https://link.springer.com/content/pdf/10.1007/s11628-008-0055-1.pdf.

Rothman, D. J. (1991). Strangers at the Bedside: A History of How Law and Bioethics Transformed Medical Decision Making. New York, NY: Basic Books. (https://doi.org/10.1017/S0025727300057951

Rubin, J. C. (2017). Patient empowerment and the learning health system. *Learning Health Systems.* https://www.ncbi.nlm.nih.gov/pmc/articles/PMC6508488/.

Sampson, C. J., Arnold, R., Bryan, S., Clarke, P., & Ekins, S. (2019). Transparency in decision modelling: What, why, who and how? *Springer Health Economics.* https://www.ncbi.nlm.nih.gov/pmc/articles/PMC8237575/.

Sentell, T., Foss-Durant, A., Patil, U., & Taira, D. (2021). Organizational health literacy: Opportunities for patient-centered care in the wake of COVID-19. *Quality Management in Healthcare.* https://journals.lww.com/qmhcjournal/fulltext/2021/01000/Organizational_Health_Literacy__Opportunities_for.8.aspx.

Sikstrom, L., Maslej, M. M., Hui, K., & Findlay, Z. (2022). Conceptualising fairness: Three pillars for medical algorithms and health equity. *BMJ Health & Care Informatics.* https://www.ncbi.nlm.nih.gov/pmc/articles/PMC8753410/.

Smith, P. C., Mossialos, E., Papanicolas, I., & Leatherman, S. (2018). Performance measurement for health system improvement: Experiences, challenges and prospects. *Cambridge University Press.* https://doi.org/10.1017/CBO9780511711800.

Sokol-Hessner, L., Adams, J., & Hemmelgarn, C. (2024). *Measuring how healthcare organizations respond after patients experience harm: Perspectives and next steps. Frontiers in Health Services.* Frontiers.

Sørensen, K. (2024). Fostering digital health literacy to enhance trust and improve health outcomes. *Computer Methods and Programs in Biomedicine.* https://www.sciencedirect.com/science/article/pii/S2666990024000077.

Sørensen, K., Levin-Zamir, D., & Duong, T. V. (2021). Building health literacy system capacity: A framework for health literate systems. *Health Promotion International.* https://academic.oup.com/heapro/article-abstract/36/Supplement_1/i13/6460419.

Steinhart, B. (2002). Patient autonomy: Evolution of the doctor–patient relationship. *Haemophilia.* Wiley Online Library.

the NASSS framework: A qualitative study in a leading healthcare organisation. *BMC Health Services Research.* https://doi.org/10.1186/s12913-024-11112-x.

Thompson, A. G. H. (2007). The meaning of patient involvement and participation in health care consultations: A taxonomy. *Social Science & Medicine, 64*(6), 1297–1310. https://doi.org/10.1016/j.socscimed.2006.11.002.

Timofeyev, Y., & Dremova, O. (2023). The impact of transparency constraints on the efficiency of the Russian healthcare system: Systematic literature review. *Journal of Medical Economics.* https://www.tandfonline.com/doi/abs/10.1080/13696998.2022.2160608.

Topol, E. J. (2019). High-performance medicine: The convergence of human and artificial intelligence. *Nature Medicine, 25*(1), 44–56. https://doi.org/10.1038/s41591-018-0300-7.

Tringale, K. R., & Hattangadi-Gluth, J. A. (2019). Truth, trust, and transparency – the highly complex nature of patients' perceptions of conflicts of interest in medicine. *JAMA Network Open.* https://jamanetwork.com/journals/jamanetworkopen/article-abstract/2730465.

Turan, A., & Bozaykut-Bük, T. (2016). Analyzing perceived healthcare service quality on patient-related outcomes. *International Journal of Quality and Service Sciences.* https://www.emerald.com/insight/content/doi/10.1108/IJQSS-04-2015-0042/full/html.

Vian, T. (2020). Anti-corruption, transparency and accountability in health: Concepts, frameworks, and approaches. *Global Health Action.* https://www.tandfonline.com/doi/abs/10.1080/16549716.2019.1694744.

Weber, W., Heins, A., Jardine, L., & Stanford, K. (2023). Principles of screening for disease and health risk factors in the emergency department. *Annals of Emergency Medicine.* https://www.sciencedirect.com/science/article/pii/S0196064422004425.

World Health Organization. (2020). *Digital health platform handbook: Building a digital information infrastructure (infostructure) for health.* WHO. https://books.google.com/books?hl=en&lr=&id=bMJqEAAAQBAJ&oi=fnd&pg=PR1.

Yamashita, T., Bardo, A. R., Millar, R. J., & Liu, D. (2020). Numeracy and preventive health care service utilization among middle-aged and older adults in the US. *Clinical Gerontologist.* https://www.tandfonline.com/doi/abs/10.1080/07317115.2018.1468378.

Yang, T. C., & Matthews, S. A. (2011). Effect of health care system distrust on breast and cervical cancer screening in Philadelphia, Pennsylvania. *American Journal of Public Health.* https://ajph.aphapublications.org/doi/abs/10.2105/AJPH.2010.300061.

Zaman, M., Uddin, N., & Fayaz, S. A. (2023). Data gaps, tenuity and measurement challenges in achieving sustainable maternal child healthcare ecosystem: An evidence-based statistical evaluation. *Multidisciplinary Reviews.* https://malque.pub/ojs/index.php/mr/article/view/971.

Zarcadoolas, C., Vaughon, W. L., Czaja, S. J., Levy, J., & Rockoff, M. L. (2013). Consumers' perceptions of patient-accessible electronic medical records. *Journal of Medical Internet Research, 15*(8), e168. https://www.jmir.org/2013/8/e168/.

Online-Quellen

Australian Digital Health Agency. (2022). *My health record: Improving patient engagement and choice.* https://www.digitalhealth.gov.au. Zugegriffen: 31. Jan. 2025.

Australian Digital Health Agency. (2023). *Leveraging health data to address inequalities: Lessons learned.* https://www.digitalhealth.gov.au/c3point0-2023.

Centers for Medicare & Medicaid Services (CMS). (2022). Medicare compare: Hospital and provider ratings. *Medicare.gov.* https://www.medicare.gov. Zugegriffen: 31. Jan. 2025.

CMS. (2022). *Hospital compare program: Enhancing healthcare quality through transparency.* Centers for Medicare & Medicaid Services. https://www.cms.gov. Zugegriffen: 31. Jan. 2025.

Datenschutz-Grundverordnung (DSGVO). (2016). *Verordnung (EU) 2016/679 des Europäischen Parlaments und des Rates.* https://eur-lex.europa.eu/legal-content/DE/TXT/?uri=celex%3A32016R0679. Zugegriffen: 31. Jan. 2025.

Datenschutz-Grundverordnung (DSGVO). (2016). Verordnung (EU) 2016/679 des Europäischen Parlaments und des Rates. https://eur-lex.europa.eu. Zugegriffen: 31. Jan. 2025.

Deutsche Gesellschaft für Ernährung (DGE). (2023). *Empfehlungen für eine gesunde Ernährung.* https://www.dge.de. Zugegriffen: 31. Jan. 2025.

Gemeinsamer Bundesausschuss (G-BA). (2023). *Bundes-Klinik-Atlas: Transparenz in der Krankenhausversorgung.* https://www.g-ba.de. Zugegriffen: 31. Jan. 2025.

Weltgesundheitsorganisation (WHO). (2021). *Digital health interventions for health system strengthening.* World Health Organization.

Weltgesundheitsorganisation (WHO). (2021). *Strengthening health systems governance: Better policies, stronger performance.* World Health Organization. https://www.who.int. Zugegriffen: 31. Jan. 2025.

Weltgesundheitsorganisation (WHO). (2022). *Health Inequalities: Data and Evidence for Action.* https://www.who.int. Zugegriffen: 31. Jan. 2025.

Weltgesundheitsorganisation (WHO). (2023). *Strengthening health systems governance: Better policies, stronger performance.* https://www.who.int. Zugegriffen: 31. Jan. 2025.

Transparenz als Transformationsstrategie im Gesundheitswesen

3

Inhaltsverzeichnis

Die zunehmende Bedeutung von Transparenz im Gesundheitswesen spiegelt sich in ihrer Rolle als treibende Kraft für strukturelle, prozessuale und kulturelle Veränderungen wider. Transparenz ist weit mehr als die bloße Bereitstellung von Informationen; sie fungiert als strategisches Instrument, das Vertrauen schafft, Entscheidungen unterstützt und die Qualität der Versorgung verbessert. Im Kontext moderner Gesundheitssysteme wird sie zu einer entscheidenden Grundlage, um die wachsende Komplexität zu bewältigen und den Anforderungen einer digitalisierten und patientenzentrierten Versorgung gerecht zu werden.

Dieses Kapitel beleuchtet Transparenz als Transformationsstrategie und untersucht, wie sie in verschiedenen Bereichen des Gesundheitswesens implementiert werden kann. Es wird aufgezeigt, wie Transparenz dazu beiträgt, Informationsasymmetrien abzubauen, Patienten aktiv einzubinden, Qualitätsvergleiche zu fördern und politische Entscheidungen nachvollziehbarer zu machen. Dabei wird deutlich, dass Transparenz kein statisches Konzept ist, sondern ein dynamisches Element, das kontinuierliche Anpassungen und Innovationen erfordert, um langfristig wirksam zu bleiben.

D. M. Hradecky, *Transparenz im Gesundheitswesen*,
https://doi.org/10.1007/978-3-658-48125-4_3

3.1 Transparenz als strategisches Instrument

Transparenz ist ein zentraler Ansatzpunkt, um die vielfältigen Herausforderungen im Gesundheitswesen zu bewältigen und die Qualität, Effizienz sowie Fairness der Versorgung zu fördern (OECD, 2022). Dieses Kapitel untersucht die Rolle von Transparenz als strategisches Instrument, das auf mehreren Ebenen transformative Wirkungen entfaltet.

Ein Fokus liegt auf dem Abbau von Informationsasymmetrien, die in traditionellen Gesundheitsmodellen häufig die Entscheidungsfreiheit und Selbstbestimmung der Patienten einschränken. Darüber hinaus wird die Bedeutung der Patientenpartizipation hervorgehoben, die durch transparente Kommunikation und partizipative Ansätze wie ‚Shared-Decision-Making' gestärkt werden kann.

Ein weiterer zentraler Aspekt ist die Förderung von Benchmarking und Qualitätsvergleichen, die durch Transparenz ermöglicht werden. Solche Mechanismen schaffen nicht nur Anreize zur kontinuierlichen Verbesserung, sondern unterstützen auch die Wahlmöglichkeiten von Patienten und die Rechenschaftspflicht von Leistungserbringern.

Abschließend beleuchtet das Kapitel die Rolle von Transparenz als politisches Instrument im deutschen Gesundheitswesen. Dabei werden gesetzliche Rahmenbedingungen wie das Informationsfreiheitsgesetz und Initiativen wie der ‚Bundes-Klinik-Atlas' diskutiert, die Transparenz in Entscheidungsprozesse und Governance-Strukturen integrieren. Die genannten Ansätze verdeutlichen, wie Transparenz als strategisches Mittel eingesetzt werden kann, um ein modernes, patientenzentriertes und gerechtes Gesundheitssystem zu schaffen.

3.1.1 Abbau von Informationsasymmetrien

Informationsasymmetrien gehören zu den größten Herausforderungen im Gesundheitswesen. Sie entstehen, wenn Patienten nicht über dieselben Informationen verfügen wie medizinische Fachkräfte, was die Entscheidungsfindung und aktive Teilnahme an der eigenen Gesundheitsversorgung erschwert (Arrow, 1963). Solche Asymmetrien sind charakteristisch für traditionelle Gesundheitsmodelle, in denen die Rolle der Patienten oft auf die eines passiven Empfängers medizinischer Leistungen beschränkt ist. Transparenz stellt hier eine zentrale Strategie dar, um dieses Ungleichgewicht zu reduzieren und Patienten als aktive Akteure in den Mittelpunkt der Versorgung zu rücken.

Ein zentraler Ansatz zur Überwindung von Informationsasymmetrien ist der Einsatz digitaler Technologien. Patientenportale, mobile Gesundheitsanwendungen und eHealth-Plattformen ermöglichen es Patienten, ihre medizinischen Daten einzusehen, Testergebnisse zu überprüfen und detaillierte Informationen über Krankheiten und Behandlungen abzurufen. Diese Instrumente fördern nicht nur die Transparenz, sondern auch die Autonomie der Patienten. Die OECD (2022) hebt hervor, dass digitale Plattformen entscheidend dazu beitragen, Gesundheitsinformationen zugänglich und verständlich zu machen, wodurch die Gesundheitskompetenz der Bevölkerung nachhaltig gestärkt wird.

Die digitale Gesundheitskompetenz, auch als eHealth-Literacy bezeichnet, ist ein Schlüsselfaktor für die effektive Nutzung dieser Technologien. Studien zeigen, dass die Fähigkeit, digitale Gesundheitsressourcen zu finden, zu bewerten und anzuwenden, die Selbstbestimmung und Zufriedenheit der Patienten erheblich steigert (Nutbeam, 2008). Digitale Angebote tragen zudem dazu bei, das Vertrauen zwischen Patienten und Leistungserbringern zu stärken, indem sie die Interaktion erleichtern und die Transparenz in der Versorgung erhöhen (Elwyn et al., 2012).

Trotz der Fortschritte in der Digitalisierung des Gesundheitswesens bestehen weiterhin erhebliche Herausforderungen im Zugang zu digitalen Plattformen. Vor allem in ländlichen Regionen und unter sozioökonomisch benachteiligten Gruppen ist der Zugang zu digitalen Gesundheitsangeboten ungleich verteilt. Unterschiede in der Infrastruktur, begrenzte digitale Kompetenzen und finanzielle Barrieren erschweren die Nutzung telemedizinischer Angebote und digitaler Gesundheitsinformationen (Vereen et al., 2020; Lindsley et al., 2020). Um diese Ungleichheiten zu überwinden, sind gezielte Maßnahmen zur Förderung digitaler Inklusion und Gesundheitskompetenz erforderlich (Richardson et al., 2022; Price-Haywood et al., 2023).

Darüber hinaus erfordert der effektive Einsatz digitaler Technologien nicht nur die Verfügbarkeit einer modernen Infrastruktur, sondern auch gezielte Bildungsinitiativen, um sicherzustellen, dass alle Bevölkerungsgruppen von transparenten Angeboten profitieren können (Wilson et al., 2024). Die Förderung der digitalen Gesundheitskompetenz und der Ausbau digitaler Infrastruktur sind dabei entscheidend, um Ungleichheiten zu überwinden und die Zugänglichkeit von Gesundheitsdiensten zu verbessern.

Die Überwindung von Informationsasymmetrien durch Transparenz hat weitreichende Auswirkungen. Sie stärkt die Patientenautonomie, fördert eine gleichberechtigte Arzt-Patienten-Beziehung und schafft eine Grundlage für evidenzbasierte Entscheidungen (Donabedian, 2005). Gleichzeitig verbessert sie die Versorgungsqualität, da informierte und engagierte Patienten aktiv an ihrer Behandlung mitwirken. Transparenz ist somit nicht nur ein ethisches Prinzip, sondern auch ein unverzichtbares Instrument zur Modernisierung und Optimierung des Gesundheitssystems.

Der Abbau von Informationsasymmetrien bildet die Grundlage für eine patientenzentrierte Gesundheitsversorgung, in der Transparenz nicht nur die Verfügbarkeit von Informationen, sondern auch die aktive Beteiligung der Patienten an Entscheidungsprozessen ermöglicht. Mit der Überwindung traditioneller Hierarchien im Arzt-Patienten-Verhältnis eröffnen sich neue Möglichkeiten für partizipative Ansätze, bei denen die Patientenautonomie im Vordergrund steht. Der folgende Abschnitt widmet sich der Stärkung der Patientenpartizipation und beleuchtet, wie Transparenz und gemeinsame Entscheidungsfindung zu einer besseren Versorgung und höheren Zufriedenheit beitragen können.

3.1.2 Stärkung der Patientenpartizipation

Transparenz spielt eine Schlüsselrolle bei der Stärkung der Patientenpartizipation, indem sie den Zugang zu relevanten Informationen verbessert und die aktive Einbindung der Patienten in Entscheidungsprozesse fördert. Die partizipative Gesundheitsversorgung zielt darauf ab, Patienten nicht nur als Empfänger medizinischer Leistungen zu betrachten, sondern als gleichwertige Partner im Behandlungsprozess. Ansätze wie *Shared Decision-Making* (SDM) stellen hierbei ein zentrales Konzept dar. Durch SDM treffen Patienten und Gesundheitsdienstleister gemeinsam fundierte Entscheidungen, die sowohl auf medizinischen Evidenzen als auch auf den persönlichen Präferenzen der Patienten basieren (Elwyn et al., 2012).

Dieser Ansatz trägt maßgeblich zur Förderung der Autonomie bei, indem er Patienten die Möglichkeit gibt, aktiv am Entscheidungsprozess teilzunehmen. Gleichzeitig wird durch SDM die Qualität der Versorgung erhöht, da Entscheidungen besser an die individuellen Bedürfnisse der Patienten angepasst werden. Studien, wie die von Stacey et al. (2017), zeigen, dass Patienten, die in Entscheidungsprozesse eingebunden werden, nicht nur eine höhere Zufriedenheit mit der Versorgung aufweisen, sondern auch bessere gesundheitliche Ergebnisse erzielen. Dies unterstreicht die Bedeutung von Transparenz als Voraussetzung für eine effektive Patientenbeteiligung.

Besonders in komplexen Behandlungssituationen, wie der Onkologie oder bei chronischen Erkrankungen, ist SDM von zentraler Bedeutung. Patienten sehen sich häufig mit komplexen Entscheidungen konfrontiert, beispielsweise der Auswahl zwischen diversen Therapiemöglichkeiten, die verschiedene Risiken, Nebenwirkungen und Erfolgsaussichten mit sich bringen. Transparenz ermöglicht es, diese Optionen verständlich darzustellen und die Patienten in die Lage zu versetzen, eine informierte Wahl zu treffen. Die gemeinsame Entscheidungsfindung bietet eine strukturierte Grundlage, um sicherzustellen, dass die gewählte Behandlung sowohl den medizinischen Standards entspricht als auch die individuellen Werte und Präferenzen der Patienten berücksichtigt.

Digitale Technologien wie Patientenportale und Gesundheits-Apps unterstützen diesen Prozess, indem sie den Zugang zu Gesundheitsinformationen erleichtern und Patienten besser auf Gespräche mit ihren Ärzten vorbereiten. Diese Plattformen tragen dazu bei, die Gesundheitskompetenz zu erhöhen und eine aktive Partizipation der Patienten zu fördern. Darüber hinaus ermöglicht Transparenz in der Kommunikation, Ängste und Unsicherheiten zu reduzieren, was sich positiv auf die Adhärenz und die langfristigen Behandlungsergebnisse auswirkt (Ihler & Canis, 2019).

Die Stärkung der Patientenpartizipation verdeutlicht, wie Transparenz nicht nur die Interaktion zwischen Patienten und Leistungserbringern verbessert, sondern auch einen kulturellen Wandel hin zu einer patientenzentrierten Versorgung fördert. Dieser Wandel ist ein wichtiger Schritt zur Schaffung eines effektiveren und gerechteren Gesundheitssystems. Der nächste Abschnitt widmet sich der Rolle von Benchmarking und Qualitätsvergleichen, die Transparenz nutzen, um Leistungsmessung und kontinuierliche

Verbesserung in der Gesundheitsversorgung zu fördern. Benchmarking bietet dabei nicht nur Patienten wichtige Entscheidungshilfen, sondern motiviert auch Leistungserbringer, sich an höchsten Standards zu orientieren.

3.1.3 Förderung von Benchmarking und Qualitätsvergleichen

Transparenz schafft auch die Grundlage für Benchmarking und Qualitätsvergleiche, die dazu beitragen, Unterschiede in der Versorgung sichtbar zu machen und kontinuierliche Verbesserungen zu fördern. Initiativen wie der ‚Bundes-Klinik-Atlas' in Deutschland sind Vorreiter auf diesem Gebiet. Sie bieten Patienten die Möglichkeit, sich über die Qualität und Ausstattung von Kliniken zu informieren, und fördern so einen Wettbewerb um bessere Leistungen (IQTIG, 2023).

Internationale Beispiele wie Schweden zeigen, dass eine transparente Berichterstattung über Behandlungsergebnisse nicht nur die Effizienz steigert, sondern auch das Vertrauen der Bevölkerung in das Gesundheitssystem stärkt (Anell et al., 2012). Ein effektives Monitoring und die regelmäßige Veröffentlichung von Qualitätsindikatoren sind entscheidend, um die Transparenz nachhaltig zu verankern.

3.2 Transparenz als politisches Instrument im Gesundheitswesen

Transparenz ist nicht nur für die Patientenversorgung und Qualitätsverbesserung von zentraler Bedeutung, sondern spielt auch eine wesentliche Rolle in der politischen Steuerung und Regulierung des Gesundheitswesens. Sie bildet die Grundlage für Rechenschaftspflicht, öffentliche Kontrolle und evidenzbasierte politische Entscheidungen. In einem zunehmend komplexen Gesundheitssystem, das von Akteuren wie staatlichen Institutionen, Krankenkassen, Gesundheitseinrichtungen und Patientenvertretungen geprägt ist, schafft Transparenz die notwendige Basis für eine effektive Zusammenarbeit und Legitimation (Wiig et al., 2018; Kosack & Fung, 2014). Eine transparente Steuerung trägt dazu bei, Vertrauen zwischen den Beteiligten zu stärken und politische Maßnahmen effizienter zu gestalten (Upton et al., 2024; Kaini, 2013).

Besonders im deutschen Gesundheitswesen haben politische Initiativen zur Förderung von Transparenz eine entscheidende Bedeutung. Maßnahmen wie das Informationsfreiheitsgesetz (IFG) und Plattformen wie der ‚Bundes-Klinik-Atlas' zeigen, wie Transparenz in der Praxis umgesetzt werden kann. Diese Instrumente dienen dazu, die Nachvollziehbarkeit und Gerechtigkeit in politischen Entscheidungen zu stärken und den Zugang zu gesundheitsbezogenen Informationen zu erleichtern (Schmitt, 2024; Hagist & Heidel,

2020). Transparente Datenerhebungen und öffentlich zugängliche Gesundheitsinformationen tragen dazu bei, Patienten eine informierte Entscheidungsfindung zu ermöglichen und das Vertrauen in das Gesundheitssystem zu fördern (Schad & Thronicke, 2022).

Doch trotz der Fortschritte sind Herausforderungen wie der Schutz sensibler Daten, die Uneinheitlichkeit föderaler Strukturen und die Verständlichkeit von Informationen zentrale Themen, die es zu adressieren gilt. Dieser Abschnitt beleuchtet die Rolle der Transparenz in politischen Prozessen, die rechtlichen Rahmenbedingungen sowie nationale und internationale Best Practices, um Lösungsansätze und Zukunftsperspektiven aufzuzeigen. Im Fokus steht dabei die Frage, wie Transparenz als politisches Instrument genutzt werden kann, um die Effektivität, Gerechtigkeit und Nachhaltigkeit des Gesundheitssystems zu fördern.

3.2.1 Transparenz und Rechenschaftspflicht in politischen Entscheidungen

Transparenz ist ein zentraler Bestandteil der politischen Steuerung im deutschen Gesundheitswesen, der es ermöglicht, Prozesse nachvollziehbar zu machen und die demokratische Legitimation zu stärken. Öffentliche Foren wie der Bundestag, der Bundesrat oder die Landtage dienen als Plattformen für Diskussionen zu Schlüsselthemen wie Krankenhausreformen, der Finanzierung der Pflege oder der Digitalisierung im Gesundheitswesen. Die öffentliche Zugänglichkeit dieser Debatten fördert nicht nur die Nachvollziehbarkeit politischer Entscheidungen, sondern stärkt auch das Vertrauen der Bevölkerung in politische Institutionen. Bürger und Interessengruppen können sich durch Protokolle und öffentliche Diskussionen aktiv einbringen, wodurch Transparenz zum Fundament demokratischer Gesundheitsentscheidungen wird (Bundesministerium des Innern & für Heimat, 2023a, b).

Ein herausragendes Beispiel für Transparenz im politischen Entscheidungsprozess ist die Arbeit des Gemeinsamen Bundesausschusses (G-BA). Der G-BA ist maßgeblich für die Festlegung von Leistungsansprüchen und Qualitätsstandards im Gesundheitswesen verantwortlich. Die Entscheidungen des G-BA werden durch Berichte und Protokolle dokumentiert, was zur Rechenschaftspflicht beiträgt. Dennoch steht das Gremium häufig in der Kritik, da nicht-öffentliche Verhandlungsphasen eine umfassende Transparenz einschränken. Die Einbindung externer Experten und eine detaillierte Veröffentlichung der Entscheidungsgrundlagen könnten dazu beitragen, das Vertrauen in die Arbeit des G-BA zu stärken und die Legitimität seiner Entscheidungen zu erhöhen (Gemeinsamer Bundesausschuss [G-BA], 2023a).

Ein weiteres wichtiges Element politischer Transparenz ist die Diskussion über Prioritäten und Ressourcenverteilung im Gesundheitssystem. Diese Themen sind oft kontrovers, da sie unterschiedliche Interessengruppen betreffen. Die Offenlegung von Entscheidungsgrundlagen und Kriterien kann jedoch dazu beitragen, Missverständnisse zu vermeiden und die Akzeptanz politischer Maßnahmen zu fördern. Insbesondere in Zeiten wachsender Ressourcenknappheit sind transparente Entscheidungsprozesse unverzichtbar, um gesellschaftliche Akzeptanz und Unterstützung für notwendige Reformen zu gewinnen.

Während politische Transparenz oft über öffentliche Diskussionen und Gremien erreicht wird, schafft das Informationsfreiheitsgesetz (IFG) eine rechtliche Grundlage für den Zugang zu behördlichen Informationen. Es ermöglicht Bürgern, gezielt Einblicke in Entscheidungsprozesse zu erhalten und ihre Rechte wahrzunehmen. Der nächste Abschnitt untersucht die Anwendung des IFG im Gesundheitswesen und beleuchtet die Herausforderungen, die sich aus datenschutzrechtlichen Vorgaben und organisatorischen Einschränkungen ergeben.

3.2.2 Die Rolle des Informationsfreiheitsgesetzes (IFG)

Das Informationsfreiheitsgesetz (IFG) wurde 2006 eingeführt, um die Transparenz staatlicher Prozesse zu fördern und Bürgern den Zugang zu amtlichen Informationen zu ermöglichen. Es garantiert das Recht, Informationen von Bundesbehörden einzusehen, solange keine gesetzlichen Ausnahmen wie der Schutz personenbezogener Daten oder sicherheitsrelevanter Informationen greifen. Mit diesem Ansatz stärkt das IFG die demokratische Kontrolle und das Vertrauen der Öffentlichkeit in politische Institutionen (Bundesministerium des Innern & für Heimat, 2023a, b).

Im Gesundheitswesen ist die Anwendung des IFG jedoch begrenzt. Einrichtungen wie Krankenhäuser und Krankenkassen fallen in der Regel nicht unter das Gesetz, da sie keine Bundesbehörden sind. Diese Ausnahmen schränken die Transparenz in einem Bereich ein, der von hoher gesellschaftlicher Relevanz ist. Darüber hinaus wird der Zugang zu gesundheitsbezogenen Informationen oft durch datenschutzrechtliche Bestimmungen wie die Datenschutz-Grundverordnung (DSGVO) begrenzt, die die Sicherheut sensibler Gesundheitsdaten betonen. Die DSGVO fordert strenge Maßnahmen zur Sicherung der Privatsphäre und setzt damit rechtliche Rahmenbedingungen, die den Zugang zu Daten für Transparenzzwecke komplizierter gestalten können (DSGVO, 2016).

Während das IFG in seiner derzeitigen Form die Transparenz in staatlichen Prozessen grundsätzlich unterstützt, ist es für das Gesundheitswesen nur eingeschränkt anwendbar. Reformen, die eine Ausweitung des Geltungsbereichs des IFG auf Gesundheitsdienstleister und eine klare Regelung für die sichere Veröffentlichung anonymisierter Daten vorsehen, könnten dazu beitragen, die Informationsrechte der Bürgerinnen und Bürger zu stärken und das Vertrauen in das Gesundheitssystem zu fördern.

Ein positives Beispiel für Transparenz im Gesundheitswesen, das über gesetzliche Vorgaben hinausgeht, ist der ‚Bundes-Klinik-Atlas'. Dieses Instrument zeigt, wie die Bereitstellung von Gesundheitsdaten zur Verbesserung der Patientenorientierung und der Vergleichbarkeit von Leistungserbringern beitragen kann. Der nächste Abschnitt beleuchtet die Funktion und Bedeutung dieses Atlasses im Kontext der deutschen Gesundheitsversorgung.

3.2.3 Der Bundes-Klinik-Atlas

Der ‚Bundes-Klinik-Atlas' ist ein wegweisendes Instrument für Transparenz im deutschen Gesundheitswesen. Diese Plattform, die unter der Aufsicht des Gemeinsamen Bundesausschusses (G-BA) entwickelt wurde, stellt öffentlich zugängliche Informationen zu den Leistungen und Ressourcen von Krankenhäusern bereit. Dazu gehören Angaben zu Fallzahlen, personellen Kapazitäten sowie Behandlungsergebnissen. Ziel des Atlasses ist es, Patienten eine fundierte Entscheidungsgrundlage zu bieten und durch Transparenz und Vergleichbarkeit die Qualität der Gesundheitsversorgung zu fördern (Gemeinsamer Bundesausschuss, G-BA, 2023b).

Die Grundlage für den ‚Bundes-Klinik-Atlas' bilden gesetzlich vorgeschriebene Berichterstattungspflichten, die sicherstellen, dass die bereitgestellten Informationen standardisiert und nachvollziehbar sind. Der Atlas zeigt, wie die Prinzipien des Informationsfreiheitsgesetzes (IFG) für den Gesundheitsbereich angewandt werden können, um gesundheitsbezogene Daten stärker in den öffentlichen Diskurs einzubringen. Indem gesetzliche Anforderungen mit praktischer Informationsbereitstellung kombiniert werden, zeigt der Atlas, dass Transparenz nicht nur der Rechenschaftspflicht dient, sondern auch ein effektives Werkzeug zur Qualitätssicherung und Patientenzentrierung ist.

Der ‚Bundes-Klinik-Atlas' hebt die Bedeutung einer patientenorientierten Transparenz hervor, indem er Informationen in einem benutzerfreundlichen Format bereitstellt. So können Patienten nicht nur die Qualität von Krankenhäusern besser vergleichen, sondern auch fundiertere Entscheidungen über die Wahl von Einrichtungen treffen. Dies trägt dazu bei, das Vertrauen in das Gesundheitssystem zu stärken und Anreize für Krankenhäuser zu schaffen, ihre Leistungen kontinuierlich zu verbessern (Gemeinsamer Bundesausschuss, G-BA, 2023b).

Obwohl der ‚Bundes-Klinik-Atlas' ein Beispiel für Transparenz im Gesundheitswesen darstellt, bleiben Herausforderungen wie die Verständlichkeit der bereitgestellten Daten und der Schutz sensibler Informationen bestehen. Der nächste Abschnitt widmet sich diesen Potenzialen und Hürden und beleuchtet, wie Transparenzinitiativen weiterentwickelt werden können, um ihre Effektivität und Akzeptanz zu maximieren.

3.2.4 Potenziale und Herausforderungen

Die Transparenzinitiativen im deutschen Gesundheitswesen, darunter der ‚Bundes-Klinik-Atlas' und das Informationsfreiheitsgesetz (IFG), verdeutlichen, wie Transparenz zur Verbesserung der Gesundheitsversorgung beitragen kann. Dennoch gibt es wesentliche

Herausforderungen, die die Effektivität und Akzeptanz solcher Maßnahmen beeinträchtigen.

Ein zentrales Problem liegt in der begrenzten Verständlichkeit und Vergleichbarkeit der bereitgestellten Daten. Für viele Patienten sowie die breite Öffentlichkeit sind die Informationen häufig schwer zu verstehen und zu interpretieren. Studien zeigen, dass komplexe Datenformate die Entscheidungsfindung erschweren und die potenziellen Vorteile von Transparenzinitiativen wie Krankenhausvergleichen oder Qualitätsberichten dadurch nicht vollständig ausgeschöpft werden können. Um die Nutzerfreundlichkeit zu erhöhen, sind standardisierte Formate und klare Visualisierungen notwendig, die eine einfache Interpretation der Informationen ermöglichen (OECD Health Division, 2022).

Darüber hinaus stellt der Schutz sensibler personenbezogener Gesundheitsdaten eine erhebliche Herausforderung dar. Die Datenschutz-Grundverordnung (DSGVO) fordert den Schutz der Privatsphäre der Patienten und setzt strenge Anforderungen an die Veröffentlichung und Verarbeitung von Gesundheitsinformationen. Technische und organisatorische Maßnahmen sind notwendig, um eine sichere Datenverarbeitung zu gewährleisten. Gleichzeitig muss ein Gleichgewicht zwischen dem Bedürfnis nach Transparenz und dem Schutz persönlicher Daten gefunden werden, um das Vertrauen der Bevölkerung in solche Initiativen zu stärken (DSGVO, 2016).

Ein weiterer bedeutender Punkt ist der eingeschränkte Anwendungsbereich des IFG. Da viele Krankenhäuser und Krankenkassen nicht direkt dem Geltungsbereich des Gesetzes unterliegen, bleibt die Reichweite der Transparenzbemühungen begrenzt. Um die Wirkung solcher Initiativen zu maximieren, könnten Reformen erforderlich sein, die den Geltungsbereich des IFG erweitern und die Veröffentlichung standardisierter Daten für alle Akteure im Gesundheitswesen verpflichtend machen.

Um die bestehenden Herausforderungen zu überwinden und die Potenziale von Transparenz im Gesundheitswesen vollständig auszuschöpfen, sind innovative Initiativen und praxisorientierte Lösungsansätze gefragt. Der folgende Abschnitt beleuchtet bestehende und geplante Maßnahmen zur Weiterentwicklung von Transparenzinitiativen und zeigt auf, wie technische, organisatorische und rechtliche Ansätze kombiniert werden können, um die Gesundheitsversorgung zukunftsfähig zu gestalten.

3.2.5 Initiativen und Lösungsansätze

Die Förderung von Transparenz im Gesundheitswesen erfordert nicht nur rechtliche und organisatorische Grundlagen, sondern auch innovative und praxisnahe Initiativen. Neben etablierten Maßnahmen wie dem Informationsfreiheitsgesetz (IFG) und dem ‚Bundes-Klinik-Atlas‘ gibt es weitere Ansätze, die darauf abzielen, Transparenz in der Gesundheitsversorgung nachhaltig zu stärken.

Qualitätssicherungsberichte von Krankenhäusern stellen eine wertvolle Ergänzung dar, indem sie detaillierte Informationen über die Leistungen und Strukturen der jeweiligen

Einrichtungen liefern. Eine benutzerfreundlichere Aufbereitung, etwa durch visuelle Darstellungen, interaktive Plattformen oder vereinfachte Erklärungen, könnte die Zugänglichkeit und Nützlichkeit solcher Berichte erheblich steigern (Gemeinsamer Bundesausschuss, G-BA, 2023a).

Die föderalen Strukturen des deutschen Gesundheitssystems stellen eine weitere Herausforderung dar. Die uneinheitliche Verteilung von Zuständigkeiten zwischen Bund und Ländern erschwert die Implementierung einheitlicher Transparenzmaßnahmen. Eine stärkere Zusammenarbeit zwischen allen Akteuren – einschließlich Bund, Ländern, Leistungserbringern und Patientenvertretungen – ist essenziell, um bestehende Hürden zu überwinden. Dabei spielen auch Investitionen in die technische Infrastruktur eine entscheidende Rolle. Nur durch den Ausbau moderner digitaler Systeme können gesundheitsbezogene Daten effizient bereitgestellt und genutzt werden, um die Transparenz weiter zu fördern (OECD Health Division, 2022).

Ein weiterer Ansatz zur Förderung der Transparenz könnte die stärkere Einbindung von Patientenvertretungen in die Entwicklung und Implementierung neuer Informationsplattformen sein. Solche partizipativen Ansätze gewährleisten, dass die bereitgestellten Daten an den Bedürfnissen und Verständnismöglichkeiten der Nutzer orientiert sind. Internationale Vorbilder, wie das schwedische Qualitätsregister, verdeutlichen, dass der Erfolg transparenzfördernder Maßnahmen maßgeblich von einer klaren, zugänglichen und patientenzentrierten Darstellung der Daten abhängt (Anell et al., 2012).

Während Transparenz im Gesundheitswesen zahlreiche Chancen für die Verbesserung von Qualität und Gerechtigkeit bietet, geht sie untrennbar mit der Verantwortung einher, die Privatsphäre der Betroffenen zu schützen und ethische Prinzipien einzuhalten. Der Schutz sensibler Gesundheitsdaten sowie die Wahrung der Würde und Autonomie der Patienten sind grundlegende Voraussetzungen für eine transparente und zugleich vertrauensvolle Gesundheitsversorgung. Der nächste Abschnitt widmet sich diesen zentralen ethischen Herausforderungen und beleuchtet, wie ein Gleichgewicht zwischen Offenheit und Datenschutz geschaffen werden kann.

3.3 Zusammenfassung der zentralen Erkenntnisse

Transparenz ist eine der bedeutendsten Herausforderungen und zugleich eine der größten Chancen für moderne Gesundheitssysteme. Als transformative Strategie kann sie dazu beitragen, die Qualität der Versorgung zu verbessern, Patienten aktiv in Entscheidungsprozesse einzubinden und die Rechenschaftspflicht von Leistungserbringern und politischen Institutionen zu stärken. Kap. 3 hat gezeigt, dass Transparenz weit über die bloße Informationsbereitstellung hinausgeht – sie ist ein dynamisches Konzept, das tief in die Strukturen, Prozesse und Werte eines Gesundheitssystems eingreift.

Von der Überwindung von Informationsasymmetrien über die Förderung der Patientenpartizipation bis hin zur Schaffung von Vergleichbarkeit durch Benchmarking – Transparenz eröffnet Möglichkeiten, die Effizienz und Fairness des Systems zu steigern. Gleichzeitig hat die Analyse der politischen Dimensionen von Transparenz verdeutlicht, dass gesetzliche Rahmenbedingungen wie das Informationsfreiheitsgesetz oder Initiativen wie der ‚Bundes-Klinik-Atlas' wichtige Impulse liefern können, jedoch auch mit Herausforderungen wie der Wahrung des Datenschutzes und der Verständlichkeit der bereitgestellten Informationen konfrontiert sind.

Um Transparenz langfristig und nachhaltig zu gestalten, sind innovative Lösungsansätze erforderlich. Diese müssen technologische, organisatorische und ethische Aspekte gleichermaßen berücksichtigen, um die Balance zwischen Offenheit und Schutz der Privatsphäre zu wahren. Das Kapitel hat verdeutlicht, dass Transparenz kein Selbstzweck ist, sondern ein Mittel, um Vertrauen zu schaffen und die Gesundheitsversorgung gerechter, effizienter und patientenzentrierter zu machen.

Die in Kap. 3 dargestellten Strategien und Herausforderungen der Transparenz bilden eine wichtige Grundlage, um das deutsche Gesundheitswesen im internationalen Vergleich zu betrachten. Kap. 4 wird die Position Deutschlands im globalen Kontext beleuchten und analysieren, wie nationale und internationale Ansätze zur Förderung von Transparenz ineinandergreifen können. Dabei stehen sowohl die strukturellen und politischen Rahmenbedingungen als auch die Auswirkungen auf Patienten und Leistungserbringer im Fokus. Ziel ist es, Lehren aus bewährten internationalen Praktiken zu ziehen und ihre Anwendbarkeit im deutschen Gesundheitssystem zu evaluieren.

Literatur

Anell, A., Glenngård, A. H., & Merkur, S. (2012). Sweden: Health system review. *Health Systems in Transition, 14*(5), 1–159.

Arrow, K. J. (1963). Uncertainty and the welfare economics of medical care. *American Economic Review, 53*(5), 941–973.

Donabedian, A. (2005). Evaluating the quality of medical care. *The Milbank Quarterly, 83*(4), 691–729. https://doi.org/10.1111/j.1468-0009.2005.00397.x.

Elwyn, G., Frosch, D., & Thomson, R. (2012). Shared decision making: A model for clinical practice. *Journal of General Internal Medicine, 27*(10), 1361–1367. https://doi.org/10.1007/s11606-012-2077-6.

Hagist, C., & Heidel, A. (2020). Potential benefits and risks resulting from the introduction of health apps and wearables into the German statutory healthcare system: A scoping review. *JMIR mHealth and uHealth.* https://www.jmir.org/2020/9/e16444/.

Ihler, F., & Canis, M. (2019). Digitale Gesundheitskompetenz: Möglichkeiten und Grenzen. *Bundesgesundheitsblatt – Gesundheitsforschung – Gesundheitsschutz, 62*(1), 16–23.

Kaini, B. K. (2013). *Healthcare governance for accountability and transparency.* NHRC. https://elibrary.nhrc.gov.np/handle/20.500.14356/1838.

Kosack, S., & Fung, A. (2014). Does transparency improve governance? *Annual Review of Political Science.* https://www.archonfung.net/s/FungKosackAnnRevPSTransparencyGoverance2014.pdf.

Lindsley, K., Snowdon, J. L., Craig, K. J. T., & Fusco, N. (2020). The impact of digital health interventions in atherosclerotic-related cardiovascular disease populations to address racial, ethnic, and socioeconomic health disparities. *Digital Health Journal.* https://www.sciencedirect.com/science/article/pii/S2666693620300566.

Nutbeam, D. (2008). The evolving concept of health literacy. *Social Science & Medicine, 67*(12), 2072–2078. https://doi.org/10.1016/j.socscimed.2008.09.050.

OECD Health Division. (2022). *Health at a Glance 2022: OECD Indicators.* OECD Publishing. https://doi.org/10.1787/19991312.

Price-Haywood, E. G., Arnold, C., & Harden-Barrios, J. (2023). Stop the divide: Facilitators and barriers to uptake of digital health interventions among socially disadvantaged populations. *Ochsner Journal.* https://www.ochsnerjournal.org/content/23/1/34.abstract

Richardson, S., Lawrence, K., Schoenthaler, A. M., & Patel, R. S. (2022). A framework for digital health equity. *NPJ Digital Medicine.* https://www.nature.com/articles/s41746-022-00663-0

Schad, F., & Thronicke, A. (2022). Real-world evidence – current developments and perspectives. *International Journal of Environmental Research and Public Health.* https://www.mdpi.com/1660-4601/19/16/10159

Schmitt, T. (2024). *Rethinking electronic health record implementation in Germany: A value-based health system approach.* Maastricht University. https://cris.maastrichtuniversity.nl/ws/portalfiles/portal/221125727/c8454.pdf.

Stacey, D., Légaré, F., Lewis, K., Barry, M. J., Bennett, C. L., Eden, K. B., ... & Trevena, L. J. (2017). Decision aids for people facing health treatment or screening decisions. *Cochrane Database of Systematic Reviews, 2017*(4). https://doi.org/10.1002/14651858.CD001431.pub5.

Upton, H., Hampton, A. R., & others. (2024). *Accountability, transparency and good governance: The WHO's decision-making during an emergency.* https://library.oapen.org/bitstream/handle/20.500.12657/92111/1/9781526180056.pdf.

Vereen, R. N., Alcaraz, K. I., & Burnham, D. (2020). Use of telephone and digital channels to engage socioeconomically disadvantaged adults in health disparities research. *Journal of Medical Internet Research.* https://www.jmir.org/2020/4/e16680/.

Wiig, S., Aase, K., Bourrier, M., & Røise, O. (2018). *Transparency in health care: Disclosing adverse events to the public.* OAPEN. https://library.oapen.org/bitstream/handle/20.500.12657/23085/1/1007073.pdf#page=114.

Wilson, S., Tolley, C., Mc Ardle, R., & Lawson, L. (2024). Recommendations to advance digital health equity: A systematic review of qualitative studies. *NPJ Digital Medicine.* https://www.nature.com/articles/s41746-024-01177-7.

Online-Quellen

Bundes-Klinik-Atlas. (2023). Methodik des Bundes-Klinik-Atlas: Transparenz und Qualitätssicherung. https://bundes-klinik-atlas.de/methodik. Zugegriffen: 31. Jan. 2025.

Bundesministerium des Innern und für Heimat. (2023). Informationsfreiheit in Deutschland. https://www.bmi.bund.de/DE/themen/moderne-verwaltung/open-government/informationsfreiheit/informationsfreiheit-node.html. Zugegriffen: 31. Jan. 2025.

Bundesministerium des Innern und für Heimat. (2023). Informationsfreiheit in Deutschland. https://www.bmi.bund.de/DE/themen/moderne-verwaltung/informationsfreiheit/informationsfreiheit-node.html. Zugegriffen: 31. Jan. 2025.

Datenschutz-Grundverordnung (DSGVO). (2016). Verordnung (EU) 2016/679 des Europäischen Parlaments und des Rates zum Schutz natürlicher Personen bei der Verarbeitung personenbezogener Daten. https://eur-lex.europa.eu/legal-content/DE/TXT/?uri=CELEX%3A32016R0679. Zugegriffen: 31. Jan. 2025.

Gemeinsamer Bundesausschuss (G-BA). (2023a). Berichte und Beschlüsse des G-BA: Transparenz in der Gesundheitsversorgung. https://www.g-ba.de/downloads/17-98-6069/2023-07-04_Taetigkeitsbericht-2022-2023.pdf. Zugegriffen: 31. Jan. 2025.

Gemeinsamer Bundesausschuss (G-BA). (2023b). Bundes-Klinik-Atlas: Transparenz in der Gesundheitsversorgung. https://www.g-ba.de/bundes-klinik-atlas/. Zugegriffen: 31. Jan. 2025.

Das deutsche Gesundheitswesen im Kontext der Transparenz

4

Inhaltsverzeichnis

Das deutsche Gesundheitssystem zählt zu den komplexesten weltweit. Es ist durch eine Vielzahl von Akteuren, föderale Strukturen und ein Zusammenspiel öffentlicher, privater und gemeinnütziger Organisationen geprägt (Blümel et al., 2024). Diese Komplexität stellt erhebliche Herausforderungen an Steuerung, Koordination und insbesondere Transparenz. Die Offenlegung von Informationen sowie die Schaffung nachvollziehbarer Strukturen sind essenziell, um Qualität, Effizienz und Gerechtigkeit in der Gesundheitsversorgung zu gewährleisten (IQTIG, 2023).

Transparenz im deutschen Gesundheitswesen erfordert sowohl regulatorische als auch technologische Ansätze, um die Interaktionen zwischen Patienten, Leistungserbringern und politischen Entscheidungsträgern besser zu steuern. Die Veröffentlichung standardisierter Qualitätsindikatoren, die Qualitätssicherung durch den Gemeinsamen Bundesausschuss (G-BA) sowie die Einführung digitaler Patientenakten sind zentrale Instrumente zur Förderung von Nachvollziehbarkeit und Vertrauen in das System (Busse & Quentin, 2011).

Dieses Kapitel untersucht, wie Transparenz systemisch verankert ist und welche Fortschritte durch gesetzliche Initiativen wie das Transparenzgesetz erzielt wurden. Ein

D. M. Hradecky, *Transparenz im Gesundheitswesen*,
https://doi.org/10.1007/978-3-658-48125-4_4

besonderer Schwerpunkt liegt auf dem ‚Bundes-Klinik-Atlas' als datenbasierter Transparenzinitiative. Dieses Instrument trägt nicht nur zur besseren Entscheidungsfindung für Patienten bei, sondern stärkt auch die Rechenschaftspflicht der Leistungserbringer.

Abschließend wird kritisch hinterfragt, inwieweit bestehende Maßnahmen den Anforderungen eines modernen, patientenzentrierten Gesundheitssystems gerecht werden. Diese Analyse bildet die Grundlage für das folgende Kapitel, das internationale Best Practices untersucht und deren Übertragbarkeit auf den deutschen Kontext bewertet.

4.1 Überblick über das deutsche Gesundheitssystem im Kontext der Transparenz

Das deutsche Gesundheitssystem zeichnet sich durch eine hohe Komplexität und eine fortschrittliche Organisation aus, die international oft als Vorbild dient. Seine Grundprinzipien – Solidarität, Subsidiarität und Selbstverwaltung – bilden das Fundament seiner Struktur und prägen sowohl die Stärken als auch die Herausforderungen bei der Implementierung von Transparenzmaßnahmen. Diese Prinzipien beeinflussen maßgeblich, wie transparent Informationen über Gesundheitsleistungen bereitgestellt werden und welche Akteure dafür Verantwortung tragen. Besonders die Selbstverwaltung durch Krankenkassen, Ärztekammern und Krankenhausverbände spielt eine zentrale Rolle in der Regulierung und Umsetzung von Transparenzstrategien (Schmitt, 2024).

4.1.1 Grundprinzipien und ihre Relevanz für Transparenz

Solidarität

Das Solidaritätsprinzip ist das zentrale Leitmotiv des deutschen Gesundheitssystems. Es gewährleistet, dass alle Bürgerinnen und Bürger unabhängig von ihrem Einkommen Zugang zu medizinischen Leistungen erhalten. Im Kontext der Transparenz ist die gerechte Verteilung von Ressourcen und Leistungen nur dann effektiv, wenn Informationswege klar und zugänglich gestaltet sind. Transparenz ermöglicht es, die Verwendung solidarisch finanzierter Mittel nachzuvollziehen und Vertrauen in die gerechte Verteilung der Gesundheitsversorgung zu schaffen. Transparente Prozesse können die Akzeptanz solidarischer Mechanismen stärken, insbesondere in Bezug auf die Kostenverteilung zwischen verschiedenen Einkommensgruppen (Busse & Blümel, 2014).

Subsidiarität

Das Subsidiaritätsprinzip überträgt die Verantwortung für die Gesundheitsversorgung auf regionale und lokale Akteure und ermöglicht so eine flexible Anpassung an spezifische regionale Bedürfnisse. Diese Dezentralisierung eröffnet Raum für regionale Innovationen, stellt jedoch zugleich hohe Anforderungen an die Transparenz. Regionale Unterschiede in der Versorgungsqualität oder der Zugänglichkeit von Leistungen werden ohne klare Informationswege oft nur unzureichend wahrgenommen. Transparente Informationssysteme sind daher unerlässlich, um Disparitäten offenzulegen und gezielte Maßnahmen zur Verbesserung der Versorgung zu fördern (Nolte & Knai, 2015).

Ein Beispiel für die praktische Bedeutung der Transparenz im Kontext der Subsidiarität ist die öffentliche Berichterstattung zur Qualität der stationären Versorgung. Solche Berichte verdeutlichen regionale Unterschiede und schaffen eine Grundlage für politische Entscheidungen, die auf die Angleichung von Versorgungsstandards abzielen. Ohne diese Transparenzmechanismen könnten wichtige Ungleichheiten im System unerkannt bleiben, was langfristig die Solidarität und Effizienz des Gesundheitssystems beeinträchtigen könnte.

Selbstverwaltung

Die Selbstverwaltung stellt ein zentrales Prinzip des deutschen Gesundheitssystems dar. Sie erlaubt es Institutionen wie Krankenkassen, Ärztekammern und Gesundheitseinrichtungen, innerhalb eines gesetzlich definierten Rahmens eigenständig zu agieren. Diese Autonomie trägt wesentlich zur Anpassungs- und Innovationsfähigkeit des Systems bei. Gleichzeitig erfordert sie jedoch ein hohes Maß an Transparenz, um Rechenschaftspflicht und Nachvollziehbarkeit zu gewährleisten. Transparenzmaßnahmen wie die regelmäßige Veröffentlichung von Qualitätssicherungsberichten und der Einsatz von Benchmarking-Instrumenten sind essenziell, um sicherzustellen, dass die Aktivitäten dieser Akteure im Sinne der Versicherten erfolgen und deren Vertrauen stärken (Busse & Blümel, 2014).

Ein Beispiel für die Verbindung von Selbstverwaltung und Transparenz ist die Tätigkeit des Gemeinsamen Bundesausschusses (G-BA). Als oberstes Gremium der gemeinsamen Selbstverwaltung ist der G-BA für die Definition von Leistungsstandards und deren Umsetzung verantwortlich. Die Transparenz seiner Arbeit zeigt sich insbesondere in der Dokumentation und öffentlichen Zugänglichkeit seiner Entscheidungen und Berichte. Diese Offenheit ermöglicht es, die Kriterien und Hintergründe politischer und administrativer Entscheidungen nachzuvollziehen, und stärkt so das Vertrauen der Bevölkerung in die Strukturen der Selbstverwaltung.

Transparenz und die Grundprinzipien im Zusammenspiel

Die Grundprinzipien des deutschen Gesundheitssystems – Solidarität, Subsidiarität und Selbstverwaltung – bilden die Grundlage für eine patientenzentrierte und effiziente Gesundheitsversorgung. Transparenz fungiert dabei als verbindendes Element, das diese Prinzipien stärkt, indem es den Zugang zu relevanten Informationen erleichtert, die Vergleichbarkeit der Versorgungsqualität fördert und die Rechenschaftspflicht der Akteure erhöht. Sie sorgt dafür, dass regionale Unterschiede und Versorgungsdisparitäten sichtbar gemacht, Ressourcen gerechter verteilt und die Entscheidungsprozesse nachvollziehbar gestaltet werden können.

Trotz ihrer zentralen Rolle ist die Umsetzung von Transparenz mit Herausforderungen verbunden. Die föderale Organisation des Systems, die duale Struktur der Krankenversicherung und die divergierenden Interessen der beteiligten Akteure erfordern eine durchdachte und differenzierte Gestaltung transparenter Prozesse. Dabei müssen einheitliche Standards geschaffen werden, die dennoch regionale Anpassungen zulassen und sowohl die Bedürfnisse der Versicherten als auch die Anforderungen der Leistungserbringer berücksichtigen.

Der folgende Abschnitt widmet sich der Dualität der Krankenversicherung und analysiert, wie diese Struktur die Möglichkeiten und Grenzen der Transparenz im deutschen Gesundheitssystem prägt.

4.1.2 Die Dualität der Krankenversicherung und Transparenz

Das deutsche Gesundheitssystem ist durch eine duale Versicherungsstruktur geprägt, die sich auf die gesetzliche Krankenversicherung (GKV) und die private Krankenversicherung (PKV) stützt. Diese Zweiteilung stellt eine grundlegende Besonderheit des Systems dar und hat erhebliche Auswirkungen auf die Gestaltung und Umsetzung von Transparenzmaßnahmen. Beide Versicherungssysteme verfolgen unterschiedliche Ansätze zur Versorgung und erfordern differenzierte Strategien, um die Transparenz für Versicherte und Leistungserbringer gleichermaßen sicherzustellen.

4.1.2.1 Gesetzliche Krankenversicherung (GKV)

Die gesetzliche Krankenversicherung (GKV) deckt etwa 90 % der Bevölkerung ab und basiert auf dem Solidaritätsprinzip, wonach die Beiträge einkommensabhängig sind und die Leistungen unabhängig von individuellen Gesundheitsrisiken gewährt werden. Diese Struktur ermöglicht eine weitreichende Absicherung der Bevölkerung und reduziert soziale Ungleichheiten im Zugang zur Gesundheitsversorgung. Die Finanzierung erfolgt überwiegend durch Beiträge der Versicherten und Arbeitgeber, ergänzt durch staatliche Zuschüsse zur Sicherstellung der langfristigen Stabilität des Systems (Busse et al., 2017). In diesem Kontext spielt Transparenz eine entscheidende Rolle, um die Versicherten über die einheitlichen Leistungsansprüche und die Verwendung der Mittel aufzuklären. Maßnahmen wie die Veröffentlichung von Qualitätssicherungsberichten und die Bereitstellung von Informationen zu Kosten und Leistungen fördern die Nachvollziehbarkeit und stärken das Vertrauen der Versicherten in das System (Busse & Blümel, 2014).

Ein zentraler Aspekt ist die Transparenz in Bezug auf den Leistungskatalog der GKV, der durch den Gemeinsamen Bundesausschuss (G-BA) festgelegt wird. Die öffentliche Dokumentation der Entscheidungsprozesse und Kriterien ermöglicht es, die Leistungsdefinitionen und die zugrunde liegenden Priorisierungen nachvollziehbar zu machen. Dadurch wird nicht nur das Vertrauen der Versicherten gestärkt, sondern auch die Akzeptanz für systembedingte Einschränkungen gefördert (G-BA, 2024a, b).

4.1.2.2 Private Krankenversicherung (PKV)

Im Gegensatz zur GKV richtet sich die PKV an Selbstständige, Beamte und höherverdienende Angestellte. Die PKV basiert auf einem risikobezogenen Beitragsmodell, bei dem die Versicherungsprämien individuell kalkuliert werden. Hier liegt der Fokus oft auf maßgeschneiderten Informationen über spezifische Leistungen und Tarife. Diese differenzierten Informationsbedürfnisse erfordern zusätzliche Transparenzmaßnahmen, die über die standardisierten Ansätze der GKV hinausgehen.

Transparenz in der PKV umfasst die Bereitstellung detaillierter Informationen zu Tarifstrukturen, Leistungsumfängen und Anbieterqualität, um fundierte Entscheidungen der Versicherten zu fördern (Pfeiffer & Wehkamp, 2023). Die Vielfalt der angebotenen Tarife und Leistungen erschwert jedoch die Schaffung einheitlicher Vergleichsmöglichkeiten, die für Versicherte leicht zugänglich und verständlich sind. Dennoch könnten standardisierte Darstellungen der Tarife und Leistungskriterien dazu beitragen, die Transparenz in der PKV zu erhöhen und den Entscheidungsprozess für potenzielle Versicherte zu erleichtern (Nolte & Knai, 2015).

4.1.2.3 Herausforderungen und Lösungsansätze

Die duale Struktur der Krankenversicherung bringt spezifische Herausforderungen für die Transparenz mit sich. Während die GKV eine einheitliche Informationsbasis für eine große und heterogene Versichertengemeinschaft schaffen muss, stellt die PKV hohe Anforderungen an die Individualisierung und Detailtiefe der bereitgestellten Informationen. Diese Unterschiede machen die Entwicklung harmonisierter Transparenzstrategien schwierig.

Ein Ansatz zur Überwindung dieser Herausforderungen ist die Förderung digitaler Plattformen, die maßgeschneiderte Informationen für beide Systeme bereitstellen. Solche Plattformen könnten Versicherten ermöglichen, Leistungen und Kosten zwischen GKV und PKV direkt zu vergleichen. Dies würde nicht nur die Transparenz erhöhen, sondern auch die Wahlmöglichkeiten der Versicherten verbessern (OECD, 2022).

Die Dualität der Krankenversicherung verdeutlicht die Komplexität der Umsetzung von Transparenz im deutschen Gesundheitssystem. Der nächste Abschnitt widmet sich der föderalen Organisation des Gesundheitssystems und untersucht, wie regionale und nationale Akteure zur Schaffung transparenter Strukturen beitragen können.

4.1.3 Föderale Organisation und Transparenz

Die föderale Struktur des deutschen Gesundheitssystems ist ein charakteristisches Merkmal, das Verantwortung auf mehrere Ebenen verteilt und sowohl Chancen als auch

Herausforderungen für Transparenzinitiativen bietet. Während die Dezentralisierung Flexibilität und regionale Anpassungen ermöglicht, erfordert sie zugleich eine sorgfältige Koordination zwischen den Akteuren, um Transparenz flächendeckend zu gewährleisten.

Bundesebene

Die Bundesregierung legt die gesetzlichen Rahmenbedingungen für das Gesundheitssystem fest, insbesondere durch die Sozialgesetzbücher (SGB). Diese Rechtsgrundlagen regeln zentrale Aspekte wie die Finanzierung, den Leistungskatalog der gesetzlichen Krankenversicherung (GKV) und die Qualitätssicherung. Transparenzmaßnahmen auf Bundesebene umfassen gesetzlich vorgeschriebene Berichtspflichten, die eine systematische Erfassung und Veröffentlichung von Informationen ermöglichen. Beispiele hierfür sind die Qualitätsberichte des Gemeinsamen Bundesausschusses (G-BA), die wesentliche Daten zur Versorgungsqualität bereitstellen (Busse & Blümel, 2014).

Auf Bundesebene wird die Digitalisierung des Gesundheitswesens vorangetrieben, beispielsweise durch die Implementierung der elektronischen Patientenakte (ePA). Solche Initiativen tragen dazu bei, Transparenz und Effizienz in der Gesundheitsversorgung zu erhöhen, indem sie den Zugang zu Gesundheitsdaten vereinfachen und die Nachvollziehbarkeit medizinischer Entscheidungen fördern (OECD, 2022).

Länderebene

Die Länder haben eine bedeutende Funktion bei der Krankenhausplanung und der Gewährleistung der Gesundheitsversorgung in der jeweiligen Region. Sie entscheiden über die Anzahl und Standorte der Krankenhäuser sowie deren Finanzierung. Transparenz ist hier von besonderer Bedeutung, um regionale Unterschiede in der Versorgungsqualität und der Ressourcenausstattung zu erfassen. Beispielsweise können regionale Krankenhausberichte dazu beitragen, Defizite in der Versorgung zu identifizieren und gezielte Maßnahmen zur Verbesserung einzuleiten.

Gleichzeitig erschwert die föderale Struktur die einheitliche Umsetzung von Transparenzmaßnahmen. Unterschiede zwischen den Bundesländern, beispielsweise in Bezug auf die Verfügbarkeit moderner Diagnostik oder die Anzahl an Fachärzte, führen zu einer Fragmentierung, welche die Vergleichbarkeit und Nachvollziehbarkeit erschwert (Busse & Blümel, 2014).

Kommunale Ebene

Auf kommunaler Ebene liegt die Verantwortung für den öffentlichen Gesundheitsdienst (ÖGD), der unter anderem Aufgaben wie Impfkampagnen, Hygienekontrollen und Präventionsprogramme übernimmt. Transparenz ist hierbei essenziell, um Bürgerinnen und Bürger über lokale Gesundheitsangebote zu informieren und die Akzeptanz solcher Maßnahmen zu fördern. Ein aktuelles Beispiel ist die Transparenz in der Berichterstattung während der COVID-19-Pandemie, bei der Kommunen eine Schlüsselrolle bei der Umsetzung und Kommunikation von Schutzmaßnahmen gespielt haben (Nolte & Knai, 2015).

Die kommunale Ebene bietet auch die Möglichkeit, innovative Ansätze zur Transparenzförderung zu entwickeln, wie etwa interaktive Plattformen, die regionale Gesundheitsdaten zugänglich machen. Solche Initiativen könnten die Zusammenarbeit zwischen Bund, Ländern und Kommunen stärken und eine Grundlage für eine einheitlichere Transparenzstrategie schaffen.

Herausforderungen und Lösungsansätze

Die föderale Struktur des deutschen Gesundheitssystems ermöglicht eine Anpassung an regionale Bedürfnisse, bringt jedoch auch Herausforderungen für Transparenz mit sich. Die Fragmentierung der Zuständigkeiten führt oft zu einem Mangel an einheitlichen Standards und erschwert den Vergleich von Gesundheitsleistungen zwischen den Bundesländern. Eine stärkere Koordination zwischen den Ebenen und die Einführung nationaler Standards könnten helfen, diese Herausforderungen zu bewältigen.

Gleichzeitig könnten digitale Technologien eine wichtige Rolle spielen, um Transparenz auf allen Ebenen zu fördern. Plattformen, die Daten aus verschiedenen Regionen zusammenführen, könnten Unterschiede sichtbarer machen und den Austausch bewährter Verfahren erleichtern.

Die föderale Organisation legt die strukturellen Grundlagen des deutschen Gesundheitssystems, doch letztlich sind es die Akteure, die dessen Funktionsweise gestalten und prägen. Ihre Rollen und Verantwortlichkeiten sind entscheidend, insbesondere im Kontext der Transparenz. Der nächste Abschnitt widmet sich den zentralen Akteuren und beleuchtet, wie sie Transparenz fördern und welche Herausforderungen dabei zu bewältigen sind.

4.1.4 Akteure im deutschen Gesundheitssystem und ihre Rolle bei der Transparenz

Das deutsche Gesundheitssystem wird von einer Vielzahl von Akteuren geprägt, die jeweils eine entscheidende Rolle bei der Umsetzung und Förderung von Transparenz einnehmen. Ihre Tätigkeiten und Verantwortlichkeiten sind grundlegend, um eine transparente, patientenzentrierte und qualitativ hochwertige Gesundheitsversorgung zu gewährleisten.

Krankenkassen

Die gesetzlichen und privaten Krankenkassen haben eine bedeutende Funktion bei der Förderung von Transparenz. Sie stellen umfassende Informationen über Kosten, Leistungen und die Qualität der Versorgung bereit. Zusätzlich treiben sie die Qualitätssicherung voran, indem sie Programme zur Gesundheitsförderung, Prävention und Leistungsbewertung initiieren. Die Digitalisierung eröffnet dabei neue Möglichkeiten zur Erhebung und Bereitstellung von Versorgungsdaten, wodurch innovative Ansätze für die Validierung und Analyse von

Gesundheitsdaten entwickelt werden können. Diese Technologien tragen nicht nur zur Stärkung der Transparenz bei, sondern verbessern auch das Vertrauen der Patienten und die Entscheidungsgrundlagen der Akteure (Mathews et al., 2019).

Besonders die gesetzlichen Krankenkassen, die rund 90 % der Bevölkerung abdecken, tragen durch die Einführung von Bonusprogrammen und Versorgungsvergleichen zur Förderung einer informierten Patientenentscheidung bei (Busse & Blümel, 2014).

Gemeinsamer Bundesausschuss (G-BA)

Der Gemeinsame Bundesausschuss (G-BA) ist das oberste Beschlussgremium der gemeinsamen Selbstverwaltung im deutschen Gesundheitswesen. Er setzt Maßstäbe für Transparenz und Qualität, insbesondere durch die Festlegung von Berichtspflichten und die Entwicklung von Richtlinien zur Veröffentlichung von Qualitätsindikatoren. Diese Maßnahmen stellen sicher, dass Informationen über die Qualität der stationären und ambulanten Versorgung öffentlich zugänglich gemacht werden. Dadurch zeigt der G-BA, wie gesetzliche Vorgaben in praktische Transparenzmaßnahmen umgesetzt werden können, um Vertrauen und Rechenschaftspflicht im Gesundheitswesen zu stärken (Gemeinsamer Bundesausschuss [G-BA], 2024b).

Gesundheitseinrichtungen

Krankenhäuser, Arztpraxen und andere Leistungserbringer tragen durch die Umsetzung von Transparenzanforderungen wesentlich zur Qualitätssicherung bei. Zu den zentralen Maßnahmen zählen die Veröffentlichung von Qualitätsberichten, die Teilnahme an Benchmarking-Initiativen und die Bereitstellung von umfassenden Patienteninformationen. Diese Transparenzmaßnahmen fördern nicht nur die Qualität der Versorgung, sondern auch die Vergleichbarkeit zwischen verschiedenen Einrichtungen. Dadurch wird Patienten ermöglicht, fundierte Entscheidungen über ihre Gesundheitsversorgung zu treffen, und das Vertrauen in die Leistungserbringer wird gestärkt (IQTIG, 2023).

Patienten

Patienten spielen eine doppelte Rolle im System der Transparenz: Sie sind sowohl Empfänger als auch Treiber von Transparenzmaßnahmen. Ihre steigende Nachfrage nach klaren, verständlichen und umfassenden Informationen über Behandlungsoptionen, Qualität und Kosten setzt neue Standards für eine patientenorientierte Transparenz. Partizipative Ansätze wie *Shared Decision-Making* (SDM) stärken die Patientenautonomie und verdeutlichen, wie wichtig der Zugang zu verständlichen und evidenzbasierten Informationen ist (Elwyn et al., 2012). Die aktive Einbindung der Patienten in Entscheidungsprozesse zeigt, dass Transparenz nicht nur eine Top-down-Initiative ist, sondern auf dem Zusammenspiel aller Akteure basiert.

Fazit

Die Akteure im deutschen Gesundheitssystem tragen gemeinsam die Verantwortung, Transparenz auf allen Ebenen zu fördern. Krankenkassen, der G-BA und Gesundheitseinrichtungen stellen die notwendigen Strukturen bereit, während Patienten als treibende Kraft die Nachfrage nach klaren und zugänglichen Informationen erhöhen. Dieses Zusammenspiel zeigt, dass Transparenz nicht nur eine technische oder organisatorische Herausforderung ist, sondern auch eine kulturelle Transformation erfordert.

Nachdem die Akteure und ihre Rollen im Kontext der Transparenz beleuchtet wurden, wird im nächsten Abschnitt untersucht, wie Transparenz als Schlüsselelement für das deutsche Gesundheitswesen wirkt. Dabei liegt der Fokus auf methodischen Ansätzen zur Implementierung von Transparenz sowie den zugrunde liegenden gesetzlichen und institutionellen Rahmenbedingungen.

4.2 Transparenz im deutschen Gesundheitswesen und methodische Ansätze

Transparenz ist eine zentrale Säule, um die Qualität, Effizienz und Gerechtigkeit im deutschen Gesundheitssystem zu fördern. Sie ermöglicht es, Informationsasymmetrien abzubauen, Vertrauen aufzubauen und Rechenschaftspflicht zu gewährleisten. Im Kontext eines komplexen und föderal organisierten Systems wie dem deutschen Gesundheitssystem stellt die Implementierung von Transparenz jedoch eine anspruchsvolle Aufgabe dar.

Die föderale Struktur, die duale Versicherungslandschaft und die unterschiedlichen Interessen der Akteure verlangen nach klar definierten Strategien und Mechanismen, um Transparenz auf allen Ebenen effektiv umzusetzen. Gleichzeitig ist es unerlässlich, den Schutz sensibler Gesundheitsdaten sicherzustellen und eine Überforderung der Nutzer durch Informationsflut zu vermeiden.

4.2.1 Transparenz und methodische Ansätze

Die Implementierung von Transparenz im deutschen Gesundheitssystem erfordert eine umfassende Strategie, die methodisch vielfältige Ansätze integriert, um den unterschiedlichen Anforderungen der Akteure gerecht zu werden. Ziel dieser Strategien ist es, komplexe Gesundheitsinformationen zugänglicher zu machen, die Vergleichbarkeit von Gesundheitsdienstleistungen zu erhöhen und den Zugang zu relevanten Daten für Patienten, Leistungserbringer und politische Entscheidungsträger gleichermaßen zu erleichtern. Dabei spielen digitale Lösungen, einheitliche Qualitätsindikatoren und klare Governance-Strukturen eine wesentliche Rolle (Naumann et al., 2021).

Standardisierte Berichterstattungssysteme

Die Einführung einheitlicher Qualitätsindikatoren und klar definierter Berichtspflichten bildet eine grundlegende Voraussetzung für die Förderung von Transparenz im Gesundheitswesen. Diese Maßnahmen tragen dazu bei, die Qualität und Effizienz von Gesundheitsleistungen objektiv zu bewerten und eine vergleichbare Grundlage für fundierte Entscheidungen aller Akteure zu schaffen (OECD Health Division, 2022).

Der Gemeinsame Bundesausschuss (G-BA) nimmt hierbei eine Schlüsselrolle ein. Er entwickelt verbindliche Qualitätsrichtlinien und legt fest, welche Daten regelmäßig erfasst und veröffentlicht werden müssen. Die standardisierten Berichte dienen nicht nur der Information, sondern fördern auch die Qualitätssicherung und die Rechenschaftspflicht von Gesundheitseinrichtungen (G-BA, 2024a, b). Ein Beispiel hierfür sind die Krankenhaus-Qualitätsberichte, die detaillierte Informationen zu Behandlungsergebnissen und Patientenzufriedenheit liefern.

Digitale Tools zur Gesundheitskommunikation

Digitale Technologien besitzen das Potenzial, die Transparenz im Gesundheitswesen erheblich zu steigern, indem sie den Zugang zu Gesundheitsdaten erleichtern, die Nachvollziehbarkeit von Prozessen verbessern und die Kommunikation zwischen Akteuren fördern (WHO, 2023). Elektronische Patientenakten, mobile Gesundheitsanwendungen und Patientenportale bieten innovative Möglichkeiten, um Gesundheitsinformationen leichter zugänglich und verständlich zu machen. Diese Technologien ermöglichen Patienten nicht nur den Zugriff auf ihre medizinischen Daten, sondern auch die aktive Mitgestaltung ihrer Behandlung.

Solche digitalen Tools fördern die Autonomie der Patienten und erleichtern informierte Entscheidungen. Die OECD (2022) hebt hervor, dass digitale Gesundheitslösungen die Effizienz steigern und die Arzt-Patienten-Kommunikation verbessern können. Gleichzeitig schaffen sie eine Grundlage für datenbasierte Entscheidungen, die zur kontinuierlichen Verbesserung der Versorgungsqualität beitragen.

Zielgruppenspezifische Informationsformate

Ein weiterer methodischer Ansatz liegt in der Anpassung von Informationen an die Bedürfnisse spezifischer Zielgruppen. Komplexe medizinische Daten und Berichte sind für Laien oft schwer verständlich. Um die Zugänglichkeit zu verbessern, müssen Informationen in einfacher Sprache, visuellen Darstellungen oder interaktiven Formaten bereitgestellt werden.

Die Gesundheitskompetenz der Bevölkerung spielt eine entscheidende Rolle bei der Nutzung von Transparenzmaßnahmen. Zielgruppenspezifische Ansätze, wie die Entwicklung barrierefreier digitaler Plattformen oder die Integration von Videos und Infografiken, können dazu beitragen, die Akzeptanz und Nutzung transparenter Prozesse zu fördern (Busse & Blümel, 2014).

Herausforderungen bei der Umsetzung
Trotz der Vorteile dieser Ansätze bestehen nach wie vor Herausforderungen. Die Standardisierung von Berichterstattungssystemen erfordert einen erheblichen organisatorischen und finanziellen Aufwand. Zudem müssen digitale Tools robust gegen Datenschutzverletzungen sein, um das Vertrauen der Nutzer nicht zu gefährden. Zielgruppenspezifische Formate müssen sorgfältig gestaltet werden, um unterschiedliche Bildungs- und Kompetenzniveaus zu berücksichtigen.

Die Kombination dieser Ansätze erfordert eine enge Zusammenarbeit zwischen Gesundheitsdienstleistern, Krankenkassen, Patientenvertretungen und politischen Entscheidungsträgern. Nur so kann Transparenz auf breiter Ebene realisiert werden.

4.2.2 Die Rolle der Digitalisierung für Transparenz im deutschen Gesundheitssystem

Die Digitalisierung eröffnet im deutschen Gesundheitssystem neue Möglichkeiten, Transparenz zu fördern und die Qualität der Versorgung zu verbessern. Elektronische Datenverarbeitung, mobile Technologien und künstliche Intelligenz (KI) bieten innovative Ansätze, um Informationen effizient zu erfassen, zu verarbeiten und bereitzustellen. Diese Entwicklungen sind entscheidend, um die Patientenautonomie zu stärken, die Effizienz der Versorgung zu erhöhen und die Kommunikation zwischen den verschiedenen Akteuren im Gesundheitswesen zu verbessern.

Vorteile der Digitalisierung für Transparenz

1. **Verbesserter Datenzugang**
   Elektronische Patientenakten (ePA) bieten Patienten die Möglichkeit, ihre Gesundheitsdaten jederzeit einzusehen und eigenständig zu verwalten, was eine zentrale Voraussetzung für die aktive Mitgestaltung in der Gesundheitsversorgung darstellt (OECD, 2022). In Deutschland wird die Implementierung von ePA durch das Patientendaten-Schutz-Gesetz (PDSG) geregelt, das den sicheren Umgang mit sensiblen Gesundheitsdaten sicherstellt.
2. **Effizienzsteigerung**
   Digitale Technologien reduzieren bürokratische Hürden und beschleunigen Prozesse wie die Erfassung und Analyse von Qualitätsindikatoren. Künstliche Intelligenz kann beispielsweise große Datenmengen analysieren, um Muster zu erkennen und gezielte

Verbesserungsvorschläge für die Versorgung zu entwickeln. Studien zeigen, dass KI-basierte Systeme in der Lage sind, medizinische Fehler zu reduzieren und Prozesse wie die Ressourcenallokation zu optimieren (Topol, 2019).

3. **Förderung der Patientenkommunikation**
   Patientenportale und mobile Gesundheitsanwendungen fördern die Interaktion zwischen Patienten und Leistungserbringern, indem sie Funktionen wie Terminvereinbarung, Einsicht in Behandlungsergebnisse und direkte Kommunikation mit Fachkräften bereitstellen. Diese Technologien stärken das Vertrauen und die Zufriedenheit der Patienten und tragen wesentlich zur Transparenz in der Versorgung bei. Über 40 % der Deutschen nutzen digitale Gesundheitsanwendungen, um ihre Versorgung zu koordinieren (Robert Koch-Institut, 2021).

Herausforderungen der Digitalisierung

Trotz der vielversprechenden Vorteile bringt die Digitalisierung des deutschen Gesundheitssystems erhebliche Herausforderungen mit sich. Diese betreffen nicht nur technische und organisatorische Aspekte, sondern auch soziale und rechtliche Rahmenbedingungen. Ein effektives Management dieser Herausforderungen ist entscheidend, um das volle Potenzial der Digitalisierung im Kontext von Transparenz und Qualitätssicherung auszuschöpfen.

Datenschutz und Sicherheit

Der Schutz sensibler Gesundheitsdaten ist eine der größten Herausforderungen der Digitalisierung. Die Datenschutz-Grundverordnung (DSGVO) setzt strikte Vorgaben für die Verarbeitung und Speicherung personenbezogener Daten. Während diese Maßnahmen notwendig sind, um Datenschutzverletzungen und Missbrauch zu verhindern, schränken sie gleichzeitig den Zugang zu Gesundheitsdaten für Forschungs- und Transparenzzwecke ein. Beispielsweise können anonymisierte Daten, die für die Qualitätsbewertung oder Transparenzmaßnahmen wichtig wären, aufgrund der datenschutzrechtlichen Anforderungen schwer zugänglich bleiben (DSGVO, 2016).

Ein weiteres Risiko stellt die zunehmende Nutzung digitaler Plattformen dar, die die Angriffsfläche für Cyberangriffe vergrößern. Cybersicherheit ist demnach ein entscheidender Bestandteil jeder digitalen Gesundheitsstrategie. Studien zeigen, dass Angriffe auf Gesundheitsdaten nicht nur finanzielle Verluste verursachen, sondern auch das Vertrauen der Bevölkerung nachhaltig schädigen können (Topol, 2019). Robuste Sicherheitsmaßnahmen wie Verschlüsselung, Zwei-Faktor-Authentifizierung und regelmäßige Sicherheitsupdates sind unerlässlich, um diese Risiken zu minimieren.

Ungleicher Zugang zu digitalen Technologien

Die digitale Spaltung stellt eine erhebliche Herausforderung dar, da nicht alle Bevölkerungsgruppen gleichermaßen Zugang zu digitalen Technologien haben oder diese effektiv nutzen können. Ältere Menschen und Personen mit geringem Einkommen oder niedrigerem Bildungsniveau stehen oft vor Hindernissen bei der Nutzung digitaler Gesundheitslösungen, was deren Akzeptanz einschränkt (Wilson et al., 2021).

Diese Ungleichheiten wirken sich direkt auf die Transparenz im Gesundheitswesen aus, da betroffene Gruppen oft nicht von den Vorteilen digitaler Transparenzmaßnahmen profitieren können. Zielgruppenspezifische Schulungen und der Ausbau digitaler Infrastrukturen, insbesondere in ländlichen Gebieten, sind notwendig, um diese digitalen Ungleichheiten zu verringern. Initiativen wie der *Digitalpakt Gesundheit* könnten einen wichtigen Beitrag zur Förderung der digitalen Gesundheitskompetenz leisten (Robert Koch-Institut, 2021).

Komplexität der Implementierung

Die Einführung und Integration digitaler Lösungen in das bestehende Gesundheitssystem ist komplex. Sie erfordert erhebliche Investitionen in technische Infrastruktur, IT-Systeme und Personal. Bestehende Prozesse und Systeme müssen an die neuen Technologien angepasst werden, was Zeit und Ressourcen beansprucht. Zudem ist die Interoperabilität zwischen verschiedenen digitalen Systemen ein zentrales Problem. Ohne einheitliche Standards können Daten nicht effizient ausgetauscht oder genutzt werden, was die Transparenz und Effizienz der Digitalisierung einschränkt (Busse & Blümel, 2014).

Die föderale Struktur des deutschen Gesundheitssystems stellt eine zusätzliche Herausforderung dar. Die Verteilung der Zuständigkeiten auf Bundes-, Landes- und kommunaler Ebene führt zu einer uneinheitlichen Umsetzung digitaler Maßnahmen. Einige Bundesländer sind Vorreiter in der Digitalisierung, während andere deutlich hinterherhinken. Diese Unterschiede erschweren eine flächendeckende Einführung und Nutzung digitaler Lösungen.

Informationsüberflutung und Nutzerfreundlichkeit

Mit der Digitalisierung wächst die Menge an verfügbaren Gesundheitsinformationen exponentiell. Während dies auf den ersten Blick positiv erscheint, können unstrukturierte oder zu komplexe Daten Patienten und sogar medizinisches Fachpersonal überfordern. Transparenzmaßnahmen, die nicht benutzerfreundlich gestaltet sind, könnten zu Verwirrung und Unsicherheit führen. Leicht verständliche, visuell aufbereitete und zielgruppenspezifische Informationsformate sind essenziell, um den Nutzen digitaler Transparenzmaßnahmen zu maximieren (Nolte & Knai, 2015).

Fazit: Die Digitalisierung des deutschen Gesundheitssystems bietet enorme Potenziale, um Transparenz und Qualität zu verbessern. Gleichzeitig erfordert sie eine sorgfältige Balance zwischen Offenheit, Datenschutz und Nutzerfreundlichkeit. Die erfolgreiche Bewältigung der Herausforderungen wird darüber entscheiden, wie effektiv die Digitalisierung dazu beitragen kann, eine patientenzentrierte, transparente und effiziente Gesundheitsversorgung zu schaffen.

Integration mit Transparenzstrategien

Die enge Verzahnung von Digitalisierung und Transparenzstrategien ist essenziell, um eine effektive und patientenzentrierte Gesundheitsversorgung zu gewährleisten. Dabei geht es nicht nur um die Bereitstellung von Informationen, sondern auch um deren Zugänglichkeit, Verlässlichkeit und Nutzbarkeit. Ein integrativer Ansatz erfordert, dass digitale Technologien und Transparenzmaßnahmen Hand in Hand arbeiten, um die Gesundheitsversorgung zukunftsfähig zu gestalten (OECD, 2022).

Entwicklung benutzerfreundlicher Plattformen

Digitale Gesundheitslösungen, wie elektronische Patientenakten, Patientenportale oder mobile Anwendungen, müssen so gestaltet sein, dass sie auch für weniger technikaffine Nutzer verständlich und leicht zugänglich sind. Benutzerfreundlichkeit ist ein entscheidender Faktor, um die Akzeptanz solcher Technologien zu fördern. Ansätze wie intuitive Benutzeroberflächen, visuelle Unterstützung und interaktive Tutorials können dabei helfen, die Hemmschwelle zur Nutzung zu senken (Busse & Blümel, 2014).

Förderung der digitalen Gesundheitskompetenz

Ein zentrales Hindernis für die Nutzung digitaler Technologien ist der Mangel an digitaler Gesundheitskompetenz in Teilen der Bevölkerung. Bildungsprogramme, gezielte Schulungsangebote und leicht verständliche Informationsmaterialien können dazu beitragen, diese Kompetenzen zu stärken. Gemäß der OECD ist es entscheidend, dass digitale Inklusion und Gesundheitsbildung gezielt gefördert werden, um Barrieren im Zugang zu digitalen Gesundheitsdiensten abzubauen und die Nutzung solcher Angebote zu verbessern (OECD, 2022).

Sicherstellung der Interoperabilität

Die Interoperabilität zwischen verschiedenen digitalen Systemen stellt einen zentralen Faktor für eine reibungslose Kommunikation und den effizienten Austausch von Gesundheitsdaten dar. Hierbei sind standardisierte technische Vorgaben und ein klar definierter regulatorischer Rahmen von essenzieller Bedeutung. Die Implementierung der elektronischen Patientenakte (ePA) in Deutschland illustriert die Bestrebungen, ein interoperables System zu etablieren, das sowohl die Transparenz als auch die Effizienz innerhalb des Gesundheitssystems nachhaltig verbessert (OECD, 2022).

Stärkung des Vertrauens

Vertrauen ist eine zentrale Voraussetzung für die erfolgreiche Integration von Digitalisierung und Transparenzstrategien. Dies erfordert nicht nur robuste Datenschutzmaßnahmen, sondern auch eine klare und transparente Kommunikation über den Umgang mit Gesundheitsdaten. Patienten sollten über die Verarbeitung ihrer Daten informiert sein, den Nutzen verstehen können und Kenntnis über die Sicherheitsvorkehrungen haben, die zum Schutz ihrer Privatsphäre getroffen werden (DSGVO, 2016).

Zusammenwirken von Digitalisierung und Transparenz

Die Digitalisierung eröffnet neue Möglichkeiten, Transparenzmaßnahmen im Gesundheitswesen zu erweitern und zu optimieren. Indem sie klare und nachvollziehbare Einblicke in die Nutzung und Sicherheit digitaler Lösungen bietet, stärkt Transparenz das Vertrauen der Patienten in diese Technologien (OECD, 2022). Die synergetische Verbindung beider Ansätze schafft eine Gesundheitsversorgung, die stärker an den Bedürfnissen der Patienten ausgerichtet ist und gleichzeitig Effizienz und Qualität verbessert (BMG, 2023a, b, c).

Die Integration von Digitalisierung und Transparenzstrategien hat das Potenzial, die Gesundheitsversorgung in Deutschland nachhaltig zu transformieren. Dabei ist jedoch zu betonen, dass Digitalisierung allein nicht ausreicht, um umfassende Offenheit und Nachvollziehbarkeit zu gewährleisten. In diesem Kontext spielt das Transparenzgesetz eine zentrale Rolle. Es bietet einen rechtlichen Rahmen, der systematische Transparenz sicherstellt und als Grundlage für eine gerechtere und effizientere Gesundheitsversorgung dient (European Commission, 2023). Der folgende Abschnitt widmet sich einer eingehenden Betrachtung des Transparenzgesetzes, seiner Ziele und Instrumente sowie seines Beitrags zur Reduzierung von Informationsasymmetrien und zur Förderung von Wettbewerb und Patientenrechten.

4.2.3 Das Transparenzgesetz: Ein rechtlicher Rahmen für mehr Offenheit

Das Transparenzgesetz ist ein entscheidender Schritt, um Offenheit und Nachvollziehbarkeit im deutschen Gesundheitswesen systematisch zu fördern. Es wurde eingeführt, um Informationsasymmetrien zu verringern, den Wettbewerb zwischen Leistungserbringern zu stärken und die Patientenrechte erheblich auszuweiten. Ziel ist es, durch Transparenz Vertrauen in das Gesundheitssystem zu schaffen und die Qualität der Versorgung kontinuierlich zu verbessern.

Zentrale Elemente des Transparenzgesetzes

1. **Reduktion von Informationsasymmetrien**
   Durch die Bereitstellung klarer und verlässlicher Daten wird Patienten ermöglicht, fundierte Entscheidungen zu treffen. Dies umfasst beispielsweise Zugang zu Qualitätsberichten von Krankenhäusern und Informationen zu Behandlungsoptionen (G-BA, 2024a, b; OECD, 2022).
2. **Wettbewerbsförderung**
   Transparenzmaßnahmen zielen darauf ab, einen gesunden Wettbewerb unter den Leistungserbringern zu fördern. Krankenhäuser und andere Einrichtungen werden motiviert, ihre Qualität zu steigern, um wettbewerbsfähig zu bleiben. Benchmarking-Instrumente

und die Veröffentlichung von Qualitätsindikatoren spielen dabei eine zentrale Rolle (Busse & Blümel, 2014).

3. **Rechenschaftspflicht**
   Die Veröffentlichungspflicht standardisierter Daten erhöht die Rechenschaftspflicht von Gesundheitseinrichtungen gegenüber der Öffentlichkeit. Dies fördert eine kontinuierliche Optimierung der Abläufe und motiviert Leistungserbringer, die Versorgung stärker an den Bedürfnissen der Patienten auszurichten (G-BA, 2024a, b).

Herausforderungen in der Umsetzung
Trotz der Erfolge des Transparenzgesetzes gibt es Herausforderungen, die bei der praktischen Umsetzung berücksichtigt werden müssen:

- **Regionale Unterschiede in der Versorgung**
  Die föderale Struktur Deutschlands führt zu erheblichen regionalen Unterschieden in der Gesundheitsversorgung. Transparenzmaßnahmen können helfen, diese Unterschiede sichtbar zu machen, erfordern jedoch spezifische Anpassungen, um regionale Disparitäten zu überwinden (Busse & Blümel, 2014).
- **Komplexität und Informationsüberlastung**
  Die Fülle an Daten kann für Patienten überwältigend sein. Eine klare Strukturierung und benutzerfreundliche Darstellung sind essenziell, um die Informationsnutzung zu erleichtern und Missverständnisse zu vermeiden (OECD, 2022).

Transparenz als Balanceakt zwischen Offenheit und Datenschutz
Die Implementierung des Transparenzgesetzes muss eine sorgfältige Balance zwischen Offenheit und dem Schutz der Privatsphäre schaffen. Die Datenschutz-Grundverordnung (DSGVO, 2016) legt klare rechtliche Vorgaben fest, um personenbezogene Daten zu schützen. Gleichzeitig stellt sie eine Herausforderung für die Transparenz dar, da sie den Zugang zu Gesundheitsdaten für Forschungs- und Vergleichszwecke einschränkt.

Durch die Entwicklung von Lösungen wie anonymisierten Datensätzen und sicheren Plattformen kann diese Herausforderung jedoch bewältigt werden. Die enge Abstimmung zwischen Transparenzmaßnahmen und datenschutzrechtlichen Anforderungen ist dabei entscheidend, um das Vertrauen der Bevölkerung zu stärken (RKI, 2021a, b, c).

Fazit

Die Umsetzung des Transparenzgesetzes steht vor einer zentralen Herausforderung: Wie kann Transparenz wirksam in einem komplexen und föderal organisierten Gesundheitssystem etabliert werden, ohne den Schutz sensibler Daten oder die Zugänglichkeit für Laien zu gefährden? Während die gesetzlichen Regelungen die Rahmenbedingungen schaffen, sind es die praktischen Instrumente des Gesetzes, die Transparenz im Alltag erlebbar machen.

Diese Instrumente dienen dazu, Transparenz auf allen Ebenen des Gesundheitssystems zu fördern – von der Bereitstellung verständlicher Informationen für Patienten bis hin zur Unterstützung von Leistungserbringern bei der Qualitätssicherung. Der folgende Abschnitt beleuchtet die zentralen Werkzeuge des Transparenzgesetzes und deren Beitrag zur Stärkung von Offenheit und Nachvollziehbarkeit im deutschen Gesundheitswesen.

4.2.4 Instrumente des Transparenzgesetzes

Das Transparenzgesetz stützt sich auf mehrere zentrale Maßnahmen, um Transparenz im deutschen Gesundheitswesen zu gewährleisten. Diese Instrumente schaffen die Grundlage für eine patientenzentrierte und qualitativ hochwertige Versorgung, indem sie wesentliche Informationen systematisch erfassen und zugänglich machen. Zu den Kernaspekten gehören die Veröffentlichung von Qualitätsberichten, die Bereitstellung digitaler Patientenportale und die Standardisierung relevanter Kennzahlen.

Qualitätsberichte
Qualitätsberichte sind ein wesentliches Instrument zur Förderung von Transparenz im Gesundheitswesen. Krankenhäuser sind verpflichtet, regelmäßig Berichte zu erstellen, die zentrale Informationen über ihre Leistungen, Ergebnisse und Qualitätsindikatoren wie Infektionsraten oder Rehospitalisierungen enthalten. Diese Berichte, die unter der Aufsicht des Gemeinsamen Bundesausschusses (G-BA) veröffentlicht werden, dienen der Vergleichbarkeit und Nachvollziehbarkeit von Gesundheitsleistungen und bieten Patienten eine fundierte Grundlage für ihre Entscheidungen. Gleichzeitig unterstützen sie Leistungserbringer bei der Qualitätssicherung und liefern politischen Entscheidungsträgern eine wichtige Basis für die Weiterentwicklung des Gesundheitssystems (G-BA, 2024a, b).

Digitale Patientenportale
Ein weiteres zentrales Instrument des Transparenzgesetzes sind digitale Patientenportale. Diese Plattformen ermöglichen es Patienten, direkt auf ihre Behandlungsdaten zuzugreifen und somit aktiv an ihrer Gesundheitsversorgung mitzuwirken. Neben der Stärkung der Patientenautonomie verbessern sie auch die Kommunikation zwischen Leistungserbringern und Patienten, was zu einem stärkeren Vertrauen in medizinische Einrichtungen führt (Maxwell et al., 2017; Mourby et al., 2021). Darüber hinaus tragen Patientenportale zur Förderung einer transparenteren Gesundheitsversorgung bei, indem sie den Informationsfluss zwischen allen Beteiligten optimieren und die Entscheidungsfindung unterstützen (Kruse et al., 2015; Antonio et al., 2019).

Insbesondere in einer zunehmend digitalisierten Gesellschaft bieten diese Plattformen Potenziale für eine patientenorientierte, effiziente und transparente Gesundheitsversorgung.

Öffentlich zugängliche Datenbanken

Die Erhebung und Veröffentlichung standardisierter Kennzahlen ist ein weiteres Schlüsselelement des Transparenzgesetzes. Indikatoren wie Patientenzufriedenheit, Behandlungsqualität oder Versorgungsprozesse ermöglichen nicht nur den Vergleich zwischen verschiedenen Einrichtungen, sondern schaffen auch Anreize für eine kontinuierliche Verbesserung. Internationale Erfahrungen, beispielsweise aus dem OECD-Bericht *Health at a Glance* (2022), zeigen, dass eine systematische Veröffentlichung solcher Daten die Effizienz und Akzeptanz des Gesundheitssystems steigern kann.

Die Umsetzung dieser Instrumente ist jedoch nicht ohne Herausforderungen. Der Schutz sensibler Gesundheitsdaten erfordert eine enge Abstimmung mit der Datenschutz-Grundverordnung (DSGVO). Verstöße gegen diese Regelungen könnten das Vertrauen der Bevölkerung erheblich beeinträchtigen. Darüber hinaus erfordert die Nutzung dieser Instrumente erhebliche Investitionen in technische Infrastrukturen sowie in die Schulung von Fachkräften. Auch die Verständlichkeit der bereitgestellten Informationen ist ein zentraler Faktor, um sicherzustellen, dass Patienten die bereitgestellten Daten tatsächlich nutzen können.

Fazit

Die Instrumente des Transparenzgesetzes verdeutlichen die entscheidende Rolle, die rechtliche und technologische Maßnahmen bei der Förderung von Offenheit und Nachvollziehbarkeit im deutschen Gesundheitswesen spielen. Von Qualitätsberichten über digitale Patientenportale bis hin zur Veröffentlichung standardisierter Kennzahlen – jedes Instrument trägt dazu bei, die Autonomie der Patienten zu stärken, die Qualität der Versorgung zu verbessern und die Rechenschaftspflicht der Leistungserbringer zu fördern. Dennoch bleibt die Umsetzung dieser Maßnahmen eine anspruchsvolle Aufgabe, die sorgfältige Abwägungen zwischen Datenschutz, technischer Machbarkeit und Verständlichkeit erfordert.

Die Erfahrungen mit dem Transparenzgesetz zeigen, dass eine effektive und gerechte Gesundheitsversorgung nur durch eine fortlaufende Weiterentwicklung und Anpassung der Transparenzstrategien gewährleistet werden kann. Technologische Innovationen und ein klarer regulatorischer Rahmen sind essenziell, um die Potenziale dieser Instrumente vollständig auszuschöpfen und die Transparenz in einem komplexen System wie dem deutschen Gesundheitswesen nachhaltig zu verankern.

Ein herausragendes Beispiel für die praktische Umsetzung von Transparenz im deutschen Gesundheitswesen ist der ‚Bundes-Klinik-Atlas'. Dieses Instrument stellt eine zentrale Plattform für die Darstellung von Qualitätsdaten dar und ist ein Meilenstein in den Bemühungen, Gesundheitsinformationen zugänglich und vergleichbar zu machen. Im folgenden Abschnitt wird untersucht, wie der ‚Bundes-Klinik-Atlas' Transparenz konkret fördert, welche Herausforderungen er adressiert und welche Rolle er in der Weiterentwicklung des deutschen Gesundheitssystems einnimmt.

4.3 Der Bundes-Klinik-Atlas

Ein Instrument für Transparenz im deutschen Gesundheitswesen

Der ‚Bundes-Klinik-Atlas' ist ein Schritt hin zu mehr Transparenz im deutschen Gesundheitswesen. Diese Initiative wurde ins Leben gerufen, um Patienten, Angehörigen und der breiten Öffentlichkeit fundierte, leicht zugängliche Informationen über Krankenhäuser und deren Leistungen bereitzustellen. Dabei geht es nicht nur um die Bereitstellung von Daten, sondern um die gezielte Förderung von Patientenautonomie und eine evidenzbasierte Entscheidungsfindung. Der ‚Bundes-Klinik-Atlas' hat sich als ein strategisches Werkzeug etabliert, das das Vertrauen in die Gesundheitsversorgung stärkt und die Qualität der Leistungen nachhaltig fördert (Bundesministerium für Gesundheit, 2023a, b; Bundes-Klinik-Atlas, 2023a, b, c, d).

Ein wesentlicher Bestandteil des ‚Bundes-Klinik-Atlas' ist die Präsentation von Daten zur Versorgungsqualität, zu Fallzahlen, zur personellen Ausstattung und zur regionalen Zugänglichkeit. Diese umfassende Datengrundlage ermöglicht es den Patienten, fundierte Entscheidungen zu treffen und die für sie geeigneten Krankenhäuser auszuwählen. Gleichzeitig bietet der Atlas eine Grundlage für politische Maßnahmen zur Optimierung der Krankenhausversorgung in Deutschland (Bundesregierung, 2024a, 2024b).

Im Folgenden werden die zentralen Funktionen und Inhalte des ‚Bundes-Klinik-Atlas' näher beleuchtet. Dabei liegt der Fokus auf seinen Vorteilen und Nutzen, den bestehenden Herausforderungen sowie den Perspektiven für eine Weiterentwicklung, um das volle Potenzial dieses wichtigen Transparenzinstruments auszuschöpfen.

4.3.1 Zielsetzung und Methodik des Bundes-Klinik-Atlas

Der ‚Bundes-Klinik-Atlas' verfolgt das Ziel, die Qualität und Leistungsfähigkeit von Krankenhäusern für alle Bevölkerungsgruppen transparent und nachvollziehbar darzustellen. Besonders relevant ist die Verknüpfung von Behandlungsdaten mit Qualitätsindikatoren, die von unabhängigen Institutionen wie dem IQTIG entwickelt und validiert werden. Die wissenschaftlich fundierte Datenerhebung gewährleistet eine objektive Grundlage für die Entscheidungsfindung von Patienten und anderen Interessengruppen (Bundesregierung, 2024a, 2024b).

Zentrale Inhalte und Funktionen

Der ‚Bundes-Klinik-Atlas' liefert Informationen zu mehreren zentralen Aspekten:

- **Qualitätskennzahlen:** Indikatoren wie Komplikationsraten, Infektionszahlen und Patientenzufriedenheit werden öffentlich bereitgestellt, um die Versorgungsqualität zu bewerten und transparent zu machen.

- **Fallzahlen und Spezialisierung:** Die Häufigkeit bestimmter Eingriffe und die Spezialisierung von Krankenhäusern können entscheidend für die Auswahl eines geeigneten Behandlungspartners sein.
- **Personelle und technische Ausstattung:** Der ‚Bundes-Klinik-Atlas' bietet Einblicke in die Kapazitäten der Krankenhäuser, einschließlich der Verfügbarkeit von Fachpersonal und technologischen Ressourcen.
- **Regionale Versorgung:** Eine intuitive Suchfunktion erleichtert den Vergleich von Einrichtungen auf Basis geografischer Nähe und Erreichbarkeit, insbesondere für Patienten in ländlichen Regionen.

Bedeutung für das deutsche Gesundheitssystem

Der ‚Bundes-Klinik-Atlas' spielt eine zentrale Rolle bei der Stärkung der Transparenz und Qualität im deutschen Gesundheitswesen. Er dient nicht nur als Orientierungshilfe für Patienten, die auf der Basis von klaren und standardisierten Informationen fundierte Entscheidungen über ihre Gesundheitsversorgung treffen können, sondern auch als strategisches Instrument zur Steigerung der Leistungen von Krankenhäusern Die öffentlich zugänglichen Daten zu Fallzahlen, Behandlungsqualität und personeller Ausstattung motivieren Krankenhäuser dazu, ihre Effizienz und Versorgungsqualität kontinuierlich zu optimieren.

Der ‚Bundes-Klinik-Atlas' dient politischen Entscheidungsträgern als fundierte, evidenzbasierte Grundlage für die Planung und Steuerung der Krankenhausversorgung. Durch die transparente Darstellung regionaler Unterschiede in Versorgungskapazität und -qualität können Engpässe frühzeitig erkannt und gezielte Maßnahmen zur Optimierung der Infrastruktur eingeleitet werden. Damit leistet der Atlas einen wesentlichen Beitrag zur Stärkung der Patientenautonomie und zur fairen Verteilung von Ressourcen im Gesundheitssystem (Bundesregierung, 2024a, 2024b).

Die systematische Bereitstellung und kontinuierliche Aktualisierung der Daten im ‚Bundes-Klinik-Atlas' trägt maßgeblich zur Stärkung des Vertrauens der Bevölkerung in die Transparenz der Gesundheitsversorgung bei. Zudem bietet diese Plattform eine wichtige Grundlage für den Dialog zwischen Patienten, Leistungserbringern und politischen Entscheidungsträgern, um gemeinsame Lösungsansätze und Verbesserungen im Gesundheitssystem zu fördern (Gemeinsamer Bundesausschuss [G-BA], 2024a).

Kerninhalte und Funktionen des Bundes-Klinik-Atlas

Der ‚Bundes-Klinik-Atlas' ist ein wegweisendes Instrument, das auf einer methodisch fundierten und wissenschaftlich validierten Grundlage basiert. Ziel ist es, eine objektive und transparente Darstellung der Krankenhausleistungen in Deutschland sicherzustellen. Dieses Informationssystem wurde entwickelt, um Patienten, Angehörigen und anderen Interessengruppen eine verlässliche Basis für fundierte Entscheidungen über die Wahl und Bewertung von Krankenhäusern zu bieten. Darüber hinaus fördert der Atlas die Weiterentwicklung der Gesundheitsversorgung durch mehr Transparenz und stärkt die Rechenschaftspflicht der

Einrichtungen. Die Initiative wird in enger Zusammenarbeit mit dem Institut für Qualitätssicherung und Transparenz im Gesundheitswesen (IQTIG) umgesetzt, das eine Schlüsselrolle bei der Entwicklung und Validierung der Qualitätsindikatoren spielt (IQTIG, 2023).

Wesentliche Inhalte und Funktionen des Bundes-Klinik-Atlas

1. **Darstellung von Fallzahlen und Spezialisierungen**
   Eine der zentralen Funktionen des ‚Bundes-Klinik-Atlas' ist die transparente Darstellung der Fallzahlen und Spezialisierungen von Krankenhäusern. Die bereitgestellten Daten ermöglichen detaillierte Einblicke in die Häufigkeit spezifischer medizinischer Eingriffe. Dies ist von großer Bedeutung, da wissenschaftliche Untersuchungen zeigen, dass eine höhere Fallzahl häufig mit besseren Behandlungsergebnissen korreliert (Luft et al., 1979). Patienten können mithilfe dieser Informationen Krankenhäuser auswählen, die über die nötige Erfahrung und Expertise für bestimmte Eingriffe verfügen. Die Spezialisierung eines Krankenhauses spielt insbesondere bei komplexen Operationen und seltenen Erkrankungen eine entscheidende Rolle für den Behandlungserfolg.
2. **Qualitätsindikatoren und Ergebnisse**
   Der ‚Bundes-Klinik-Atlas' stellt standardisierte Qualitätsindikatoren wie Komplikationsraten, Infektionszahlen und Patientenzufriedenheit bereit. Diese Daten bieten eine objektive Grundlage, um die Versorgungsqualität von Krankenhäusern zu bewerten. Gleichzeitig fördern sie den Wettbewerb zwischen den Einrichtungen, indem sie die Transparenz über Leistungen und Ergebnisse erhöhen. Die erhobenen Daten werden nach einer strengen Methodik analysiert, die vom IQTIG bereitgestellt wird, um Vergleichbarkeit und Validität sicherzustellen (IQTIG, 2023). Diese Veröffentlichung standardisierter Indikatoren hat sich in anderen Ländern, wie etwa Schweden und den USA, als wirksames Mittel erwiesen, um die Qualität und Effizienz im Gesundheitswesen zu steigern.
3. **Informationen zur personellen und infrastrukturellen Ausstattung**
   Ein weiterer zentraler Bestandteil des ‚Bundes-Klinik-Atlas' ist die Bereitstellung von Informationen zur personellen und technischen Ausstattung der Krankenhäuser. Dazu gehören Daten zur Anzahl der Ärzte und Pflegekräfte sowie zur Verfügbarkeit von technischer Infrastruktur und räumlicher Kapazität. Diese Angaben sind nicht nur für Patienten relevant, sondern auch für politische Entscheidungsträger, die auf dieser Grundlage Maßnahmen zur besseren Ressourcenverteilung planen können (‚Bundes-Klinik-Atlas', 2023a, b, c, d). Die Transparenz über die Ausstattung der Krankenhäuser trägt außerdem dazu bei, die Rechenschaftspflicht der Einrichtungen zu erhöhen.
4. **Geografische Orientierung und Zugänglichkeit**
   Eine intuitive Suchfunktion ermöglicht es den Nutzern, Krankenhäuser nach geografischen Kriterien auszuwählen. Diese Funktion ist besonders für Patienten in ländlichen Regionen von großer Bedeutung, wo die Versorgung häufig weniger umfassend ist. Transparenzinitiativen wie der ‚Bundes-Klinik-Atlas' erleichtern nicht nur den Zugang zu relevanten Versorgungsinformationen, sondern heben auch regionale Unterschiede in der

Versorgungsdichte hervor (Nuti & Vainieri, 2014; Daniels et al., 2000). Darüber hinaus bieten solche Instrumente politischen Entscheidungsträgern wertvolle Daten zur Optimierung der Gesundheitsversorgung in strukturschwachen Gebieten, wodurch gezielte Maßnahmen zur Schließung von Versorgungslücken ermöglicht werden (Song et al., 2024). Langfristig tragen transparente Gesundheitsplattformen dazu bei, gesundheitliche Ungleichheiten zu verringern und die Planung medizinischer Ressourcen effizienter zu gestalten (Ivaldi & Santagata, 2022).

5. **Datenschutz und Validierung**
   Der ‚Bundes-Klinik-Atlas' gewährleistet, dass alle bereitgestellten Daten regelmäßig validiert und wissenschaftlich geprüft werden. Dies umfasst sowohl die Einhaltung hoher Datenschutzstandards als auch die Gewährleistung der Aktualität und Verlässlichkeit der Daten. Dieser Ansatz ist entscheidend, um das Vertrauen der Öffentlichkeit in die bereitgestellten Informationen zu stärken und die Akzeptanz des Instruments zu fördern (Bundesregierung, 2024a, 2024b).

Bedeutung und Potenzial
Die umfangreichen Inhalte und Funktionen des ‚Bundes-Klinik-Atlas' machen ihn zu einem zentralen Instrument für die Förderung von Transparenz im deutschen Gesundheitswesen. Patienten erhalten die Möglichkeit, fundierte Entscheidungen über ihre Behandlung zu treffen, und Krankenhäuser werden dazu angeregt, ihre Leistungen kontinuierlich zu verbessern. Darüber hinaus bietet der Atlas politischen Entscheidungsträgern eine wertvolle Grundlage für die strategische Planung und Steuerung der Gesundheitsversorgung. Durch seine datenbasierte und benutzerfreundliche Gestaltung trägt der ‚Bundes-Klinik-Atlas' langfristig dazu bei, die Effizienz, Qualität und Gerechtigkeit im deutschen Gesundheitssystem zu fördern.

4.3.2 Methodische Grundlagen des Bundes-Klinik-Atlas

Die methodischen Grundlagen des ‚Bundes-Klinik-Atlas' bilden das Fundament für die transparente und wissenschaftlich fundierte Darstellung der Versorgungsqualität in deutschen Krankenhäusern. Der Atlas kombiniert gesetzlich vorgeschriebene Berichtspflichten mit freiwilligen Datenlieferungen der Krankenhäuser, um eine umfassende und aussagekräftige Informationsbasis zu schaffen. Durch diesen mehrdimensionalen Ansatz wird nicht nur eine hohe Datenqualität sichergestellt, sondern auch eine vielseitige Nutzung für Patienten, Angehörige, Gesundheitsdienstleister und politische Entscheidungsträger ermöglicht.

Datenerhebung

Die Datenerhebung des ‚Bundes-Klinik-Atlas' basiert auf administrativen Krankenhausdaten, die durch spezifische Qualitätsberichte ergänzt werden. Diese umfassen unter anderem Fallzahlen, Komplikationsraten, Infektionszahlen sowie Angaben zur personellen und infrastrukturellen Ausstattung der Krankenhäuser (Bundes-Klinik-Atlas, 2023a, b, c, d). Die Kombination aus strukturellen und leistungsbezogenen Daten liefert ein umfassendes Bild der Versorgungslandschaft und ermöglicht es, Trends und Muster in der Gesundheitsversorgung zu identifizieren.

Ein wichtiger Aspekt der Datenerhebung ist die kontinuierliche Aktualisierung, um den Nutzern aktuelle und valide Informationen bereitzustellen. Neben den verpflichtenden Datenlieferungen werden freiwillige Angaben der Krankenhäuser genutzt, die zusätzliche Perspektiven auf die Leistungsfähigkeit und Qualität der Einrichtungen bieten. Dadurch wird sichergestellt, dass der Atlas ein differenziertes und verlässliches Bild der Krankenhauslandschaft bietet.

Standardisierung

Die Standardisierung ist ein zentraler Bestandteil der Methodik des ‚Bundes-Klinik-Atlas'. Einheitliche Kriterien für die Datenerhebung, -verarbeitung und -darstellung garantieren die Vergleichbarkeit der Ergebnisse zwischen verschiedenen Krankenhäusern und Regionen. Dies ist entscheidend, um Verzerrungen zu vermeiden und Patienten sowie anderen Nutzern eine objektive Entscheidungsgrundlage zu bieten (IQTIG, 2023).

Ein Beispiel hierfür ist die einheitliche Definition von Qualitätsindikatoren wie Komplikations- und Infektionsraten. Diese Kennzahlen werden nach standardisierten Verfahren erfasst und ausgewertet, wodurch ein direkter Vergleich der Versorgungsqualität möglich wird. Die Standardisierung trägt auch dazu bei, dass die bereitgestellten Informationen den höchsten wissenschaftlichen und praktischen Anforderungen entsprechen.

Validierung

Ein weiterer essenzieller Bestandteil der Methodik ist die Validierung der erhobenen Daten. Diese erfolgt durch strenge Qualitätssicherungsverfahren, die sicherstellen, dass die veröffentlichten Informationen nicht nur korrekt, sondern auch aussagekräftig und praxisrelevant sind. Das Institut für Qualitätssicherung und Transparenz im Gesundheitswesen (IQTIG) übernimmt dabei eine zentrale Rolle, indem es die Datenerhebung überwacht, die Indikatoren kontinuierlich überprüft und die Methodik an aktuelle Entwicklungen im Gesundheitswesen anpasst (IQTIG, 2023).

Die Validierung umfasst auch die Berücksichtigung datenschutzrechtlicher Vorgaben, um die Sicherheit der sensiblen Gesundheitsdaten zu gewährleisten. Die Einhaltung dieser Standards stärkt das Vertrauen in die bereitgestellten Informationen und unterstützt die breite Akzeptanz des ‚Bundes-Klinik-Atlas' bei Nutzern und Interessengruppen.

Transparenz und Nutzerorientierung

Ein wesentliches Ziel des ‚Bundes-Klinik-Atlas' ist es, die Versorgungsqualität für Patienten und Angehörige sichtbar zu machen und eine informierte Entscheidungsfindung zu ermöglichen. Dazu gehört die Bereitstellung standardisierter Daten zu Fallzahlen, Spezialisierungen, Qualitätsindikatoren und personellen Kapazitäten. Ein besonderer Schwerpunkt liegt auf der transparenten Darstellung der Leistungen und Ergebnisse der Krankenhäuser, die durch intuitiv zugängliche Informationen und eine nutzerfreundliche Oberfläche unterstützt wird (Bundes-Klinik-Atlas, 2023a, b, c, d).

Die Informationen sind so aufbereitet, dass sie auch für medizinische Laien verständlich bleiben, ohne an inhaltlicher Tiefe und Genauigkeit einzubüßen. Diese nutzerzentrierte Ausrichtung fördert die Patientenautonomie und versetzt die Betroffenen in die Lage, fundierte Entscheidungen über ihre gesundheitliche Versorgung zu treffen.

Verknüpfung von gesetzlichen und freiwilligen Datenlieferungen

Eine besondere Stärke des ‚Bundes-Klinik-Atlas' liegt in der Verknüpfung von gesetzlichen Berichtspflichten mit freiwilligen Datenlieferungen der Krankenhäuser. Während die verpflichtenden Daten eine einheitliche Basis schaffen, liefern die freiwilligen Angaben zusätzliche Einblicke in spezifische Bereiche wie Patientenzufriedenheit oder innovative Versorgungsmodelle. Diese Kombination sorgt für ein umfassendes und differenziertes Bild der Krankenhausleistungen und ermöglicht es, sowohl die Stärken als auch die Schwächen des Versorgungssystems zu identifizieren (Bundes-Klinik-Atlas, 2023a, b, c, d).

Bedeutung der Methodik

Die methodischen Grundlagen des ‚Bundes-Klinik-Atlas' verdeutlichen, wie durch die Verbindung von Transparenz, wissenschaftlicher Fundierung und Standardisierung ein effektives Instrument geschaffen werden kann, das zur kontinuierlichen Verbesserung der Qualität im Gesundheitswesen beiträgt. Die erhobenen und analysierten Daten bieten nicht nur Patienten und Angehörigen eine verlässliche Grundlage für ihre Entscheidungen, sondern dienen auch politischen Entscheidungsträgern als evidenzbasierte Basis für die Planung und Steuerung der Gesundheitsversorgung.

Durch die Verknüpfung gesetzlicher Vorgaben mit freiwilligen Angaben und die kontinuierliche Validierung durch das IQTIG wird sichergestellt, dass der Atlas den aktuellen Herausforderungen des Gesundheitssystems gerecht wird. Somit trägt der ‚Bundes-Klinik-Atlas' nicht nur zur Stärkung der Patientenautonomie bei, sondern unterstützt auch die langfristige Entwicklung eines effektiven und gerechten Gesundheitssystems in Deutschland.

4.3.3 Relevanz und Nutzen des Bundes-Klinik-Atlas im Gesundheitswesen

Der ‚Bundes-Klinik-Atlas' stellt einen zentralen Baustein zur Förderung von Transparenz im deutschen Gesundheitssystem dar und bringt vielfältige Vorteile mit sich, die sowohl Patienten als auch Gesundheitsdienstleistern zugutekommen. Er trägt wesentlich zur Stärkung der patientenzentrierten Versorgung bei, fördert Wettbewerb und Qualitätsverbesserungen und unterstützt die Vertrauensbildung in das Gesundheitssystem. Die bereitgestellten evidenzbasierten und zugänglichen Informationen dienen dabei als Grundlage für fundierte Entscheidungen auf verschiedenen Ebenen des Gesundheitswesens.

Patientenzentrierte Entscheidungsfindung

Ein zentraler Nutzen des ‚Bundes-Klinik-Atlas' liegt in der Unterstützung einer patientenzentrierten Entscheidungsfindung. Die Plattform stellt detaillierte und verständliche Informationen zu Krankenhausleistungen, Fallzahlen und Qualitätsindikatoren bereit, die Patienten helfen, fundierte Entscheidungen über ihre Versorgung zu treffen (IQTIG, 2023). Dies ist besonders wichtig bei komplexen medizinischen Fragestellungen, bei denen die Wahl des geeigneten Krankenhauses erheblichen Einfluss auf den Behandlungserfolg haben kann.

Informierte Patienten treffen nicht nur bessere Entscheidungen, sondern sind auch zufriedener mit ihrer Behandlung (Hibbard et al., 2005). Der ‚Bundes-Klinik-Atlas' erfüllt diese Anforderungen, indem er Informationen zu spezifischen Eingriffen, Spezialisierungen und personellen Kapazitäten transparent macht. Dadurch stärkt er die Autonomie der Patienten und trägt dazu bei, das Vertrauen in die Gesundheitsversorgung zu fördern.

Wettbewerbsanreize für Krankenhäuser

Ein weiterer wesentlicher Nutzen des ‚Bundes-Klinik-Atlas' ist die Förderung von Wettbewerb zwischen Krankenhäusern. Die transparente Darstellung von Qualitäts- und Leistungsdaten schafft Anreize für Krankenhäuser, ihre Prozesse zu optimieren und ihre Versorgungsqualität kontinuierlich zu verbessern. Dieser Wettbewerb auf Basis objektiver Daten kann systematische Schwachstellen aufdecken und gezielt beheben, wodurch die flächendeckende Qualität der Versorgung gestärkt wird (Horch et al., 2012a, 2012b).

Ein zusätzlicher Effekt dieser Transparenz liegt in der Förderung von Innovationen. Krankenhäuser, die ihre Leistungen öffentlich präsentieren, sind motiviert, in neue Technologien, Weiterbildungen und bessere Strukturen zu investieren, um sich im Wettbewerb hervorzuheben (IQTIG, 2023). Der ‚Bundes-Klinik-Atlas' unterstützt diese Entwicklung, indem er eine Plattform bietet, auf der Fortschritte und Best Practices sichtbar gemacht werden können.

Herausforderungen im finanziellen Kontext

Trotz der positiven Auswirkungen des Wettbewerbs sehen sich viele Krankenhäuser in Deutschland mit bedeutenden finanziellen Schwierigkeiten konfrontiert. Steigende Betriebskosten, ein zunehmender Fachkräftemangel und sinkende Einnahmen aus der stationären Versorgung belasten die Einrichtungen erheblich. Der finanzielle Druck entsteht insbesondere durch die strukturellen Rahmenbedingungen des deutschen Gesundheitssystems. Krankenhäuser sind stark von Fallpauschalen abhängig, während gleichzeitig Investitionen in Personal und Infrastruktur oft unzureichend finanziert werden (Weigerstorfer, 2023).

In diesem Kontext stellt sich die Frage, wie Transparenz und Wettbewerb so gestaltet werden können, dass sie nicht zusätzliche Belastungen schaffen, sondern den Krankenhäusern helfen, ihre Leistungen gezielt zu verbessern. Eine ausgewogene Regulierung, die sowohl Qualitätssicherung als auch wirtschaftliche Nachhaltigkeit berücksichtigt, ist essenziell, um eine langfristige Stabilität der Gesundheitsversorgung zu gewährleisten.

Eine mögliche Lösung könnte in der Kombination von Transparenz und gezielten finanziellen Anreizen liegen. Förderprogramme, die Krankenhäuser für nachweislich hohe Qualitätsstandards belohnen, könnten dazu beitragen, die Vorteile des Wettbewerbs zu nutzen, ohne die Einrichtungen wirtschaftlich zu überfordern. Der ‚Bundes-Klinik-Atlas' könnte in diesem Rahmen eine zentrale Rolle spielen, indem er die Grundlage für solche Anreizsysteme liefert.

Stärkung des Vertrauens in das Gesundheitssystem

Neben der Unterstützung individueller Entscheidungen trägt der ‚Bundes-Klinik-Atlas' auch zur Stärkung des allgemeinen Vertrauens in das Gesundheitssystem bei. Durch die Bereitstellung transparenter und valider Informationen wird ein wichtiger Beitrag zur gesellschaftlichen Akzeptanz und Legitimation der Gesundheitsversorgung geleistet. Patienten fühlen sich besser informiert und ernst genommen, während Gesundheitsdienstleister ihre Leistungen auf einer klaren und vergleichbaren Basis präsentieren können.

Fazit

Der ‚Bundes-Klinik-Atlas' zeigt eindrücklich, wie Transparenz und evidenzbasierte Informationen zur Verbesserung des deutschen Gesundheitssystems beitragen können. Durch die Unterstützung patientenzentrierter Entscheidungen, die Förderung von Wettbewerb und die Schaffung von Vertrauen leistet der Atlas einen wesentlichen Beitrag zur Weiterentwicklung der Versorgungsqualität. Gleichzeitig müssen die finanziellen Rahmenbedingungen angepasst werden, um die positiven Effekte der Transparenzmaßnahmen voll auszuschöpfen und die Belastungen für die Krankenhäuser zu minimieren. Der Atlas bietet nicht nur Patienten, sondern auch politischen Entscheidungsträgern und Leistungserbringern eine wertvolle Grundlage, um die Gesundheitsversorgung gezielt zu steuern und nachhaltig zu verbessern.

4.3.4 Benchmarking im Kontext des Bundes-Klinik-Atlas

Der ‚Bundes-Klinik-Atlas' bietet eine solide Grundlage für Benchmarking, das Krankenhäusern ermöglicht, ihre Leistungen systematisch mit anderen Einrichtungen zu vergleichen. Diese datenbasierte Methode unterstützt eine gezielte Reflexion über eigene Stärken und Schwächen und liefert wertvolle Erkenntnisse für Qualitätsverbesserungen und Effizienzsteigerungen.

Wert des Benchmarkings für Gesundheitsdienstleister

Trotz der offensichtlichen Vorteile bringt Benchmarking Herausforderungen mit sich. Die aktuelle finanzielle Lage vieler Krankenhäuser in Deutschland stellt eine erhebliche Hürde dar, da wirtschaftlicher Druck die Möglichkeiten zur Umsetzung der durch Benchmarking gewonnenen Erkenntnisse einschränken kann. Steigende Betriebskosten, der Mangel an qualifiziertem Personal und unzureichende Investitionsmittel erschweren es, aus identifizierten Potenzialen konkrete Verbesserungen abzuleiten (Geissler et al., 2017).

Diese finanzielle Belastung verdeutlicht, dass Benchmarking allein nicht ausreicht, um nachhaltige Verbesserungen im Gesundheitssystem zu erzielen. Zusätzlich sind spezifische Unterstützungsmaßnahmen notwendig, zum Beispiel durch Förderprogramme und politische Reformen, welche den Krankenhäusern Spielraum bieten, um die Ergebnisse des Benchmarkings umzusetzen. Eine Kombination aus finanziellen Anreizen und strukturellen Maßnahmen kann helfen, die volle Wirksamkeit dieser Methode zu entfalten (Busse et al., 2009). Gleichzeitig spielt die öffentliche Berichterstattung über Qualitätsindikatoren eine entscheidende Rolle, um Transparenz zu schaffen und Krankenhäuser dazu zu motivieren, Benchmarking-Daten aktiv zur Qualitätsverbesserung zu nutzen (Fischer et al., 2011).

Herausforderungen beim Benchmarking im deutschen Krankenhaussektor und Rahmenbedingungen

Trotz der offensichtlichen Vorteile bringt Benchmarking Herausforderungen mit sich. Die derzeitige finanzielle Lage vieler Krankenhäuser in Deutschland stellt eine Hürde dar, da der wirtschaftliche Druck die Möglichkeiten zur Umsetzung der durch Benchmarking gewonnenen Erkenntnisse einschränken kann. Steigende Betriebskosten, der Mangel an qualifiziertem Personal und unzureichende Investitionsmittel machen es schwierig, aus identifizierten Potenzialen konkrete Verbesserungen abzuleiten. Besonders problematisch ist die Abhängigkeit von Fallpauschalen, die oft keine ausreichenden Mittel zur Qualitätssicherung und strukturellen Verbesserung bereitstellen (Brücher & Deufert, 2019).

Diese finanzielle Belastung verdeutlicht, dass Benchmarking allein nicht ausreicht, um nachhaltige Verbesserungen zu erzielen. Es bedarf zusätzlicher Unterstützungsmechanismen, wie gezielten Förderprogrammen und politischen Reformen, die den Krankenhäusern dabei helfen, Handlungsspielräume für die Umsetzung der Benchmarking-Ergebnisse zu schaffen. Die gezielte Kombination von Benchmarking mit finanziellen Anreizen und strukturellen Maßnahmen kann dabei helfen, die volle Wirksamkeit dieser Methode zu entfalten.

Fazit

Der ‚Bundes-Klinik-Atlas' zeigt, wie Benchmarking als Instrument zur Förderung von Transparenz und Qualität im deutschen Gesundheitswesen eingesetzt werden kann. Durch den Vergleich von Leistungsdaten werden Krankenhäuser ermutigt, ihre eigenen Prozesse kritisch zu hinterfragen und zu optimieren. Um die Effektivität von Benchmarking zu maximieren, müssen jedoch die finanziellen Rahmenbedingungen verbessert werden. Nur durch eine Kombination aus Transparenz, gezielter Unterstützung und politischem Engagement kann das volle Potenzial von Benchmarking im deutschen Gesundheitssystem ausgeschöpft werden.

4.3.5 Limitationen des Bundes-Klinik-Atlas

Trotz seiner bedeutenden Rolle in der Förderung von Transparenz im deutschen Gesundheitswesen sieht sich der ‚Bundes-Klinik-Atlas' mit verschiedenen Herausforderungen konfrontiert, die sowohl die technische als auch die organisatorische Umsetzung betreffen. Diese Aspekte werfen wichtige Fragen zur Optimierung und Weiterentwicklung der Plattform auf.

Komplexität der bereitgestellten Informationen
Ein Kritikpunkt ist die Komplexität der veröffentlichten Daten. Insbesondere medizinische und qualitative Indikatoren sind für Laien oft schwer verständlich. Diese Schwierigkeit kann nicht nur Verwirrung stiften, sondern auch die Entscheidungsfindung der Patienten erschweren. Um dem entgegenzuwirken, müssten die Daten so aufbereitet werden, dass sie wissenschaftlichen Ansprüchen genügen und gleichzeitig für die Allgemeinheit verständlich sind (Jordan & Hoebel, 2015). Dies könnte durch eine verstärkte Nutzung visueller Darstellungen, interaktiver Tools oder Erläuterungen in einfacher Sprache erreicht werden.

Herausforderung der Datenaktualität
Ein weiterer zentraler Kritikpunkt ist die mangelnde Aktualität der bereitgestellten Daten. Die regelmäßige Validierung und Aktualisierung erfordert erhebliche personelle und finanzielle Ressourcen, die häufig nicht in ausreichendem Maße zur Verfügung stehen. Verzögerungen bei der Aktualisierung können jedoch die Aussagekraft und das Vertrauen in die Plattform beeinträchtigen. Eine verstärkte Automatisierung der Datenerhebung und -verarbeitung könnte dazu beitragen, die Aktualität der Daten zu verbessern und den Aufwand zu reduzieren (Horch et al., 2012a, 2012b).

Inhaltliche Lücken

Obwohl der ‚Bundes-Klinik-Atlas' umfassende Informationen zu Fallzahlen und Qualitätsindikatoren bereitstellt, bleiben andere relevante Aspekte unterrepräsentiert. Beispielsweise fehlen Daten zu Patientenerfahrungen oder wirtschaftlichen Faktoren wie der Kostenstruktur der Krankenhäuser. Diese inhaltlichen Lücken beeinträchtigen die Aussagekraft der Plattform und lassen wichtige Perspektiven unberücksichtigt. Die Einbeziehung solcher Daten könnte die Transparenz und den Nutzen des Atlas erheblich steigern (Busse & Blümel, 2014).

Datenschutzanforderungen

Der Datenschutz stellt eine weitere Herausforderung dar. Die Anforderungen der Datenschutz-Grundverordnung (DSGVO) verlangen, dass Transparenz nicht auf Kosten der Sicherheit personenbezogener Daten geht. Die Balance zwischen Offenheit und Datenschutz erfordert ausgeklügelte technische und organisatorische Lösungen. Der Schutz sensibler Patientendaten muss dabei oberste Priorität haben, um das Vertrauen der Öffentlichkeit in die Plattform zu sichern (DSGVO, 2016).

Fazit

Die genannten Kritikpunkte verdeutlichen, dass der ‚Bundes-Klinik-Atlas' trotz seiner Relevanz für das deutsche Gesundheitssystem noch Optimierungspotenzial birgt. Maßnahmen zur Verbesserung der Verständlichkeit und Aktualität der Daten, die Einbeziehung weiterer inhaltlicher Dimensionen sowie ein robustes Datenschutzmanagement könnten dazu beitragen, die Effektivität und Akzeptanz der Plattform zu erhöhen. Durch gezielte Investitionen und Weiterentwicklungen könnte der ‚Bundes-Klinik-Atlas' ein noch umfassenderes und verlässlicheres Instrument für Transparenz und Qualitätssicherung im Gesundheitswesen werden.

4.3.6 Perspektiven für die Weiterentwicklung des Bundes-Klinik-Atlas

Die Weiterentwicklung des ‚Bundes-Klinik-Atlas' ist von zentraler Bedeutung, um sein Potenzial für mehr Transparenz und Qualität im deutschen Gesundheitswesen vollständig auszuschöpfen. Dabei sollten sowohl technische als auch inhaltliche Aspekte in den Blick genommen werden, um die Plattform für Patienten, Leistungserbringer und politische Entscheidungsträger gleichermaßen wertvoll zu machen.

Steigerung der Benutzerfreundlichkeit

Um die Nutzung des ‚Bundes-Klinik-Atlas' zu erleichtern, ist eine Verbesserung der Benutzerfreundlichkeit essenziell. Interaktive Datenvisualisierungen könnten es den Nutzern ermöglichen, komplexe Informationen intuitiv zu erfassen und fundierte Entscheidungen zu treffen. Ergänzend dazu könnten verständliche Erklärungen und Anleitungen für medizinische Laien die Barrieren bei der Nutzung der Plattform weiter abbauen. Studien zeigen, dass klare und visuell ansprechende Darstellungen die Gesundheitskompetenz der Nutzer deutlich erhöhen können (Hibbard et al., 2005).

Integration von Patientenerfahrungen

Ein zukunftsweisender Ansatz wäre die Einbindung von Patientenfeedback in die Qualitätsbewertung. Patientenerfahrungen liefern wertvolle Einblicke in die subjektive Wahrnehmung der Versorgung, die durch rein objektive Qualitätsindikatoren oft nicht vollständig erfasst werden können. Die Kombination aus qualitativen und quantitativen Daten würde ein umfassenderes Bild der Versorgungsqualität ermöglichen und die Plattform stärker auf die Bedürfnisse der Patienten ausrichten (Hibbard et al., 2005). Solche Ansätze könnten zudem das Vertrauen in die Gesundheitsversorgung stärken und die Patientenorientierung des Systems fördern.

Verknüpfung mit digitalen Infrastrukturen

Eine stärkere Integration des ‚Bundes-Klinik-Atlas' in bestehende digitale Gesundheitsplattformen wie elektronische Patientenakten oder nationale Gesundheitsportale könnte dessen Reichweite und Funktionalität erheblich erweitern. Diese Verknüpfung würde es Nutzern ermöglichen, relevante Informationen direkt im Kontext ihrer individuellen Gesundheitsdaten abzurufen, wodurch die Plattform noch stärker in den Alltag der Patienten integriert würde. Dies entspricht dem Trend zur Digitalisierung im Gesundheitswesen, der darauf abzielt, die Versorgung patientenzentrierter und effizienter zu gestalten (OECD, 2022).

Förderung der Datenaktualität und -breite

Für die langfristige Relevanz des ‚Bundes-Klinik-Atlas' ist die kontinuierliche Aktualisierung und Erweiterung der Datenbasis unverzichtbar. Dazu gehören auch die Aufnahme wirtschaftlicher Indikatoren und weiterer qualitativer Daten, die ein umfassenderes Verständnis der Krankenhausleistungen ermöglichen. Diese Maßnahmen würden die Plattform nicht nur für Patienten, sondern auch für Wissenschaft und Politik zu einer noch wertvolleren Informationsquelle machen (OECD, 2022).

Fazit

Die Limitationen am ‚Bundes-Klinik-Atlas' verdeutlichen, dass trotz seiner zahlreichen Vorteile weitere Optimierungen notwendig sind, um die Plattform sowohl benutzerfreundlicher als auch umfassender zu gestalten. Besonders die Vereinfachung der Datenpräsentation, eine erhöhte Aktualität und die Berücksichtigung zusätzlicher Indikatoren sind essenziell, um den Nutzen für die Öffentlichkeit weiter zu steigern. Der nächste Abschnitt widmet sich den Perspektiven und Möglichkeiten für die Weiterentwicklung des ‚Bundes-Klinik-Atlas'.

Die Weiterentwicklung des ‚Bundes-Klinik-Atlas' sollte sich auf die Verbesserung der Nutzerfreundlichkeit, die Integration neuer Datenquellen und die Verknüpfung mit digitalen Infrastrukturen konzentrieren. Diese Schritte sind notwendig, um die Plattform als Schlüsselinstrument für Transparenz und Qualitätssicherung im deutschen Gesundheitswesen zu etablieren. Dabei ist es entscheidend, alle relevanten Akteure einzubeziehen, um sicherzustellen, dass der Atlas den vielfältigen Anforderungen eines modernen Gesundheitssystems gerecht wird.

4.4 Zusammenfassung der zentralen Erkenntnisse

Der ‚Bundes-Klinik-Atlas' stellt einen wesentlichen Fortschritt in der Förderung von Transparenz und Qualität im deutschen Gesundheitssystem dar. Mit seinem nutzerzentrierten Ansatz bietet er Patienten, Angehörigen und weiteren Interessengruppen standardisierte und fundierte Informationen zu Krankenhausleistungen, Fallzahlen und Versorgungsqualität. Diese transparente Bereitstellung von Daten unterstützt die patientenzentrierte Entscheidungsfindung und schafft gleichzeitig Anreize für Gesundheitseinrichtungen, ihre Leistungen kontinuierlich zu verbessern.

Die Plattform trägt durch die Reduktion von Informationsasymmetrien wesentlich zur Qualitätssicherung bei. Besonders die Möglichkeiten des Benchmarkings fördern den Wettbewerb unter Krankenhäusern und treiben dadurch Innovation und Effizienz in der stationären Versorgung voran. Unterstützt durch wissenschaftlich fundierte Methoden und die Zusammenarbeit mit Institutionen wie dem IQTIG erreicht der ‚Bundes-Klinik-Atlas' hohe Standards in der Validität und Aussagekraft seiner Daten.

Dennoch bestehen Herausforderungen, die einer kontinuierlichen Weiterentwicklung bedürfen. Die Komplexität der bereitgestellten Informationen erschwert es vielen Nutzern, die Daten intuitiv zu verstehen, was auf die Notwendigkeit einer anwenderfreundlicheren Aufbereitung hinweist. Ebenso stellen der Schutz sensibler Patientendaten sowie die Sicherstellung der Aktualität der veröffentlichten Informationen zentrale Aufgaben dar. Darüber hinaus bietet die Einbindung von Patientenerfahrungen und die Verknüpfung des Atlas mit bestehenden digitalen Infrastrukturen Potenzial, die Plattform noch effektiver und zugänglicher zu gestalten.

Der ‚Bundes-Klinik-Atlas' zeigt, wie Transparenz als strategisches Instrument genutzt werden kann, um sowohl die individuelle Entscheidungsfindung als auch die systemweite Qualitätssicherung zu stärken. Gleichzeitig macht er deutlich, dass die Weiterentwicklung eines solchen Instruments ein dynamischer Prozess ist, der technologische, rechtliche und gesellschaftliche Herausforderungen berücksichtigt.

Im nächsten Kapitel wird der internationale Kontext betrachtet, um vergleichbare Initiativen in anderen Gesundheitssystemen zu analysieren. Diese Analyse zielt darauf ab, innovative Ansätze und Best Practices zu identifizieren, die Impulse für die Weiterentwicklung des ‚Bundes-Klinik-Atlas' und anderer Transparenzinitiativen im deutschen Gesundheitswesen liefern können. Indem Erkenntnisse aus internationalen Erfahrungen einbezogen werden, können zukünftige Strategien zur Förderung von Transparenz und Qualität auf eine breitere Wissensbasis gestellt werden.

Literatur

Antonio, M. G., Petrovskaya, O., & Lau, F. (2019). Is research on patient portals attuned to health equity? A scoping review. *Journal of the American Medical Informatics Association.* https://www.ncbi.nlm.nih.gov/pmc/articles/PMC7647227/.

Barkham, M. (2010). Using benchmarks and benchmarking to improve quality of practice and services. *Practice-based evidence: A guide for clinical research and decision making.* https://books.google.com/books?hl=en&lr=&id=IeiNqsw2khIC&oi=fnd&pg=PT249.

Blümel, M., Spranger, A., Achstetter, K., Hengel, P., Eriksen, A., Maresso, A., & Busse, R. (2024). *Germany: Health system summary 2024.* European Observatory on Health Systems and Policies. https://eurohealthobservatory.who.int/publications/i/germany-health-system-summary-2024.

Brücher, B. L. D. M., & Deufert, D. (2019). German nursing shortage in hospitals – Homemade by Profititis? *4open, 2*, 44. https://www.4open-sciences.org/articles/fopen/pdf/2019/01/fopen180044.pdf.

Busse, R., & Blümel, M. (2014). Germany: Health system review. *Health Systems in Transition, 16*(2), 1–296. Germany: Health System Review 2023.

Busse, R., & Quentin, W. (2011). Moving towards transparency, efficiency, and quality in hospitals: Conclusions and recommendations. *ResearchGate.* https://www.researchgate.net/publication/232975416_Diagnosis-Related_Groups_in_Europe_-_Moving_Towards_Transparency_Efficiency_and_Quality_in_Hospitals.

Busse, R., Blümel, M., Knieps, F., & Bärnighausen, T. (2017). Statutory health insurance in Germany: A health system shaped by 135 years of solidarity, self-governance, and competition. *The Lancet, 390*(10097), 882–897. https://www.thelancet.com/journals/lancet/article/PIIS0140-6736(17)31280-1/fulltext.

Daniels, N., Bryant, J., & Castaño, R. A. (2000). Benchmarks of fairness for health care reform: A policy tool for developing countries. *Bulletin of the World Health Organization.* https://www.scielosp.org/pdf/bwho/v78n6/v78n6a06.pdf.

Elwyn, G., Frosch, D., & Thomson, R. (2012). Shared decision making: A model for clinical practice. *Journal of General Internal Medicine, 27*(10), 1361–1367. https://doi.org/10.1007/s11606-012-2077-6.

Hibbard, J. H., Stockard, J., & Tusler, M. (2005). Hospital performance reports: Impact on quality, market share, and reputation. *Health Affairs, 24*(4), 1150–1160. https://doi.org/10.1377/hlthaff.24.4.1150.

Horch, K., Beck, L., & Klärs, G. (2012). Qualitätssicherung in der stationären Versorgung: Entwicklung und Perspektiven. *Gesundheitswesen, 74*(3), 146–154.

Horch, K., Schilling, J., & Lampert, T. (2012). Qualitätsindikatoren im deutschen Gesundheitswesen: Herausforderungen und Perspektiven. *Journal of Public Health, 20*(5), 429–435. https://doi.org/10.1007/s10389-012-0524-3.

Ivaldi, E., & Santagata, M. (2022). Measuring regional performance in the Italian NHS: Are disparities decreasing? *Social Indicators Research.* https://link.springer.com/content/pdf/10.1007/s11205-021-02775-8.pdf.

Jordan, S., & Hoebel, J. (2015). Health literacy of adults in Germany: Findings from the German Health Update (GEDA) study. *Bundesgesundheitsblatt – Gesundheitsforschung – Gesundheitsschutz, 58*(9), 942–950. https://doi.org/10.1007/s00103-015-2200-z.

Kruse, C. S., Bolton, K., & Freriks, G. (2015). The effect of patient portals on quality outcomes and its implications for meaningful use: A systematic review. *Journal of Medical Internet Research.* https://www.jmir.org/2015/2/e44/.

Luft, H. S., Bunker, J. P., & Enthoven, A. C. (1979). Should operations be regionalized? The empirical relation between surgical volume and mortality. *New England Journal of Medicine, 301*(25), 1364–1369. https://doi.org/10.1056/NEJM197912203012503.

Mathews, S. C., McShea, M. J., Hanley, C. L., & Ravitz, A. (2019). Digital health: A path to validation. *npj Digital Medicine, 2*(1), 1–9. https://doi.org/10.1038/s41746-019-0111-3.

Maxwell, J., Adamson, K., & Karmali, A. (2017). Clinical documentation in an era of increasing transparency: The impact of electronic portals on care. *Healthcare Quarterly.* https://www.researchgate.net/profile/Joanne-Maxwell-2/publication/321037054_Clinical_Documentation_in_an_Era_of_Increasing_Transparency_The_Impact_of_Electronic_Portals_on_Care/links/5f74861d299bf1b53e006a48/Clinical-Documentation-in-an-Era-of-Increasing-Transparency-The-Impact-of-Electronic-Portals-on-Care.pdf.

Mourby, M., Ó Cathaoir, K., & Collin, C. B. (2021). Transparency of machine learning in healthcare: The GDPR & European health law. *Computer Law & Security Review.* https://www.sciencedirect.com/science/article/pii/S0267364921000844.

Naumann, L., Babitsch, B., & Hübner, U. H. (2021). eHealth policy processes from the stakeholders' viewpoint: A qualitative comparison between Austria, Switzerland and Germany. *Health Policy and Technology.* https://www.sciencedirect.com/science/article/pii/S2211883721000289.

Nolte, E., & Knai, C. (2015). Assessing chronic disease management in European health systems: Concepts and approaches. *Health Policy, 119*(1), 1–13. https://www.ncbi.nlm.nih.gov/books/NBK458642/.

Nuti, S., & Vainieri, M. (2014). Strategies and tools to manage variation in regional governance systems. *Medical Practice Variations in Health Services Research.* https://www.researchgate.net/profile/Milena-Vainieri/publication/273423608_Strategies_and_Tools_to_Manage_Variation_in_Regional_Governance_Systems/links/581f602d08ae40da2cb218f7/Strategies-and-Tools-to-Manage-Variation-in-Regional-Governance-Systems.pdf.

OECD Health Division. (2022). *Health at a glance 2022: OECD indicators.* OECD Publishing. https://doi.org/10.1787/19991312.

OECD. (2022). *Health at a glance 2022: OECD indicators.* OECD Publishing. https://doi.org/10.1787/health_glance-2022-en.

Pfeiffer, F., & Wehkamp, K. (2023). Digitalisierung und Transparenz im Gesundheitswesen: Chancen und Herausforderungen. *Springer Gabler.* https://doi.org/10.1007/978-3-662-64745-6.

Schmitt, T. (2024). New governance of the digital health agency: A way out of the joint decision trap to implement electronic health records in Germany? *Health Economics, Policy and Law.* https://www.cambridge.org/core/services/aop-cambridge-core/content/view/BC59B6AF4C5EC667F97703728417BA6C/S1744133123000142a.pdf/new_governance_of_the_digital_health_agency_a_way_out_of_the_joint_decision_trap_to_implement_electronic_health_records_in_germany.pdf.

Song, C., Fang, L., Xie, M., Tang, Z., Zhang, Y., & Tian, F. (2024). Revealing spatiotemporal inequalities, hotspots, and determinants in healthcare resource distribution. *BMC Public Health.* https://link.springer.com/content/pdf/10.1186/s12889-024-17950-y.pdf.

Topol, E. (2019). *Deep medicine: How artificial intelligence can make healthcare human again.* Basic Books.
Weigerstorfer, C. (2023). Telehealth in German nursing homes: Incentives, challenges and requirements for providers to adopt telehealth solutions. *Universidade Católica Portuguesa.* https://repositorio.ucp.pt/bitstream/10400.14/43301/1/203378148.pdf.
Wilson, J., Heinsch, M., Betts, D., & Booth, D. (2021). Barriers and facilitators to the use of e-health by older adults: A scoping review. *BMC Public Health, 21*(1), 1–14. https://doi.org/10.1186/s12889-021-11623-w.
World Health Organization (WHO). (2023). Global digital health strategies: Lessons from innovation. *PLOS Global Public Health.* https://doi.org/10.1371/journal.pgph.0001844.

Online-Quellen

Bundes-Klinik-Atlas. (2023a). Informationsportal für Krankenhäuser. https://bundes-klinik-atlas.de. Zugegriffen: 31. Jan. 2025.
Bundes-Klinik-Atlas. (2023b). Methodik des Bundes-Klinik-Atlas. https://www.bundesregierung.de/breg-de/bundesregierung/gesetzesvorhaben/bundes-klinik-atlas-2223136. Zugegriffen: 31. Jan. 2025.
Bundes-Klinik-Atlas. (2023c). Methodik. https://bundes-klinik-atlas.de/methodik/. Zugegriffen: 31. Jan. 2025.
Bundes-Klinik-Atlas. (2023d). Über uns. https://bundes-klinik-atlas.de/ueber-uns/. Zugegriffen: 31. Jan. 2025.
Bundesministerium für Gesundheit (BMG). (2023a). Digitalisierung des Gesundheitswesens: Chancen und Herausforderungen. https://www.bundesgesundheitsministerium.de. Zugegriffen: 31. Jan. 2025.
Bundesministerium für Gesundheit. (2023b). Bundes-Klinik-Atlas: Transparenz in der Krankenhausversorgung. https://www.bundesgesundheitsministerium.de/presse/pressemitteilungen/bundesweiter-klinik-atlas-geht-online.html. Zugegriffen: 31. Jan. 2025.
Bundesministerium für Gesundheit. (2023c). Patientendaten-Schutz-Gesetz (PDSG): Digitale Gesundheitsversorgung weiter ausbauen. https://www.bundesgesundheitsministerium.de. Zugegriffen: 31. Jan. 2025.
Bundesregierung. (2024). Bundes-Klinik-Atlas: Ein Instrument für mehr Transparenz im Gesundheitswesen. https://www.bundesregierung.de/breg-de/bundesregierung/gesetzesvorhaben/bundes-klinik-atlas-2223136. Zugegriffen: 31. Jan. 2025.
Bundesregierung. (2024). Der Bundes-Klinik-Atlas: Transparenz im Gesundheitswesen. https://www.bundesregierung.de/breg-de/bundesregierung/gesetzesvorhaben/bundes-klinik-atlas-2223136. Zugegriffen: 31. Jan. 2025.
Datenschutz-Grundverordnung (DSGVO). (2016). Verordnung (EU) 2016/679 des Europäischen Parlaments und des Rates. https://eur-lex.europa.eu/legal-content/DE/TXT/?uri=CELEX%3A32016R0679. Zugegriffen: 31. Jan. 2025.
European Commission. (2023). Transparency in the Digital Health Sector: Strategies and Policies. https://digital-strategy.ec.europa.eu. Zugegriffen: 31. Jan. 2025.
Gemeinsamer Bundesausschuss (G-BA). (2024a). Bundes-Klinik-Atlas: Transparenz und Dialog im Gesundheitssystem. https://www.g-ba.de/themen/qualitaetssicherung/datenerhebung-zur-qualitaetssicherung/datenerhebung-qualitaetsbericht/krankenhaussuche. Zugegriffen: 31. Jan. 2025.

Gemeinsamer Bundesausschuss (G-BA). (2024b). Qualitätsberichte im Gesundheitswesen: Transparenz und Qualitätssicherung. https://www.g-ba.de/themen/qualitaetssicherung/datenerhebung-zur-qualitaetssicherung/datenerhebung-qualitaetsbericht/. Zugegriffen: 31. Jan. 2025.

Institut für Qualitätssicherung und Transparenz im Gesundheitswesen (IQTIG). (2023). Bundesqualitätsbericht 2023. https://iqtig.org/downloads/berichte/2023/IQTIG_Bundesqualitaetsbericht-2023_2023-11-08.pdf. Zugegriffen: 31. Jan. 2025.

Robert Koch-Institut (RKI). (2021). Gesundheitskompetenz in Deutschland – Ergebnisse der GEDA-Studie 2021. https://www.rki.de/DE/Content/Gesundheitsmonitoring/Studien/Geda/Geda_node.html. Zugegriffen: 31. Jan. 2025.

Robert Koch-Institut. (2021). Digitalisierung im Gesundheitswesen: Nutzung und Potenziale digitaler Anwendungen in Deutschland. https://www.rki.de. Zugegriffen: 31. Jan. 2025.

Robert Koch-Institut (RKI). (2021). Digitalisierung im Gesundheitswesen: Chancen und Herausforderungen. *Bericht zur Gesundheitskompetenz in Deutschland*. https://www.rki.de.

Internationale Erfahrungen und Best Practices

5

Inhaltsverzeichnis

Transparenz im Gesundheitswesen ist ein globaler Trend und ein zentraler Bestandteil moderner Gesundheitssysteme. Weltweit nutzen verschiedene Länder diverse Strategien und Instrumente, um Transparenz zu fördern, Vertrauen zu stärken und die Qualität der Gesundheitsversorgung zu steigern. Die Analyse internationaler Ansätze bietet wertvolle Erkenntnisse darüber, welche Maßnahmen erfolgreich sind und wie sie auf das deutsche Gesundheitssystem übertragbar sein könnten.

Kap. 5 untersucht Transparenzinitiativen in verschiedenen Ländern und analysiert deren Umsetzung in unterschiedlichen politischen, kulturellen und wirtschaftlichen Kontexten. Neben einer Einordnung der internationalen Definition und Bedeutung von Transparenz werden innovative Strategien vorgestellt und mit ausgewählten Ländern verglichen. Besonderes Augenmerk liegt auf den Erfahrungen der USA, die mit ihrem Fokus auf Patientenorientierung und Qualitätsmessung wichtige Impulse liefern.

Abschließend werden zentrale *Lessons Learned* zusammengefasst und praxisnahe Empfehlungen formuliert. Ziel ist es, international bewährte Transparenzstrategien zu identifizieren und darauf aufbauend Ansätze zu entwickeln, die sowohl patientenzentriert als auch systemisch nachhaltig für das deutsche Gesundheitswesen sind.

D. M. Hradecky, *Transparenz im Gesundheitswesen*,
https://doi.org/10.1007/978-3-658-48125-4_5

5.1 Transparenz im Gesundheitswesen: Globale Perspektiven und Herausforderungen

Die Betrachtung internationaler Transparenzinitiativen offenbart eine Vielzahl von Ansätzen, um Offenheit und den Zugang zu relevanten Informationen im Gesundheitswesen zu gewährleisten. Während einige Länder erhebliche Fortschritte bei der datengestützten Gesundheitsversorgung und der Verbesserung der Patienteninformation erzielt haben, kämpfen andere noch mit grundlegenden Hindernissen. Die kulturellen, ökonomischen und politischen Kontexte der jeweiligen Länder spielen dabei eine zentrale Rolle und prägen die Art und Weise, wie Transparenzmaßnahmen umgesetzt werden.

Fortschritte und Innovationen

Länder wie Estland und Dänemark gehören zu den Vorreitern in der digitalen Gesundheitsversorgung. Sie nutzen innovative Technologien wie elektronische Patientenakten und nationale Gesundheitsportale, um den Zugang zu Gesundheitsinformationen zu erleichtern und die Transparenz zu erhöhen. Diese Maßnahmen fördern nicht nur die Patientenautonomie, sondern ermöglichen es den Gesundheitssystemen auch, Effizienz und Qualität durch datenbasierte Entscheidungen zu steigern (Bertelsmann Stiftung, n.d.-a, n.d.-b).

In den USA liegt der Schwerpunkt auf der Veröffentlichung von Qualitäts- und Patientenerfahrungsdaten, die durch Programme wie ‚Hospital Compare' bereitgestellt werden, um Patienten fundierte Entscheidungen zu ermöglichen und den Wettbewerb unter Leistungserbringern zu fördern (CMS, 2023).

Herausforderungen und Hürden

Die Implementierung von Transparenzmaßnahmen steht in vielen Ländern vor ähnlichen Herausforderungen. Datenschutz und Datensicherheit sind global zentrale Themen. In Europa setzt die Datenschutz-Grundverordnung (DSGVO) strenge Standards für den Schutz personenbezogener Daten, was die Balance zwischen Transparenz und Privatsphäre zu einer komplexen Aufgabe macht (DSGVO, 2016). Zudem führen kulturelle Unterschiede und verschiedene Grade der Digitalisierung dazu, dass die Akzeptanz und Umsetzung von Transparenzmaßnahmen erheblich variieren.

Ein weiteres Hindernis ist die Überforderung von Patienten durch die Vielzahl an verfügbaren Daten. Ohne eine verständliche Aufbereitung und zielgruppenspezifische Kommunikation besteht die Gefahr von Fehlinterpretationen, die die Entscheidungsfindung erschweren können (Hibbard et al., 2005a, b). Auch die finanzielle und infrastrukturelle Ausstattung der Länder beeinflusst die Umsetzbarkeit von Transparenzinitiativen erheblich. Hochentwickelte Gesundheitssysteme verfügen häufig über ausreichende Ressourcen, während ressourcenärmere Länder vor der Herausforderung stehen, grundlegende Voraussetzungen wie IT-Infrastrukturen und Fachkräfte bereitzustellen.

Bedeutung der Kontextabhängigkeit: Angepasste Strategien zur Förderung von Transparenz

Die Unterschiede in den Ansätzen zur Transparenz spiegeln die spezifischen strukturellen und kulturellen Gegebenheiten der jeweiligen Gesundheitssysteme wider. Länder mit staatlich kontrollierten Gesundheitssystemen, wie das Vereinigte Königreich, tendieren zu zentralisierten Strategien, bei denen staatliche Institutionen die Federführung übernehmen (Scobie & Castle-Clarke, 2020). Im Gegensatz dazu zeichnen sich stärker privatisierte Systeme wie in den USA durch marktbasierte Ansätze aus, die vor allem auf Wettbewerb und die Erfüllung von Verbrauchererwartungen abzielen (Dudley & Wegrich, 2016).

Diese Divergenzen verdeutlichen die Notwendigkeit, Strategien zur Förderung von Transparenz auf die jeweiligen institutionellen, wirtschaftlichen und sozialen Rahmenbedingungen eines Landes anzupassen (Ferlie & Shortell, 2001). Pauschale Ansätze sind angesichts der vielfältigen Ausprägungen von Gesundheitssystemen weder praktikabel noch zielführend. Vielmehr bedarf es kontextspezifischer Modelle, die die jeweilige Struktur der Versorgungssysteme berücksichtigen und gleichzeitig Raum für innovative, systemübergreifende Lösungen schaffen (Ruijer & Meijer, 2016).

Fazit

Die globalen Perspektiven und Herausforderungen verdeutlichen, dass Transparenz ein unverzichtbarer Bestandteil moderner Gesundheitssysteme ist, jedoch kontextabhängige Ansätze erfordert, um nachhaltige Verbesserungen zu erzielen. Die spezifischen Strategien und Instrumente, mit denen Länder Transparenz fördern, bieten wertvolle Einblicke in die Vielfalt der Herangehensweisen.

Im nächsten Abschnitt werden ausgewählte internationale Ansätze analysiert, um die zugrunde liegenden Erfolgsfaktoren und Hürden zu verstehen. Diese Analyse liefert eine fundierte Basis für den Vergleich verschiedener Systeme und zeigt auf, welche Lehren aus den globalen Erfahrungen für die Weiterentwicklung der Transparenz im Gesundheitswesen gezogen werden können.

5.2 Analyse internationaler Ansätze zur Förderung von Transparenz

Die Förderung von Transparenz im Gesundheitswesen ist eine globale Herausforderung, die von Ländern auf unterschiedliche Weise adressiert wird. Innovative Strategien und nationale Initiativen zeigen, wie vielfältig Transparenz umgesetzt werden kann, wobei technologische, kulturelle, ökonomische und politische Rahmenbedingungen eine entscheidende Rolle spielen. Während Estland und Dänemark durch digitale Innovationen wie Blockchain-Technologie und elektronische Patientenakten hervorstechen, setzen

Schweden und Norwegen auf umfassende Qualitätsregister, um kontinuierliche Verbesserungen der Versorgungsqualität zu ermöglichen. Länder wie die USA und Kanada konzentrieren sich auf patientenorientierte Plattformen, die fundierte Entscheidungen und Wettbewerb fördern, während Australien mit der Integration von Gesundheitsdaten und Qualitätsberichten beeindruckt. Auch das Vereinigte Königreich ist mit dem NHS bekannt für transparente Leistungsberichte, die auf Rechenschaft und kontinuierliche Verbesserung abzielen.

Die Niederlande verfolgen einen dezentralisierten Ansatz, bei dem regionale Netzwerke und digitale Plattformen eine zentrale Rolle spielen. Finnland hebt sich durch seine klare Ausrichtung auf Prävention und patientenzentrierte Gesundheitsstrategien hervor, die durch ein hohes Maß an Bürgerbeteiligung unterstützt werden.

Deutschland hat mit Projekten wie der elektronischen Patientenakte (ePA) und Medical Informatics Hub in Saxony (MiHUBx) ebenfalls Fortschritte gemacht, steht jedoch weiterhin vor Herausforderungen wie Datenschutzfragen und einer fragmentierten föderalen Struktur.

Diese internationale Perspektive bietet wertvolle Erkenntnisse für Deutschland, indem sie zeigt, wie Transparenzmaßnahmen erfolgreich umgesetzt und an nationale Kontexte angepasst werden können. Im folgenden Abschnitt werden die Strategien dieser Länder analysiert, ihre Stärken und Herausforderungen hervorgehoben und deren potenzielle Relevanz für das deutsche Gesundheitswesen diskutiert.

5.2.1 Deutschland: Fortschritte und Herausforderungen im Bereich Transparenz

Deutschland hat in den letzten Jahren erhebliche Fortschritte in der Digitalisierung und Transparenz des Gesundheitswesens gemacht. Ein entscheidender Meilenstein ist die Einführung der elektronischen Patientenakte (ePA), die ab dem 15. Januar 2025 in den Modellregionen Hamburg, Franken und Teilen Nordrhein-Westfalens verfügbar sein wird (Kassenärztliche Vereinigung Sachsen, 2025). Die ePA ermöglicht es Patienten, ihre Gesundheitsdaten selbstständig zu verwalten und sicher zu teilen, was nicht nur Transparenz stärkt, sondern auch das Vertrauen in das Gesundheitssystem erhöht (Hoffmann et al., 2024).

Das sächsische Projekt *MiHUBx* zeigt, wie die Digitalisierung auf die individuellen Bedürfnisse der Patienten eingehen kann. *MiHUBx* zielt darauf ab, durch interoperable digitale Plattformen die Verfügbarkeit und Nutzbarkeit von Gesundheitsdaten zu verbessern. In einer aktuellen Pilotstudie konnte die Integration nicht-universitärer medizinischer Daten erfolgreich getestet werden, was die Bedeutung solcher Innovationen unterstreicht (Bartos et al., 2024).

Zusätzlich bietet der ‚Bundes-Klinik-Atlas' umfassende Informationen zu Krankenhausleistungen, Qualitätsindikatoren und Fallzahlen. Besonders relevant ist die Möglichkeit, Krankenhäuser basierend auf geografischen Kriterien auszuwählen, was vor allem für strukturschwache Regionen von Bedeutung ist (IQTIG, 2023a, b).

Trotz dieser Fortschritte gibt es noch zentrale Herausforderungen. Die föderale Struktur Deutschlands erschwert eine einheitliche Implementierung solcher Maßnahmen. Datenschutzanforderungen wie die DSGVO stellen zusätzliche Hürden dar, die den Einsatz transparenter Gesundheitslösungen verlangsamen, obwohl sie den Schutz sensibler Daten gewährleisten (DSGVO, 2016). Gleichzeitig fehlt es an einer standardisierten Datenharmonisierung, wie sie in *MiHUBx* angestrebt wird (Peng et al., 2023).

5.2.2 Österreich: Einheitliche IT-Standards für mehr Transparenz

Österreich hat in den vergangenen Jahren bedeutende Fortschritte bei der Digitalisierung seines Gesundheitswesens erzielt, insbesondere durch die Einführung einheitlicher IT-Standards und den Ausbau der Elektronischen Gesundheitsakte (ELGA). Ziel dieser Maßnahmen ist es, Transparenz und Effizienz zu fördern, den Zugang zu Gesundheitsinformationen zu erleichtern und die Versorgungsqualität zu verbessern. Allerdings zeigt der internationale Vergleich, dass Österreich trotz dieser Errungenschaften noch Entwicklungspotenziale hat, um mit führenden eHealth-Nationen gleichzuziehen (Brock, 2024).

Ein zentrales Element der Digitalisierung ist ELGA, das Patienten ermöglicht, ihre Gesundheitsdaten wie Befunde, Medikationslisten und Impfungen online einzusehen. Autorisierte Gesundheitsdienstleister wie Ärztinnen und Ärzte, Krankenhäuser und Apotheken können diese Daten ebenfalls in Echtzeit abrufen, vorausgesetzt, die Patienten erteilen ihre Zustimmung. Dadurch wird nicht nur die Transparenz erhöht, sondern auch unnötige Doppeluntersuchungen werden vermieden und die Kontinuität der Versorgung wird verbessert (Bundesministerium für Soziales, Gesundheit, Pflege und Konsumentenschutz, 2024).

Mit einem klaren Fokus auf Interoperabilität wurde ELGA so konzipiert, dass ein nahtloser Datenaustausch zwischen verschiedenen Gesundheitsdienstleistern gewährleistet wird. Einheitliche nationale Standards und Protokolle fördern einen effizienten Informationsaustausch, insbesondere in Bezug auf die nahtlose Versorgung über verschiedene Sektoren hinweg, wie zum Beispiel zwischen ambulanten und stationären Einrichtungen (Schein, 2020).

Standardisierung der IT-Infrastruktur

Ein zentraler Erfolgsfaktor des österreichischen Modells ist die Standardisierung der IT-Infrastruktur. Die Einführung verbindlicher technischer Standards ermöglicht es, dass alle Akteure im Gesundheitssystem auf dieselbe Grundlage zurückgreifen. Dazu gehören standardisierte Datenformate, Schnittstellen und Kommunikationsprotokolle. Diese Maßnahmen sorgen nicht nur für eine höhere Effizienz, sondern erleichtern auch die Nutzung von Gesundheitsdaten für Forschung und Qualitätsmanagement (Bratan et al., 2022).

Österreich begann früh mit der Einführung zentraler Register, die als Grundlage für ELGA dienen. Diese Register enthalten Daten zu verschiedenen Gesundheitsbereichen und werden kontinuierlich aktualisiert. Sie stellen sicher, dass relevante Informationen für die Versorgung zur Verfügung stehen, und bilden die Basis für die langfristige Planung und Steuerung des Gesundheitssystems (Rieser & Glachs, 2024).

Transparenz durch Patientenbeteiligung
Das österreichische Gesundheitssystem zeichnet sich durch eine starke Einbindung der Patienten aus, insbesondere durch die Nutzung der Elektronischen Gesundheitsakte (ELGA). Über die ELGA-Plattform haben Patienten die Möglichkeit, ihre Gesundheitsdaten wie Befunde und Medikationslisten einzusehen und den Zugriff durch Gesundheitsdienstleister aktiv zu steuern. Durch die transparente Dokumentation aller Zugriffe wird das Vertrauen in die digitale Infrastruktur gestärkt. Zusätzlich können Patienten entscheiden, welche Gesundheitsdienstleister auf spezifische Daten zugreifen dürfen oder einzelne Datensätze von der Einsicht ausschließen, was ein hohes Maß an Autonomie gewährleistet (Reinhold & Mayer, 2023).

Integration zusätzlicher digitaler Systeme
Neben ELGA nutzt Österreich weitere digitale Systeme, um die Gesundheitsversorgung zu verbessern. Dazu gehören:

- **e-Medikation**
  Dieses System ermöglicht die zentrale Erfassung und Verwaltung von verschriebenen und abgegebenen Medikamenten, was die Arzneimittelsicherheit erhöht.
- **e-Impfpass**
  Der elektronische Impfpass speichert Impfungen und erleichtert deren Verwaltung, insbesondere im Rahmen nationaler Impfprogramme.
- **Telemedizinische Dienste**
  Diese werden zunehmend genutzt, um den Zugang zu medizinischer Versorgung, insbesondere in ländlichen Gebieten, zu verbessern (Schein, 2020).

Datenschutz und Sicherheit
Ein zentraler Bestandteil der Digitalisierung im österreichischen Gesundheitswesen ist die strikte Einhaltung von Datenschutzvorgaben. Die Systeme sind vollständig konform mit den Bestimmungen der EU-Datenschutz-Grundverordnung (DSGVO) und gewährleisten damit hohe Sicherheitsstandards. Der Einsatz moderner Verschlüsselungstechnologien und ein transparentes Zugriffsmanagement tragen wesentlich zum Schutz sensibler Gesundheitsdaten bei. Diese Ansätze stärken das Vertrauen der Nutzerinnen und Nutzer in die digitale

Infrastruktur und fördern deren Akzeptanz. Studien unterstreichen, dass Datenschutz und Sicherheit entscheidende Faktoren für die erfolgreiche Einführung digitaler Gesundheitslösungen sind, wobei ein klar geregelter Datenzugriff und die Wahrung der Privatsphäre eine Schlüsselrolle spielen (Sareban et al., 2025).

5.2.3 Estland: Pionier im digitalen Gesundheitswesen

Das Gesundheitssystem Estlands ist weltweit für seine innovative und fortschrittliche Digitalisierung bekannt. Nach der Wiedererlangung der Unabhängigkeit in den 1990er Jahren hat das Land strategisch in digitale Lösungen investiert, um sowohl die Effizienz der öffentlichen Verwaltung als auch die Gesundheitsversorgung zu verbessern. Estland folgt einem steuerfinanzierten Modell, bei dem die nationale Gesundheitsbehörde eine zentrale Rolle spielt (Jensen, 2020). Eine Schlüsselinnovation ist das landesweite E-Health-System, das 98 % der Bevölkerung abdeckt und digitale Gesundheitsdienste wie Telemedizin und elektronische Verschreibungen integriert (Heston, 2017).

Ein bedeutender Aspekt des estnischen E-Health-Systems ist der Einsatz von Blockchain-Technologie. Diese Technologie stellt sicher, dass alle Datenintegritäts- und Sicherheitsanforderungen erfüllt werden, und ermöglicht Patienten, die Zugriffe auf ihre Gesundheitsdaten vollständig zu kontrollieren (OECD, 2020). Blockchain wird genutzt, um den sicheren Austausch sensibler Informationen zu gewährleisten und die Transparenz im Umgang mit Gesundheitsdaten zu fördern (Semenzin et al., 2022). Diese digitale Infrastruktur hat nicht nur die Effizienz der Gesundheitsdienste erhöht, sondern auch das Vertrauen der Bevölkerung in digitale Innovationen gestärkt (Kostrikova, 2021a, b).

Darüber hinaus hat Estland weitere innovative digitale Lösungen implementiert, darunter ein digitales Ärzteverzeichnis und automatisierte Abrechnungssysteme, die administrative Prozesse erheblich vereinfachen (Volmer et al., 2022). Insbesondere die Integration von Blockchain-Technologie in Gesundheitsanwendungen hat das Land zu einem Vorreiter für sichere und transparente E-Government-Strategien gemacht (Mettler, 2016).

Die Erfolge des estnischen E-Health-Systems sind auf eine konsequente politische Unterstützung und klare rechtliche Rahmenbedingungen zurückzuführen. Die Regierung hat ein System entwickelt, das Datenschutz gewährleistet und gleichzeitig eine benutzerfreundliche Nutzung ermöglicht (Heston, 2017). Der Erfolg zeigt, wie wichtig es ist, Technologien wie Blockchain in Kombination mit einer klaren strategischen Vision einzusetzen, um moderne Gesundheitsinfrastrukturen zu etablieren (Russo-Spena et al., 2022).

Für Länder wie Deutschland bietet Estland wertvolle Einblicke in die Gestaltung einer nutzerfreundlichen elektronischen Patientenakte. Die estnischen Erfahrungen betonen, dass technologische Innovationen wie Blockchain sowie die Förderung von Patientenautonomie entscheidende Erfolgsfaktoren sind. Dennoch muss jedes Land nationale Gegebenheiten wie rechtliche und infrastrukturelle Voraussetzungen berücksichtigen (Santos Rutschman, 2018).

5.2.4 Dänemark: Einheitliche IT-Standards für mehr Transparenz

Dänemark hat sich als Vorreiter in der Digitalisierung des Gesundheitswesens etabliert und ein integriertes digitales Gesundheitssystem geschaffen, das sich durch die verpflichtende Nutzung elektronischer Patientenakten (ePA) auszeichnet. Das dänische Gesundheitswesen basiert auf einem steuerfinanzierten Modell, das von den fünf Regionen des Landes verwaltet wird und eine hohe Qualität sowie einen gleichberechtigten Zugang für alle Bürger sicherstellt. Die Digitalisierung spielt dabei eine zentrale Rolle, um Effizienz, Transparenz und Patientenorientierung zu fördern (Christensen & Vrangbæk, 2018).

Die Plattform Sundhed.dk ist ein Kernbestandteil des dänischen digitalen Gesundheitssystems. Diese zentrale Plattform bietet Patienten einen einfachen Zugang zu ihren Gesundheitsdaten sowie Informationen über Behandlungsoptionen, Verfügbarkeiten und die Qualität von Gesundheitseinrichtungen. Patienten haben die Möglichkeit, ihre Daten einzusehen und zu kontrollieren, wer darauf zugreifen kann. (Jensen & Thorseng, 2017; OECD, 2022a, b).

Ein zentraler Erfolgsfaktor der dänischen Strategie ist die Standardisierung der IT-Infrastrukturen. Bereits in den 1970er Jahren begann Dänemark mit der Einführung eines nationalen Patientenregisters, das später durch die elektronische Patientenakte ergänzt wurde. Seit 2004 ist die Nutzung der ePA für alle Hausärzte verpflichtend, wodurch ein einheitlicher IT-Standard für den Datenaustausch geschaffen wurde. Diese Standardisierung hat nicht nur die Integration und Nutzung von Gesundheitsdaten erleichtert, sondern auch die Transparenz erheblich gesteigert, indem klare Protokolle für den Zugriff auf Gesundheitsdaten implementiert wurden (OECD, 2022a, b).

Die dänische Digitalisierung ist auch ein Vorbild für die Integration von Patientenbeteiligung. Funktionen wie die Nachverfolgung des Zugriffs auf persönliche Gesundheitsdaten durch Ärzte oder Krankenhäuser fördern Vertrauen und Akzeptanz. Gleichzeitig schaffen zentrale gesetzliche Vorgaben klare Rahmenbedingungen, die sicherstellen, dass der Schutz sensibler Daten mit den Anforderungen an Transparenz in Einklang gebracht wird. Dänemarks Ansatz zeigt, wie essenziell politische Unterstützung und interdisziplinäre Zusammenarbeit für den Erfolg von Digitalisierung und Transparenz im Gesundheitswesen sind (Jensen & Thorseng, 2017).

Für Deutschland bietet das dänische Modell wichtige Erkenntnisse, insbesondere im Hinblick auf die Standardisierung und Interoperabilität digitaler Gesundheitsdaten. Die föderale Struktur Deutschlands stellt jedoch eine erhebliche Herausforderung dar, da sie die Integration einheitlicher IT-Standards erschwert. Um ähnliche Fortschritte zu erzielen, sind klare regulatorische Vorgaben sowie eine stärkere Kooperation zwischen Bund, Ländern und verschiedenen Akteuren des Gesundheitswesens erforderlich. Deutschland könnte von Dänemarks Ansatz lernen, wie durch zentrale Plattformen und gesetzliche Verpflichtungen Transparenz gefördert und das Vertrauen der Bevölkerung gestärkt werden kann.

5.2.5 Schweden: Qualitätsregister als Grundlage für Transparenz

Schweden gehört zu den führenden Ländern im Bereich der Transparenz und Qualitätssicherung im Gesundheitswesen. Ein zentraler Bestandteil des schwedischen Ansatzes ist das umfassende System von Qualitätsregistern, das detaillierte Informationen zu Behandlungsformen, -ergebnissen und -prozessen sammelt. Diese Register werden auf nationaler Ebene verwaltet und decken eine Vielzahl von Erkrankungen und Behandlungsmethoden ab. Sie sind darauf ausgelegt, sowohl die Patientenversorgung zu verbessern als auch die Leistungserbringung durch evidenzbasierte Steuerung zu optimieren (Anell et al., 2012).

Das schwedische Gesundheitswesen basiert auf einem steuerfinanzierten Modell mit dezentraler Verantwortung, das auf Regionalebene organisiert ist. Die Regionen haben eine entscheidende Bedeutung für die Organisation und Finanzierung von Gesundheitsdiensten. Die Qualitätsregister sind ein Hilfsmittel, um Transparenz in dieses System zu schaffen und eine objektive Beurteilung der Versorgungsqualität zu ermöglichen. Die gesammelten Daten sind öffentlich zugänglich und bieten Patienten eine Grundlage für fundierte Entscheidungen über ihre Behandlung. Darüber hinaus fördern sie den Wettbewerb zwischen den Leistungserbringern, indem sie Schwächen und Optimierungspotenziale sichtbar machen (OECD, 2017).

Einzigartig am schwedischen Ansatz ist die enge Verknüpfung der Register mit klinischer Forschung und Qualitätsverbesserung. Die Daten werden nicht nur zur Überwachung der Versorgungsstandards genutzt, sondern fließen auch in wissenschaftliche Studien ein, die neue Erkenntnisse zur Optimierung von Behandlungsverfahren liefern. Diese Verbindung zwischen Praxis und Forschung stärkt die Evidenzbasierung der medizinischen Versorgung und unterstützt Innovationen im Gesundheitswesen (Willcox et al., 2011).

Die öffentlichen Berichte, die auf Basis der Qualitätsregister erstellt werden, sind ein wesentliches Element der Transparenz im Gesundheitswesen. Sie bieten nicht nur Patienten, sondern auch politischen Entscheidungsträgern und Gesundheitsbehörden wertvolle Einblicke in die Leistungsfähigkeit des Systems. Solche Berichte ermöglichen es, Qualitätsunterschiede zwischen Einrichtungen sichtbar zu machen und gezielte Maßnahmen zur Verbesserung der Versorgungsqualität zu ergreifen (Austin et al., 2016; Stulberg et al., 2019). Gleichzeitig schaffen sie Anreize für Gesundheitseinrichtungen, ihre Qualität kontinuierlich zu verbessern, um den steigenden Anforderungen der Patienten und der Öffentlichkeit gerecht zu werden (Pronovost et al., 2016; Fukami, 2024).

Trotz der zahlreichen Vorteile des schwedischen Modells gibt es auch Herausforderungen. Der administrative Aufwand zur Pflege der Register ist erheblich und erfordert eine nachhaltige Finanzierung sowie gut strukturierte organisatorische Rahmenbedingungen. Die Erfahrungen aus Schweden zeigen, dass klare regulatorische Vorgaben und eine langfristige Unterstützung durch den Staat notwendig sind, um ein solches System effektiv zu betreiben (OECD, 2017).

Deutschland könnte von Schweden lernen, wie die Einführung eines umfassenden Systems von Qualitätsregistern zu einer verbesserten Qualitätssicherung beitragen kann. Ein solches Modell könnte dazu beitragen, die Transparenz im deutschen Gesundheitswesen zu stärken und evidenzbasierte Entscheidungen zu fördern. Allerdings müsste Deutschland Lösungen für die Herausforderungen der Fragmentierung und des Datenschutzes finden, die mit der Implementierung eines solchen Systems verbunden sind.

5.2.6 USA: Patientenorientierte Plattformen als Wegbereiter für Transparenz

Das Gesundheitssystem der Vereinigten Staaten, geprägt durch eine Mischung aus privaten und öffentlichen Anbietern, legt großen Wert auf Wettbewerb und Patientenautonomie. In diesem Zusammenhang übernehmen patientenorientierte Plattformen wie *Medicare Compare* eine entscheidende Rolle. Diese Plattformen wurden entwickelt, um Patienten fundierte Entscheidungen zu ermöglichen, indem sie umfassende Informationen über Krankenhäuser, Pflegeeinrichtungen und Ärzte bereitstellen. Die Bewertung erfolgt anhand standardisierter Qualitätsindikatoren wie Sterblichkeitsraten, Komplikationsraten und Patientenzufriedenheit (CMS, 2022; Fung et al., 2008).

Der Fokus auf Transparenz und Wettbewerb hat die Versorgungsqualität in vielen Bereichen messbar verbessert. Die Veröffentlichung solcher Daten schafft nicht nur Vertrauen, sondern gibt Anreize für Leistungserbringer, ihre Prozesse und Ergebnisse kontinuierlich zu optimieren. Plattformen wie *Medicare Compare* verbessern den Zugang zu Informationen und erleichtern Patienten, die für sie passenden Anbieter auszuwählen. Gleichzeitig wird der Wettbewerb zwischen den Anbietern gefördert, was die Innovationskraft und Effizienz im System stärkt (Hibbard et al., 2005a, b; Marshall et al., 2000).

Ein besonderer Vorteil des US-Ansatzes ist die Detailtiefe der veröffentlichten Informationen. Patienten können beispielsweise spezifische Bewertungen und Indikatoren einsehen, die auf ihre individuellen Bedürfnisse zugeschnitten sind. Dies fördert die Patientenautonomie und stärkt die Rolle des Patienten als aktiver Partner im Gesundheitssystem (Robertson & Dixon, 2009).

Trotz dieser Errungenschaften weist das US-Modell auch Herausforderungen auf. Der Zugang zu Plattformen wie *Medicare Compare* ist oft ungleich verteilt, insbesondere für sozial benachteiligte Bevölkerungsgruppen. Faktoren wie digitale Kompetenz, technologische Infrastruktur und Sprachbarrieren schränken die Nutzungsmöglichkeit ein. Diese Ungleichheit steht im Kontrast zu den Zielen von Transparenz und Patientenorientierung und zeigt, dass flankierende Maßnahmen wie Bildungsprogramme und technologische Unterstützung erforderlich sind, um den Nutzen solcher Plattformen breiter verfügbar zu machen (CMS, 2022; Zhao et al., 2016).

Für Deutschland bietet der US-Ansatz wertvolle Einblicke, insbesondere in Bezug auf die Weiterentwicklung bestehender Plattformen wie des ‚Bundes-Klinik-Atlas'. Durch eine Ausweitung der verfügbaren Qualitätsindikatoren und eine stärkere Orientierung an Patientenbedürfnissen könnte der ‚Bundes-Klinik-Atlas' ein noch wirksameres Instrument zur Förderung von Transparenz und Qualität werden. Gleichzeitig sollte Deutschland sicherstellen, dass solche Plattformen allen Bevölkerungsgruppen zugänglich sind und deren spezifische Bedürfnisse berücksichtigen. Dies könnte durch gezielte Investitionen in digitale Infrastrukturen und Bildungsprogramme erreicht werden.

5.2.7 Australien: Qualitätsverbesserung durch Datenintegration und Transparenz

Australien hat mit seinen umfassenden digitalen und organisatorischen Initiativen bedeutende Fortschritte im Bereich der Transparenz und Qualitätsverbesserung im Gesundheitswesen erzielt. Das landesweite Programm *My Health Record* ermöglicht es Patienten, ihre Gesundheitsdaten sicher einzusehen und aktiv zu verwalten. Dieses System dient nicht nur der Patientenautonomie, sondern schafft auch eine Grundlage für die Verbesserung der Versorgungsqualität durch datenbasierte Entscheidungen. Aktuell sind mehr als 90 % der Bevölkerung in das System integriert, was Australien zu einem Pionier in der digitalen Gesundheitsversorgung macht (Hambleton & Aloizos, 2019).

Ein weiterer Meilenstein ist die Arbeit der *Australian Commission on Safety and Quality in Health Care* (ACSQHC). Diese Organisation veröffentlicht regelmäßig Qualitätsberichte und entwickelt Leitlinien, die darauf abzielen, die Sicherheit und Qualität der Gesundheitsversorgung zu gewährleisten. Ein besonderes Augenmerk liegt auf der Integration von Daten aus verschiedenen Bereichen des Gesundheitswesens, darunter Krankenhäuser, ambulante Versorgung und Präventionsdienste. Diese integrative Datenstrategie fördert nicht nur die Transparenz, sondern ermöglicht es, systematische Schwächen frühzeitig zu erkennen und gezielt zu adressieren (ACSQHC, 2012).

Die transparenten Strukturen und der Einsatz von Qualitätsindikatoren in Australien haben das Vertrauen der Öffentlichkeit in das Gesundheitssystem gestärkt und die Basis für evidenzbasierte politische und klinische Entscheidungen geschaffen. Darüber hinaus fördern diese Maßnahmen die Zusammenarbeit zwischen den Akteuren des Gesundheitswesens, darunter Patienten, Leistungserbringern und politischen Entscheidungsträgern. Diese koordinierte Vorgehensweise führt zu einer höheren Effizienz und Qualität der Versorgung (Biggs et al., 2019).

Deutschland kann von den Erfahrungen Australiens profitieren, insbesondere durch die gezielte Förderung der Integration von Gesundheitsdaten und die stärkere Einbindung verschiedener Akteure. Die Einführung einer zentralen digitalen Gesundheitsplattform, ergänzt durch transparente Qualitätsberichte und interdisziplinäre Leitlinien, könnte die Grundlage für ein moderneres und transparenteres Gesundheitssystem schaffen. Die Herausforderung besteht jedoch darin, die technologische Infrastruktur und die gesetzlichen Rahmenbedingungen so zu gestalten, dass sowohl Datenschutz als auch Transparenzanforderungen erfüllt werden.

5.2.8 Finnland: Nationale Integration und Datenkontrolle im Gesundheitswesen

Finnland hat mit seinen innovativen Ansätzen zur Integration und Nutzung von Gesundheitsdaten eine führende Rolle in der Transparenzförderung übernommen. Das nationale Gesundheitsdatensystem, bekannt als *Kanta Services,* ermöglicht es allen Bürgern, ihre medizinischen Daten sicher einzusehen und aktiv zu verwalten. Dieses System umfasst elektronische Patientenakten, elektronische Verschreibungen und Patientenportale, die für Patienten, Leistungserbringer und Behörden zugänglich sind. Der Zugriff ist vollständig digitalisiert und wird durch strenge Datenschutzmaßnahmen geschützt, um die Integrität und Sicherheit der sensiblen Informationen zu gewährleisten (Kanta Services, 2020).

Ein zentrales Element des finnischen Modells ist die Verknüpfung von Gesundheitsdaten über verschiedene Sektoren hinweg. So werden Daten aus der stationären und ambulanten Versorgung sowie aus Präventionsprogrammen und sozialen Diensten integriert. Diese umfassende Datenverfügbarkeit fördert nicht nur die Transparenz, sondern ermöglicht auch datenbasierte Entscheidungen in der Versorgungsplanung und -steuerung. Die systematische Nutzung dieser Informationen unterstützt evidenzbasierte medizinische Entscheidungen und hat nachweislich die Qualität der Versorgung verbessert (Hyppönen et al., 2019).

Finnland legt zudem besonderen Wert auf die Beteiligung der Bürger an der Verwaltung ihrer Gesundheitsdaten. Patienten haben die Möglichkeit, über das Portal zu überblicken, welche Personen auf ihre Daten zugegriffen haben, und können die Zugriffsrechte individuell kontrollieren. Diese patientenzentrierte Datenkontrolle stärkt das Vertrauen in das System und fördert die Akzeptanz digitaler Gesundheitslösungen. Studien zeigen, dass dieser Ansatz die Patientensicherheit erhöht und die Effizienz der Gesundheitsversorgung optimiert (Vuokko et al., 2021).

Die Erfahrungen Finnlands zeigen, dass eine starke technologische Infrastruktur und klare gesetzliche Rahmenbedingungen entscheidend für die erfolgreiche Implementierung transparenzfördernder Maßnahmen sind. Die zentrale Datenspeicherung und die umfassende Interoperabilität der IT-Systeme machen Finnland zu einem Vorbild für viele Länder, die ähnliche Strategien umsetzen möchten. Deutschland könnte von diesen Erfahrungen profitieren, insbesondere durch die Förderung zentraler IT-Standards und die stärkere Integration von Daten aus verschiedenen Gesundheitssektoren.

5.2.9 Kanada: Transparenz durch nationale Standards und Patientenorientierung

Kanada hat mit einem föderalen Ansatz zur Gesundheitsversorgung beeindruckende Fortschritte bei der Förderung von Transparenz erzielt. Die Gesundheitssysteme der einzelnen Provinzen und Territorien werden durch nationale Standards unterstützt, die durch die *Canada-Health-Act*-Richtlinien definiert werden. Diese Richtlinien gewährleisten den Zugang zu notwendigen Gesundheitsleistungen für alle Bürger und fördern gleichzeitig eine einheitliche Berichterstattung und Qualitätssicherung. Ein zentraler Aspekt dieser Strategie ist die Nutzung von Gesundheitsdaten zur Optimierung der Versorgung und zur Unterstützung evidenzbasierter Entscheidungen (Government of Canada, 2021).

Ein bedeutendes Instrument zur Förderung von Transparenz in Kanada ist das *Canadian Institute for Health Information* (CIHI), das umfassende Daten zu Gesundheitssystemleistungen und -ergebnissen sammelt, analysiert und veröffentlicht. Diese Berichte bieten nicht nur den Bürgern Einblicke in die Qualität und Effizienz des Gesundheitssystems, sondern dienen auch politischen Entscheidungsträgern als Grundlage für Reformen und Investitionen. Besonders hervorzuheben ist die Berichterstattung zu Qualitätsindikatoren wie Wartezeiten, Behandlungsergebnissen und Patientenzufriedenheit, die öffentlich zugänglich gemacht werden (Veillard et al., 2015).

Kanada legt außerdem großen Wert auf Patientenorientierung durch digitale Plattformen wie *MyHealth Records* in Alberta und ähnliche Systeme in anderen Provinzen. Diese Plattformen ermöglichen Patienten den Zugriff auf ihre elektronischen Gesundheitsdaten, einschließlich Testergebnissen und Behandlungsplänen, und fördern die Autonomie der Bürger im Umgang mit ihrer Gesundheit. Darüber hinaus beinhalten diese Plattformen Funktionen für die Kommunikation zwischen Patienten und Leistungserbringern, was die Transparenz und die Qualität der Versorgung weiter erhöht (Mercer, 2001).

Die kanadischen Erfahrungen zeigen, dass die Kombination aus nationalen Standards, leistungsstarker Datenerfassung und patientenzentrierten digitalen Plattformen entscheidend für die Förderung von Transparenz ist. Allerdings bleibt die föderale Struktur Kanadas eine Herausforderung, da die Systeme der Provinzen und Territorien trotz gemeinsamer Standards oft unterschiedliche technische Lösungen nutzen. Deutschland könnte von diesen Ansätzen profitieren, insbesondere durch eine stärkere Koordination zwischen Bund und Ländern sowie die Implementierung einheitlicher IT-Standards.

5.2.10 Niederlande: Transparenz durch Marktregulierung und Patientenorientierung

Die Niederlande haben ein Gesundheitssystem entwickelt, das Transparenz durch eine Kombination aus regulierter Marktsteuerung und patientenzentrierten Ansätzen fördert. Das niederländische Gesundheitssystem basiert auf einem Pflichtversicherungssystem, das von privaten Krankenversicherern angeboten und durch staatliche Aufsicht reguliert wird. Dieses Modell verbindet Elemente eines öffentlichen und privaten Gesundheitssystems, wodurch Transparenz und Wettbewerb gleichzeitig gestärkt werden (Kroneman et al., 2016).

Ein zentrales Instrument für Transparenz in den Niederlanden ist das *Zorginstituut Nederland* (National Health Care Institute), das für die Überwachung und Bewertung von Leistungen zuständig ist, die in den Basisversicherungskatalog aufgenommen werden. Diese Institution veröffentlicht regelmäßig Berichte zur Versorgungsqualität und gibt Empfehlungen zur Verbesserung der Leistungen. Besonders hervorzuheben sind die Qualitätsindikatoren, die auf patientenbezogenen Ergebnissen basieren, wie zum Beispiel die Patientenzufriedenheit und Behandlungserfolge. Diese Daten werden für die Öffentlichkeit zugänglich gemacht und dienen Patienten als Entscheidungsgrundlage bei der Wahl ihrer Versicherungen und Anbieter (Zorginstituut Nederland, 2020).

Ferner spielen Vergleichsportale wie *ZorgkaartNederland* eine bedeutende Rolle. Diese Plattform ermöglicht es Patienten, Gesundheitseinrichtungen und Ärzte anhand von Bewertungen und spezifischen Qualitätsindikatoren zu vergleichen. Dieser Fokus auf Patientenbewertungen hat dazu beigetragen, die Transparenz im niederländischen Gesundheitssystem erheblich zu erhöhen und die Leistungserbringer zu motivieren, ihre Qualität kontinuierlich zu verbessern (van den Berg et al., 2020).

Die niederländische Regierung hat zudem eine zentrale Rolle bei der Förderung der Digitalisierung des Gesundheitssystems übernommen. Elektronische Patientenakten und sichere digitale Plattformen wie *MijnGezondheid.net* ermöglichen es Bürgern, ihre Gesundheitsdaten einzusehen, Termine zu vereinbaren und direkt mit ihren Leistungserbringern zu kommunizieren. Diese Initiativen tragen nicht nur zur Patientenautonomie bei, sondern fördern auch die Effizienz und Transparenz der Versorgung (Nictiz, 2019).

Die Niederlande haben gezeigt, dass Transparenz in einem regulierten Marktmodell erfolgreich gefördert werden kann. Jedoch gibt es auch Herausforderungen, wie den administrativen Aufwand zur Erfassung und Veröffentlichung von Qualitätsdaten sowie die Sicherstellung des Datenschutzes. Für Deutschland bietet das niederländische Modell Anreize, insbesondere im Hinblick auf Vergleichsplattformen und die Einbindung von

Qualitätsindikatoren in den Wettbewerb. Gleichzeitig müsste die Fragmentierung des deutschen Gesundheitssystems überwunden werden, um ähnliche Ergebnisse zu erzielen.

5.2.11 Vereinigtes Königreich: Transparenz durch den National Health Service (NHS)

Das Gesundheitssystem des Vereinigten Königreichs, bekannt als *National Health Service* (NHS), ist weltweit für seine umfassenden Transparenzmaßnahmen bekannt. Der NHS verfolgt eine starke staatliche Steuerung und bietet allen Bürgern kostenlosen Zugang zu medizinischen Leistungen. Gleichzeitig setzt das System auf umfangreiche Berichterstattung und öffentliche Zugänglichkeit von Qualitäts- und Leistungsdaten, um Transparenz zu gewährleisten (NHS Digital, 2021).

Ein zentraler Bestandteil der Transparenzstrategie ist die regelmäßige Veröffentlichung von Berichten zu Wartezeiten, Infektionsraten und Behandlungsergebnissen. Plattformen wie *NHS Choices* und *My NHS* stellen diese Informationen der Öffentlichkeit zur Verfügung. Sie ermöglichen Patienten, Krankenhäuser, Arztpraxen und andere Gesundheitseinrichtungen basierend auf Qualitätsindikatoren wie Sterblichkeitsraten, Patientenzufriedenheit und Behandlungsergebnissen zu vergleichen. Dadurch wird nicht nur die Patientenautonomie gestärkt, sondern auch der Wettbewerb zwischen den Leistungserbringern gefördert (Campanella et al., 2016).

Ein weiteres wichtiges Instrument des NHS ist der *Friends and Family Test.* Dieses Feedback-System ermöglicht es Patienten, ihre Erfahrungen mit Gesundheitseinrichtungen zu bewerten. Die gesammelten Daten dienen sowohl als Grundlage für Qualitätsverbesserungen als auch für die Rechenschaftspflicht der Einrichtungen gegenüber der Öffentlichkeit (NHS England, 2021).

Der NHS hat außerdem in die Digitalisierung des Gesundheitssystems investiert, um Transparenz und Effizienz zu erhöhen. Elektronische Patientenakten sind in vielen Teilen des Systems etabliert, und digitale Plattformen ermöglichen Patienten den Zugriff auf ihre Gesundheitsdaten, die Buchung von Terminen und die Kommunikation mit Ärzten. Diese digitalen Tools tragen dazu bei, Barrieren abzubauen und die Patientenorientierung zu stärken (NHS Digital, 2021).

Trotz der bedeutenden Fortschritte des NHS in der Förderung von Transparenz stehen weiterhin Herausforderungen im Fokus, darunter verlängerte Wartezeiten für spezifische Behandlungen und der erhebliche finanzielle Druck, dem das System ausgesetzt ist. Die deutsche Gesundheitsversorgung kann vom britischen Ansatz lernen, insbesondere in Bezug auf die öffentliche Berichterstattung und die Nutzung von Patientenfeedback zur Qualitätssteigerung. Eine direkte Übertragung erfordert jedoch Anpassungen an die föderalen Strukturen und Datenschutzanforderungen in Deutschland.

5.3 Erkenntnisse aus internationalen Ansätzen

Die Analyse internationaler Ansätze zur Förderung von Transparenz im Gesundheitswesen zeigt, dass der Erfolg solcher Maßnahmen auf mehreren entscheidenden Säulen basiert. Diese umfassen technologische Innovationen, klare gesetzliche Rahmenbedingungen und eine konsequente Patientenbeteiligung. Die gewonnenen Erkenntnisse bieten wertvolle Ansätze zur Optimierung des deutschen Gesundheitssystems.

Technologische Infrastruktur als Grundlage

Die Erfahrungen aus Estland und Dänemark verdeutlichen eindrucksvoll, wie entscheidend eine robuste technologische Infrastruktur für die Förderung von Transparenz im Gesundheitswesen ist. Estland, bekannt als digitaler Vorreiter, nutzt Blockchain-Technologie in Kombination mit einer zentralisierten elektronischen Patientenakte (ePA). Dieses System bietet eine sichere, transparente und nachverfolgbare Verwaltung von Gesundheitsdaten. Durch die Implementierung der Blockchain-Technologie wird gewährleistet, dass sämtliche Zugriffe auf Patientendaten dokumentiert und überprüft werden können, was das Vertrauen der Bevölkerung stärkt und die Akzeptanz digitaler Lösungen erhöht (Hyppönen et al., 2019; Kostrikova, 2021a, b).

Dänemark hingegen hat mit der Standardisierung seiner IT-Infrastruktur Maßstäbe für die Interoperabilität im Gesundheitswesen gesetzt. Die dänische Plattform *Sundhed.dk* erlaubt einen sektorenübergreifenden Datenaustausch zwischen Hausärzten, Krankenhäusern und Apotheken. Diese umfassende Vernetzung ermöglicht nicht nur eine verbesserte Versorgung, sondern reduziert auch Kosten und administrative Hürden durch die Minimierung von Redundanzen (Jensen & Thorseng, 2017).

Für Deutschland ergibt sich daraus die Notwendigkeit, in interoperable Systeme und digitale Plattformen zu investieren. Der derzeitige Flickenteppich an IT-Lösungen behindert die sektorübergreifende Zusammenarbeit und erschwert die Implementierung umfassender Transparenzmaßnahmen. Eine nationale Strategie zur Entwicklung einheitlicher Standards und Plattformen könnte den Weg für Fortschritte in diesem Bereich ebnen.

Klare gesetzliche Vorgaben

Die Beispiele aus Dänemark und den Niederlanden verdeutlichen, dass klare gesetzliche Rahmenbedingungen die Grundlage für die erfolgreiche Umsetzung von Transparenzmaßnahmen bilden. In Dänemark sind gesetzliche Vorgaben, wie die verpflichtende Nutzung zentralisierter IT-Systeme durch Hausärzte, integraler Bestandteil des digitalen Gesundheitssystems. Diese Maßnahmen haben eine einheitliche Datenverarbeitung und die Implementierung standardisierter Qualitätsberichte ermöglicht, was Transparenz und Vergleichbarkeit im Gesundheitswesen fördert.

In den Niederlanden überwacht das *Zorginstituut Nederland* die Einhaltung gesetzlicher Vorgaben zur Qualitätssicherung und Transparenz. Die verpflichtende Integration von Qualitätsberichten und die Veröffentlichung relevanter Leistungsindikatoren bieten Patienten eine fundierte Entscheidungsgrundlage und erhöhen die Rechenschaftspflicht der Anbieter (Kroneman et al., 2021).

Die föderale Struktur Deutschlands stellt eine besondere Herausforderung dar. Unterschiedliche Regelungen und Zuständigkeiten der Bundesländer führen zu einer Fragmentierung der Prozesse. Einheitliche, bundesweite Vorgaben könnten die Koordination zwischen den Akteuren verbessern und die Implementierung von Transparenzmaßnahmen erleichtern. Dies erfordert jedoch einen politischen Konsens sowie eine langfristige strategische Planung.

Förderung der Patientenbeteiligung

Die Vereinigten Staaten und das Vereinigte Königreich legen Wert auf eine konsequente Einbindung der Patienten, um Transparenz und Autonomie zu fördern. Plattformen wie *Medicare Compare* und *NHS Choices* bieten leicht zugängliche, verständliche Informationen über die Qualität von Gesundheitsdienstleistern. Diese Plattformen ermöglichen es Patienten, informierte Entscheidungen zu treffen und ihre Rolle als aktive Akteure im Gesundheitssystem wahrzunehmen (Centers for Medicare & Medicaid Services [CMS], 2022).

Für Deutschland ergibt sich die Chance, bestehende Plattformen wie den ‚Bundes-Klinik-Atlas' weiterzuentwickeln. Eine benutzerfreundliche Gestaltung, gepaart mit umfassenden Informationen zu Qualitätsindikatoren und Behandlungsangeboten, könnte die Akzeptanz und Nutzung solcher Systeme erhöhen. Dabei ist sicherzustellen, dass die Informationen barrierefrei und für alle Bevölkerungsgruppen zugänglich sind.

Datenintegration und sektorübergreifende Zusammenarbeit

Australien und Kanada demonstrieren eindrucksvoll, wie die Integration von Daten aus verschiedenen Versorgungsbereichen Transparenz und Effizienz verbessern kann. Australien hat mit seinem landesweiten System *My Health Record* ein Vorbild geschaffen, das über 90 % der Bevölkerung abdeckt und eine zentrale Speicherung von Gesundheitsinformationen ermöglicht. Dieses System fördert nicht nur die Kontinuität der Versorgung, sondern erleichtert auch evidenzbasierte Entscheidungen in der Versorgungsplanung (Wickramasinghe & Zelcer, 2020; Mercer, 2001).

Kanada nutzt ebenfalls integrierte Datensysteme, um sektorenübergreifende Zusammenarbeit und Qualitätssicherung zu stärken. Die Verknüpfung von Daten aus der stationären, ambulanten und präventiven Versorgung hat die Grundlage für eine effizientere Steuerung des Gesundheitssystems gelegt.

Für Deutschland bietet sich die Möglichkeit, zentrale digitale Plattformen zu schaffen, die eine sektorübergreifende Integration von Daten ermöglichen. Solche Systeme könnten Versorgungslücken aufdecken und die Grundlage für datenbasierte Entscheidungen im Gesundheitswesen schaffen.

Qualitätsregister und kontinuierliche Verbesserung

Schweden hat mit der Einführung nationaler Qualitätsregister einen wegweisenden Ansatz gewählt. Diese Register erfassen umfassende Daten zu Behandlungsstandards, Prozessen und Ergebnissen. Die regelmäßige Veröffentlichung dieser Daten fördert nicht nur die Transparenz, sondern schafft auch Anreize für Leistungserbringer, ihre Qualität kontinuierlich zu verbessern (Anell et al., 2012).

Im Vereinigten Königreich stellt der *Friends-and-Family-Test* ein Instrument dar, das Patientenfeedback in die Qualitätsverbesserung einbindet. Die öffentliche Berichterstattung zu Qualitätsindikatoren erhöht die Rechenschaftspflicht und unterstützt eine patientenzentrierte Ausrichtung des Gesundheitssystems.

Deutschland könnte durch die Einführung vergleichbarer Register und Feedback-Systeme evidenzbasierte Entscheidungen stärken. Voraussetzung dafür ist jedoch eine nachhaltige Finanzierung sowie die Entwicklung geeigneter rechtlicher und organisatorischer Rahmenbedingungen.

Berücksichtigung kultureller und sozialer Faktoren

Die Beispiele aus Finnland und den Niederlanden zeigen, dass kulturelle und soziale Rahmenbedingungen entscheidend für die Akzeptanz von Transparenzmaßnahmen sind. Finnland hat durch klare Kommunikation und die Förderung der Gesundheitskompetenz das Vertrauen der Bevölkerung in digitale Lösungen gestärkt. Ähnliche Ansätze in den Niederlanden, wie zielgerichtete Informationskampagnen und Bildungsprogramme, haben die Akzeptanz von Transparenzmaßnahmen erhöht (Vuokko et al., 2021).

Für Deutschland bedeutet dies, dass neben technologischen und rechtlichen Maßnahmen auch der soziale Kontext berücksichtigt werden muss. Bildungsinitiativen und Aufklärungskampagnen könnten helfen, Vorbehalte abzubauen und die Nutzung von Transparenzmaßnahmen zu fördern.

Zusammenfassende Übersicht der internationalen Ansätze

Die internationale Analyse verdeutlicht, dass Transparenz im Gesundheitswesen auf unterschiedlichste Weise gefördert werden kann, abhängig von den spezifischen gesundheitspolitischen, kulturellen und technologischen Gegebenheiten eines Landes. Die folgende Tabelle bietet eine strukturierte Übersicht über die zentralen Ansätze, Stärken und Herausforderungen der in diesem Abschnitt untersuchten Länder.

Tab. 5.1 dient nicht nur der Veranschaulichung der Vielfalt an Herangehensweisen, sondern auch als Grundlage für die Identifikation von Best Practices und potenziellen Verbesserungsbereichen. Im Folgenden werden die in der Tabelle dargestellten Ansätze detailliert analysiert.

Technologische Grundlagen und Interoperabilität

Die Analyse verdeutlicht, dass Länder wie **Estland** und **Dänemark** Vorreiter in der Digitalisierung des Gesundheitswesens sind. Estland nutzt Blockchain-Technologie, um eine

Tab. 5.1 Analyse internationaler Transparenzansätze

Land	Ansatz	Stärken	Herausforderungen
Deutschland	Elektronische Patientenakte (ePA), Bundes-Klinik-Atlas	Stärkung der Patientenautonomie, umfassende Informationen zu Krankenhausleistungen, Unterstützung bei der Qualitätssicherung und politischen Entscheidungsfindung	Fragmentierung durch föderale Strukturen, Datenschutzbedenken, eingeschränkte Nutzung von Daten für Transparenzmaßnahmen
Estland	Nationales E-Health-System mit Blockchain-Technologie	Hohe Transparenz, sichere Datenverwaltung, breite Bevölkerungseinbindung, Telemedizin	Hohe Anfangsinvestitionen, Datenschutzfragen, technologisches Vertrauen
Österreich	Elektronische Gesundheitsakte (ELGA) mit standardisierten IT-Protokollen	Hohe Interoperabilität, Patientenautonomie, Vermeidung von Doppeluntersuchungen	Datenschutzanforderungen, Akzeptanz bei älteren Patienten
Dänemark	Plattform Sundhed.dk mit verpflichtenden elektronischen Patientenakten (ePA)	Zentralisierte Datenplattform, transparente Zugriffsverwaltung, sektorenübergreifende Standards	Integration älterer IT-Systeme, begrenzte Akzeptanz in ländlichen Regionen
Schweden	Nationale Qualitätsregister mit Fokus auf evidenzbasierte Versorgung	Umfangreiche Datenbank, transparente öffentliche Berichterstattung, Verknüpfung mit Forschung	Hoher administrativer Aufwand, nachhaltige Finanzierung der Register
Vereinigtes Königreich	NHS-Transparenzstrategie mit Plattformen wie NHS Choices	Öffentliche Berichterstattung, Patientenzufriedenheitsindikatoren, digitale Patienteninteraktion	Hohe Wartezeiten, steigender finanzieller Druck
USA	Medicare Compare und wettbewerbsorientierte Transparenz	Patientenorientierte Qualitätsindikatoren, Innovationsanreize durch Wettbewerb	Digitale Barrieren für benachteiligte Gruppen, starke Unterschiede zwischen Regionen

(Fortsetzung)

Tab. 5.1 (Fortsetzung)

Land	Ansatz	Stärken	Herausforderungen
Australien	My Health Record und nationale Qualitätsberichte durch die ACSQHC	Hohe Beteiligung der Bevölkerung, datenbasierte Entscheidungen, Zusammenarbeit verschiedener Akteure	Uneinheitliche Akzeptanz, komplexe Integration neuer Technologien
Finnland	Kanta Services: Integration aller Gesundheitsdaten über verschiedene Sektoren hinweg	Patientenzentrierte Datenkontrolle, hohe Interoperabilität, datenbasierte Planung	Nachhaltige Finanzierung, technologische Akzeptanz bei älteren Bevölkerungsgruppen
Kanada	Föderale Standards und digitale Plattformen wie MyHealth Records	Einheitliche Berichterstattung, Patientenautonomie, Unterstützung evidenzbasierter Entscheidungen	Unterschiede zwischen den Provinzen, Koordinationsaufwand zwischen föderalen und provinziellen Systemen

sichere und transparente Verwaltung von Gesundheitsdaten zu gewährleisten, während Dänemark mit der Plattform *Sundhed.dk* sektorenübergreifende Datenstandards setzt. Diese Systeme erleichtern nicht nur die Integration von Gesundheitsdaten, sondern fördern auch das Vertrauen der Bevölkerung durch transparente Zugriffsverwaltungen. Für Deutschland bedeutet dies, dass Investitionen in interoperable IT-Systeme sowie klare technische Standards essenziell sind, um ähnliche Fortschritte zu erzielen.

Patientenzentrierung und Autonomie

Plattformen wie *Medicare Compare* in den USA und *NHS Choices* im Vereinigten Königreich bieten Patienten umfassende Qualitätsinformationen, die fundierte Entscheidungen ermöglichen. Auch die skandinavischen Länder legen großen Wert auf Patientenautonomie: Schweden nutzt nationale Qualitätsregister, die nicht nur Transparenz schaffen, sondern auch evidenzbasierte Forschung ermöglichen. Diese Ansätze zeigen, dass eine benutzerfreundliche Gestaltung solcher Plattformen die Nutzung und Akzeptanz erhöhen kann. Deutschland könnte durch eine Weiterentwicklung des ‚Bundes-Klinik-Atlas' ähnliche Effekte erzielen.

Rechtsrahmen und Regulierung

Klare gesetzliche Vorgaben sind eine weitere Grundlage für erfolgreiche Transparenzmaßnahmen. Dänemark und die Niederlande zeichnen sich durch verpflichtende Standards und die Einbindung von Qualitätsindikatoren aus. Im Gegensatz dazu stellt die föderale Struktur Deutschlands eine Herausforderung dar, da sie eine einheitliche Implementierung erschwert. Eine Harmonisierung der Zuständigkeiten könnte die Grundlage für effizientere Transparenzstrategien schaffen.

Integration und sektorübergreifende Zusammenarbeit

Australien und Kanada zeigen, wie die Integration von Gesundheitsdaten aus verschiedenen Sektoren die Effizienz steigern und datenbasierte Entscheidungen fördern kann. Systeme wie *My Health Record* und *MyHealth Records* bieten umfassende Datenplattformen, die den Zugang zu Gesundheitsinformationen erleichtern und Versorgungslücken aufdecken. Für Deutschland wäre ein zentralisiertes Datenmanagement ein entscheidender Schritt, um Transparenzmaßnahmen effektiver umzusetzen.

Finanzierung und nachhaltige Umsetzung

Eine wesentliche Herausforderung bleibt die nachhaltige Finanzierung von Transparenzmaßnahmen. Schweden demonstriert mit seinen Qualitätsregistern, wie kontinuierliche Investitionen in Infrastruktur und Datenpflege langfristige Vorteile schaffen können. Ähnliche Modelle könnten in Deutschland eingeführt werden, vorausgesetzt, es werden geeignete Finanzierungsmodelle entwickelt.

Fazit und Handlungsempfehlungen

Die Analyse der internationalen Ansätze zeigt, dass Transparenzmaßnahmen keine universellen Lösungen bieten, sondern an die spezifischen politischen, kulturellen und technischen Gegebenheiten der Länder angepasst werden müssen. Für Deutschland ergeben sich daraus folgende Empfehlungen:

1. Förderung interoperabler IT-Systeme zur sektorenübergreifenden Datenintegration.
2. Weiterentwicklung des ‚Bundes-Klinik-Atlas' zu einer umfassenden und patientenfreundlichen Plattform.
3. Harmonisierung der föderalen Strukturen, um eine einheitliche Umsetzung zu gewährleisten.
4. Einführung von Qualitätsregistern zur Förderung der Evidenzbasierung und Qualitätssicherung.
5. Nachhaltige Finanzierung und rechtliche Rahmenbedingungen als Basis für langfristige Verbesserungen.◀

5.4 Lessons Learned und Empfehlungen für die Praxis

Die Analyse der internationalen Ansätze zur Förderung von Transparenz im Gesundheitswesen hat gezeigt, dass jedes Land individuelle Wege gefunden hat, Transparenz in sein spezifisches Gesundheitssystem zu integrieren. Länder wie Estland, Dänemark, Schweden und die USA bieten wertvolle Einblicke in die Rolle moderner Technologien, gesetzlicher Rahmenbedingungen und patientenzentrierter Ansätze. Diese Erfahrungen machen deutlich, dass es keine universelle Lösung gibt. Stattdessen müssen Transparenzstrategien stets auf die kulturellen, wirtschaftlichen und politischen Gegebenheiten eines Landes abgestimmt sein.

Für Deutschland, das sich durch ein föderales System und starke datenschutzrechtliche Vorgaben auszeichnet, lassen sich aus diesen internationalen Erfahrungen zahlreiche Lehren ziehen. Die folgenden Lessons Learned und Empfehlungen bieten eine Grundlage, um bestehende Ansätze weiterzuentwickeln und zukunftsorientierte Strategien zu etablieren.

5.4.1 Internationale Ansätze zur Förderung von Transparenz im Gesundheitswesen: Lessons Learned und Impulse für Deutschland

Die Analyse internationaler Ansätze zur Förderung von Transparenz im Gesundheitswesen zeigt ein breites Spektrum an Strategien und Maßnahmen, die auf die spezifischen Bedürfnisse und Rahmenbedingungen einzelner Länder abgestimmt sind. Jedes Gesundheitssystem hat dabei einzigartige Stärken entwickelt, die sowohl technologische Innovationen als auch organisatorische und regulatorische Maßnahmen umfassen.

Von der Digitalisierung und Datenintegration in Ländern wie Estland und Dänemark (Hyppönen et al., 2019; Christensen & Vrangbæk, 2018) bis zur Förderung der Patientenautonomie und Qualitätsberichten in den USA, Kanada und den Niederlanden (Veillard et al., 2015; Campanella et al., 2016) – die internationalen Beispiele verdeutlichen, wie verschiedenartig Transparenz im Gesundheitswesen interpretiert und umgesetzt werden kann. Auch Österreich und Finnland legen einen besonderen Schwerpunkt auf Gesundheitskompetenz und Prävention, während der NHS im Vereinigten Königreich mit seinen nationalen Transparenzstandards und öffentlichen Berichten ein Beispiel für systematische Qualitätssicherung darstellt (NHS Digital, 2021).

5.4.1.1 Deutschland: Das DRG-System als Transparenzmodell

Das 2003 in Deutschland eingeführte DRG-System *(Diagnosis Related Groups)* stellt ein wegweisendes Transparenzmodell im Gesundheitswesen dar. Es dient als Grundlage für die standardisierte Kategorisierung medizinischer Leistungen und hat maßgeblich dazu beigetragen, die Transparenz in der Krankenhausfinanzierung zu erhöhen. Indem Leistungen nach festgelegten Kriterien in Fallpauschalen unterteilt werden, bietet das DRG-System eine klare und vergleichbare Grundlage für die Vergütung stationärer Behandlungen. Dies hat nicht nur die Effizienz und Ressourcensteuerung verbessert, sondern auch eine einheitliche Dokumentation und Vergleichbarkeit zwischen Leistungserbringern ermöglicht (Milstein & Schreyögg, 2020).

Vorteile und Fortschritte durch das DRG-System

Das DRG-System hat entscheidend dazu beigetragen, die Transparenz im deutschen Gesundheitswesen zu fördern. Leistungserbringer können ihre Aktivitäten anhand standardisierter Kategorien vergleichen, was die betriebliche Planung und das Kostenmanagement erheblich erleichtert. Zusätzlich wurde durch die systematische Dokumentation eine wertvolle Datenbasis für wissenschaftliche Analysen und politische Entscheidungen geschaffen. Studien zeigen, dass die Einführung des DRG-Systems eine stärkere Kontrolle der Ausgaben und eine effizientere Ressourcenverteilung ermöglicht hat (Busse & Blümel, 2014).

Durch seine Struktur bietet das DRG-System nicht nur Einblicke in die Kosten einzelner Behandlungen, sondern erlaubt auch die Identifikation von Effizienzpotenzialen. Es stärkt die Transparenz für politische Entscheidungsträger, Leistungserbringer und Kostenträger, da es die Grundlage für den Vergleich von Krankenhausleistungen auf nationaler Ebene bildet.

Herausforderungen und Schwachstellen

Trotz seiner Vorteile zeigt das DRG-System auch Schwachstellen, die das Modell in der Praxis einschränken. Ein zentrales Problem liegt in den Fehlanreizen, die durch den Fokus auf Fallzahlen entstehen. Krankenhäuser haben finanzielle Anreize, die Anzahl der Behandlungsfälle zu erhöhen, was teilweise zur Durchführung medizinisch fragwürdiger oder unnötiger Eingriffe führen kann (Stargardt et al., 2014). Dies stellt die Ergebnisqualität – also den langfristigen Behandlungserfolg und die Patientenzufriedenheit – in den Hintergrund.

Ein weiteres Problem betrifft die Investitionsfinanzierung. Da die Bundesländer für die Finanzierung der Krankenhausinfrastruktur zuständig sind, diese Mittel jedoch häufig unzureichend bereitgestellt werden, müssen Krankenhäuser ihre Investitionen oft aus den Fallpauschalen decken. Dies erhöht den wirtschaftlichen Druck auf die Einrichtungen und kann zu einer Vernachlässigung struktureller Verbesserungen führen (Beivers & Emde, 2020).

Fazit

Das DRG-System hat sich seit seiner Einführung im Jahr 2003 als wichtiges Transparenzmodell im deutschen Gesundheitswesen etabliert. Durch die standardisierte Kategorisierung medizinischer Leistungen hat es die Vergleichbarkeit und Effizienz in der Krankenhausfinanzierung erheblich verbessert. Leistungserbringer, politische Entscheidungsträger und Kostenträger profitieren von einer einheitlichen Dokumentation, die eine bessere Planung und Steuerung ermöglicht.

Allerdings bringt das System auch Herausforderungen mit sich. Finanzielle Fehlanreize können zu einer höheren Fallzahl medizinisch fragwürdiger Eingriffe führen, während die unzureichende Investitionsfinanzierung durch die Bundesländer die wirtschaftliche Belastung der Krankenhäuser verstärkt. Trotz dieser Schwachstellen bleibt das DRG-System ein zentraler Bestandteil der deutschen Krankenhausfinanzierung und ein bedeutendes Instrument zur Förderung von Transparenz und Effizienz.

5.4.1.2 Österreich: Stärkung der Gesundheitskompetenz

Österreich hat durch die konsequente Förderung der Gesundheitskompetenz eine zentrale Säule zur Verbesserung von Transparenz und Patientenorientierung im Gesundheitswesen etabliert. Gesundheitskompetenz umfasst nicht nur die Fähigkeit, Gesundheitsinformationen zu verstehen, sondern auch, diese in effektive Entscheidungen umzusetzen. Dieses Konzept ist essenziell, um die Autonomie der Patienten zu stärken und die Effizienz des Gesundheitssystems zu erhöhen (Griebler et al., 2022).

Fortschritte durch Patientennavigation und Informationsaufbereitung
Ein Vorzeigebeispiel für die österreichische Strategie ist die Einführung von Programmen zur Patientennavigation. Diese Programme helfen Patienten, sich im oft komplexen Gesundheitssystem zurechtzufinden, indem sie klare, verständliche Informationen über Versorgungsstrukturen und Behandlungsoptionen bereitstellen. Studien zeigen, dass diese Navigationshilfen nicht nur die Entscheidungsfähigkeit der Patienten stärken, sondern auch die Effizienz des Systems verbessern, indem unnötige Doppeluntersuchungen und Überweisungen vermieden werden (Pelikan et al., 2020).

Darüber hinaus hat Österreich Initiativen ins Leben gerufen, die sich auf die Schulung von Gesundheitsdienstleistern konzentrieren, um die Kommunikation mit Patienten zu verbessern. Dies schließt die Bereitstellung von Leitfäden und digitalen Tools ein, die es Patienten ermöglichen, Gesundheitsinformationen leicht zugänglich und verständlich abzurufen. Solche Maßnahmen tragen zur Reduktion von Informationsasymmetrien zwischen Patienten und Leistungserbringern bei, was das Vertrauen und die Zufriedenheit der Patienten erhöht (Sørensen et al., 2013).

Herausforderungen bei der Umsetzung
Trotz der Fortschritte steht Österreich vor Herausforderungen bei der umfassenden Verankerung von Gesundheitskompetenz im gesamten System. Ein zentrales Hindernis ist die heterogene Informationslandschaft, die für Patienten oft schwer durchschaubar ist. Die Integration von Informationen über verschiedene Versorgungsebenen hinweg bleibt ein kritischer Punkt, der weiterer Aufmerksamkeit bedarf (Pelikan et al., 2020).

Zudem erfordert die Förderung von Gesundheitskompetenz eine erhebliche Investition in Bildungsprogramme für sowohl Patienten als auch Gesundheitsdienstleister. Ohne eine langfristige Finanzierung besteht die Gefahr, dass diese Initiativen nicht nachhaltig implementiert werden können.

Internationale Relevanz und Übertragbarkeit
Österreichs Ansatz verdeutlicht, dass Gesundheitskompetenz ein zentraler Bestandteil transparenter Gesundheitssysteme ist. Länder wie Deutschland können von den österreichischen Erfahrungen profitieren, indem sie ähnliche Programme zur Patientennavigation entwickeln und die Schulung von Gesundheitsdienstleistern intensivieren. Darüber hinaus bietet die österreichische Strategie wertvolle Einblicke in die Bedeutung einer zielgruppenspezifischen Kommunikation, die auf die Diversität der Bevölkerung eingeht.

Fazit

Die Förderung der Gesundheitskompetenz in **Österreich** zeigt, dass Transparenz nicht nur durch technologische Innovationen, sondern auch durch gezielte Bildungs- und Kommunikationsstrategien erreicht werden kann. Die Stärkung der Patientenautonomie und die Verbesserung der Interaktion zwischen Patienten und Leistungserbringern sind wesentliche Schritte, um ein patientenzentriertes und transparentes Gesundheitssystem zu schaffen. Für andere Länder liegt in der Nachahmung dieser Strategien ein großes Potenzial, die Effektivität und Akzeptanz ihrer Gesundheitssysteme zu steigern.

5.4.1.3 Estland: Pionier der Blockchain-Technologie im Gesundheitswesen

Estland hat sich als eines der innovativsten Länder im Bereich der Gesundheitsdigitalisierung etabliert. Mit dem Einsatz von Blockchain-Technologie in seinem E-Health-System hat Estland neue Maßstäbe für die Sicherheit, Transparenz und Effizienz im Gesundheitswesen gesetzt. Seit der Einführung landesweiter E-Health-Lösungen im Jahr 2008 können 99 % der Bevölkerung auf ihre Gesundheitsdaten zugreifen und diese sicher verwalten. Die Blockchain-Technologie sorgt dabei für eine manipulationssichere Speicherung und ermöglicht es den Bürgern, den Zugriff auf ihre Daten zu kontrollieren und nachzuvollziehen (Hyppönen et al., 2019).

Fortschritte durch Blockchain und digitale Lösungen

Ein wesentlicher Vorteil des estnischen Modells ist die nahtlose Integration digitaler Gesundheitsdienste in das tägliche Leben der Bürger. Elektronische Rezepte, digitale Arzttermine und der Austausch medizinischer Daten zwischen Leistungserbringern sind über ein zentrales Portal problemlos möglich. Diese Digitalisierung hat nicht nur die Transparenz gefördert, sondern auch die Effizienz der Gesundheitsversorgung erheblich gesteigert. Studien zeigen, dass die Implementierung von Blockchain-Technologie das Vertrauen der Bevölkerung in digitale Gesundheitslösungen nachhaltig gestärkt hat (Hyppönen et al., 2019).

Herausforderungen und Übertragbarkeit

Trotz seiner Vorreiterrolle steht Estland vor Herausforderungen, insbesondere im Bereich der langfristigen Finanzierung und der Skalierbarkeit seiner Systeme. Die Implementierung moderner Technologien erfordert erhebliche Investitionen in die IT-Infrastruktur und die kontinuierliche Weiterbildung von Fachkräften. Länder wie Deutschland können von Estlands Modell lernen, sollten jedoch die hohen Kosten und die Notwendigkeit eines unterstützenden rechtlichen Rahmens berücksichtigen.

5.4.1.4 Dänemark: Einheitliche IT-Standards für mehr Transparenz

Dänemark verfolgt seit Jahrzehnten eine umfassende Digitalisierungsstrategie im Gesundheitswesen. Ein herausragendes Merkmal ist das nationale Patientenportal *Sundhed.dk*, das als zentrale Plattform für den Zugang zu Gesundheitsinformationen dient. Alle Bürger können über diese Plattform auf ihre elektronischen Patientenakten zugreifen und Behandlungsverläufe, Labordaten sowie Medikationspläne einsehen. Seit 2004 sind alle

Hausärzte gesetzlich verpflichtet, elektronische Patientenakten zu nutzen, was die Einführung einheitlicher IT-Standards und den reibungslosen Datenaustausch erheblich gefördert hat (Christensen & Vrangbæk, 2018).

Fortschritte durch gesetzliche Vorgaben und zentrale Systeme
Die verpflichtende Nutzung von *Sundhed.dk* hat die Transparenz im dänischen Gesundheitswesen erheblich verbessert. Patienten haben die Möglichkeit, nicht nur ihre eigenen Daten einzusehen, sondern auch festzustellen, welche Personen auf ihre Informationen zugegriffen haben. Diese Funktion hat das Vertrauen in das Gesundheitssystem gestärkt und die Akzeptanz digitaler Lösungen erhöht. Dänemark hat zudem bewiesen, dass zentrale IT-Standards den Austausch zwischen verschiedenen Akteuren des Gesundheitssystems erheblich erleichtern können (Jensen & Thorseng, 2017).

Herausforderungen und Lehren für andere Länder
Dänemarks Erfolg basiert auf klaren gesetzlichen Vorgaben, einer langfristigen Digitalisierungsstrategie und einer hohen Akzeptanz digitaler Technologien in der Bevölkerung. Für Deutschland könnte Dänemark als Modell dienen, insbesondere bei der Standardisierung von IT-Systemen und der Einführung zentraler Plattformen. Jedoch erfordert die Umsetzung eine enge Zusammenarbeit zwischen politischen Akteuren, Leistungserbringern und Technologieanbietern.

Fazit

Sowohl **Estland** als auch **Dänemark** zeigen, dass technologische Innovationen ein Schlüsselfaktor für Transparenz und Effizienz im Gesundheitswesen sind. Während Estland mit Blockchain-Technologie neue Sicherheitsstandards setzt, bietet Dänemark ein Modell für die Integration zentraler IT-Standards und Plattformen. Beide Länder verdeutlichen, dass technologische Fortschritte nur dann erfolgreich umgesetzt werden können, wenn sie durch klare gesetzliche Vorgaben und ein hohes Maß an Akzeptanz in der Bevölkerung begleitet werden.

5.4.1.5 Schweden: Patientenzentrierte Versorgung

Schweden gehört zu den führenden Ländern im Bereich der patientenzentrierten Gesundheitsversorgung und hat durch eine konsequente Digitalisierung sowie den gezielten Einsatz von E-Health-Technologien hohe Standards in Transparenz und Versorgungsqualität etabliert. Die Implementierung digitaler Gesundheitsplattformen und elektronischer Patientenakten ermöglicht eine nahtlose Vernetzung zwischen Patienten, Leistungserbringern und Verwaltung.

Insbesondere der transparente Zugang zu Gesundheitsinformationen trägt dazu bei, die Patientenautonomie zu stärken und die Effizienz im Gesundheitswesen nachhaltig zu verbessern. Die Integration digitaler Lösungen wie Patientenportale oder KI-gestützter Gesundheitsdienste erhöht nicht nur die Nachvollziehbarkeit medizinischer Entscheidungen, sondern fördert auch die aktive Einbindung der Patienten in ihre Versorgung (Hägglund & Scandurra, 2022).

Transparenz und nationale Qualitätsregister

Ein zentraler Bestandteil des schwedischen Gesundheitssystems ist die Förderung von Transparenz durch detaillierte Qualitätsberichte und nationale Qualitätsregister. Institutionen wie die Swedish Agency for Health and Care Services Analysis *(Vårdanalys)* veröffentlichen regelmäßig Berichte, die Behandlungsergebnisse, Patientenzufriedenheit und Prozessqualität dokumentieren. Diese Berichte unterstützen Patienten bei fundierten Entscheidungen und motivieren Leistungserbringer, die Qualität ihrer Leistungen zu verbessern (Vårdanalys, 2023).

Besonders hervorzuheben sind die über hundert nationalen Qualitätsregister, die detaillierte Daten zu einer Vielzahl von Erkrankungen und Behandlungsprozessen bereitstellen. Ein Beispiel ist das Herzinfarktregister SWEDEHEART, das signifikant zur Optimierung der kardiologischen Versorgung beigetragen hat (Pelikan et al., 2020).

E-Health und digitale Patientenautonomie

Schweden hat frühzeitig das Potenzial digitaler Technologien für die Gesundheitsversorgung erkannt und diese konsequent in bestehende Strukturen integriert. Elektronische Patientenakten sind flächendeckend implementiert und ermöglichen es Patienten, ihre Gesundheitsdaten einzusehen, Termine zu vereinbaren und aktiv an Behandlungsentscheidungen mitzuwirken.

Ein zentrales Element der digitalen Gesundheitsstrategie ist das nationale Gesundheitsportal *1177 Vårdguiden*, das eine zentrale Plattform für Gesundheitsinformationen und digitale medizinische Dienstleistungen darstellt. Über diese Plattform erhalten Bürgerinnen und Bürger direkten Zugang zu Gesundheitsberatungen, Rezeptverlängerungen und Telemedizin-Angeboten. Diese technologischen Innovationen tragen zur Förderung der Patientenautonomie bei und verbessern die Transparenz im schwedischen Gesundheitssystem (Johansson & Larsson, 2020).

Einsatz von künstlicher Intelligenz und Telemedizin

Neben E-Health-Lösungen fördert Schweden den Einsatz von künstlicher Intelligenz (KI) und Telemedizin, insbesondere in ländlichen Regionen. KI-basierte Technologien zur Analyse medizinischer Bilddaten helfen, Diagnosen zu beschleunigen und die Arbeitsbelastung von Fachkräften zu reduzieren. Gleichzeitig verbessern telemedizinische Angebote die Erreichbarkeit von Gesundheitsdiensten in unterversorgten Gebieten (Hyppönen et al., 2019).

Herausforderungen und Weiterentwicklung

Trotz der Erfolge sieht sich Schweden einigen Herausforderungen gegenüber. Datenschutz bleibt eine zentrale Aufgabe, da die Verarbeitung sensibler Gesundheitsdaten strenge Sicherheitsmaßnahmen und regelmäßige Überprüfungen erfordert. Gleichzeitig besteht ein Bedarf, die digitale Inklusion zu fördern, da ältere und sozial benachteiligte Bevölkerungsgruppen oft Schwierigkeiten haben, digitale Angebote effektiv zu nutzen (Pelikan et al., 2020).

Lehren für Deutschland

Das schwedische Modell bietet wertvolle Erkenntnisse für die Weiterentwicklung des deutschen Gesundheitssystems. Die breite Nutzung nationaler Qualitätsregister, die Förderung von E-Health-Plattformen und der gezielte Einsatz von KI und Telemedizin könnten auch in Deutschland die Versorgungsqualität verbessern. Datenschutz- und Inklusionsaspekte müssen jedoch von Beginn an berücksichtigt werden, um die Akzeptanz und Wirksamkeit solcher Maßnahmen sicherzustellen.

Fazit

Schweden demonstriert eindrucksvoll, wie Transparenz und digitale Innovationen eine patientenzentrierte Gesundheitsversorgung unterstützen können. Elektronische Patientenakten, nationale Qualitätsregister und innovative E-Health-Lösungen stärken die Patientenautonomie und tragen zur Verbesserung der Versorgungsqualität und Effizienz bei. Dieses Modell bietet wegweisende Ansätze für eine Modernisierung des deutschen Gesundheitssystems.

5.4.1.6 USA: Patientenorientierte Transparenz

Die USA haben mit der Einführung transparenzfördernder Plattformen wie *Medicare Compare* einen deutlichen Schwerpunkt auf die Patientenorientierung im Gesundheitswesen gelegt. Diese Plattform bietet umfassende Informationen zu Krankenhäusern, Pflegeeinrichtungen und Ärzten. Dabei werden Qualitätsindikatoren wie Sterblichkeitsraten, Infektionsraten und Patientenzufriedenheit erfasst und öffentlich zugänglich gemacht. Patienten können diese Daten nutzen, um fundierte Entscheidungen über ihre Gesundheitsversorgung zu treffen. Gleichzeitig fördert die Transparenz den Wettbewerb unter Leistungserbringern und schafft Anreize zur Verbesserung der Qualität (Centers for Medicare & Medicaid Services, 2022; Hibbard et al., 2005a, b).

Fortschritte durch patientenorientierte Plattformen

Medicare Compare und ähnliche Plattformen haben gezeigt, wie Transparenz das Vertrauen der Patienten stärken und die Autonomie fördern kann. Sie ermöglichen nicht nur den Vergleich der Versorgungsqualität, sondern bieten auch detaillierte Einblicke in die Leistungsfähigkeit verschiedener Anbieter. Dieser datenbasierte Ansatz hat in vielen Bereichen des US-amerikanischen Gesundheitssystems zu einer kontinuierlichen Qualitätssteigerung geführt. Zudem können Patienten durch diese Transparenzmaßnahmen ihre individuellen Präferenzen und Bedürfnisse besser in den Entscheidungsprozess einbringen (Hibbard et al., 2005a, b).

Herausforderungen und Ungleichheiten

Trotz dieser Fortschritte bestehen weiterhin Herausforderungen. Die Nutzung solcher Plattformen setzt digitale Kompetenz und Zugang zu Technologien voraus, was sozial benachteiligte Bevölkerungsgruppen oft ausschließt. Diese digitale Kluft verhindert, dass alle Patienten gleichermaßen von den Vorteilen der Transparenz profitieren können. Zudem sind die zugrunde liegenden Datenquellen nicht immer vollständig oder einheitlich, was die Vergleichbarkeit und Validität der Informationen beeinträchtigen kann (Centers for Medicare & Medicaid Services, 2022).

Lehren für Deutschland

Deutschland kann von den USA lernen, wie Transparenzplattformen genutzt werden können, um Patienten aktiv in den Entscheidungsprozess einzubinden und die Versorgungsqualität zu steigern. Eine Weiterentwicklung des ‚Bundes-Klinik-Atlas' könnte dazu beitragen, ähnliche Ergebnisse zu erzielen. Um jedoch soziale Ungleichheiten zu vermeiden, sollten digitale Plattformen barrierefrei gestaltet und mit umfassenden Bildungsprogrammen zur Förderung der Gesundheitskompetenz kombiniert werden.

Fazit

Die **USA** verdeutlichen, dass Transparenzplattformen eine wichtige Funktion bei der Stärkung der Patientenautonomie und der Sicherung der Qualität übernehmen können. Gleichzeitig wird deutlich, dass soziale und technologische Barrieren angegangen werden müssen, um die Vorteile solcher Maßnahmen für alle Bevölkerungsgruppen zugänglich zu machen.

5.4.1.7 Australien: Patientenzentrierte Versorgung – Lessons Learned

Australien hat ein innovatives Gesundheitssystem etabliert, das sich durch patientenzentrierte Ansätze und die Integration digitaler Technologien auszeichnet. Es bietet wichtige Lehren für Länder wie Deutschland, insbesondere hinsichtlich Transparenz, digitaler Infrastruktur und der Förderung von Telemedizin.

Transparenz und Qualitätsberichte

Transparenz spielt in Australien eine Schlüsselrolle in der Gesundheitsversorgung. Organisationen wie das Australian Institute of Health and Welfare (AIHW) veröffentlichen regelmäßig Berichte zu Gesundheitsindikatoren, darunter Patientenzufriedenheit, klinische

Ergebnisse und Sicherheitsstandards. Diese Berichte fördern nicht nur die Transparenz, sondern unterstützen auch politische und klinische Entscheidungen (AIHW, 2023). Ein bemerkenswertes Beispiel ist die Verknüpfung dieser Berichte mit dem My-Health-Record-System, einer zentralen Plattform für medizinische Daten. Diese Integration stärkt die Patientenautonomie und fördert eine koordinierte Versorgung (Australian Digital Health Agency, 2023).

Innovative E-Health-Lösungen

Das My-Health-Record-System hat durch die Zentralisierung von Patientenakten und die Erleichterung des Datenaustauschs zwischen verschiedenen Akteuren der Gesundheitsversorgung wesentlich zur Verbesserung der Kontinuität der Versorgung beigetragen. Zudem hat Australien den Einsatz von Telemedizin und künstlicher Intelligenz (KI) intensiviert, insbesondere in ländlichen und abgelegenen Regionen. Dies hat den Zugang zu Gesundheitsdiensten in strukturschwachen Gebieten erheblich verbessert und die Effizienz gesteigert (Byrne & Taylor, 2021).

Lehren für Deutschland

1. **Transparenz durch Berichte fördern:** Australien demonstriert, wie die Veröffentlichung detaillierter Gesundheitsberichte die Qualität der Versorgung verbessert. Deutschland könnte vergleichbare Berichtsformate einführen, um Transparenz und Wettbewerb zu stärken.
2. **Zentrale Plattformen nutzen:** Ein System wie ***My Health Record*** könnte die Fragmentierung im deutschen Gesundheitssystem überwinden und die Interoperabilität fördern.
3. **Telemedizin ausbauen:** Australien zeigt, wie digitale Technologien die Gesundheitsversorgung in strukturschwachen Regionen verbessern können – ein Ansatz, der in Deutschland insbesondere für ländliche Gebiete relevant ist.
4. **Digitale Inklusion sicherstellen:** Initiativen zur Förderung der digitalen Kompetenz und des Zugangs zu digitalen Gesundheitsdiensten sind essenziell, um alle Bevölkerungsgruppen zu erreichen.

Herausforderungen und Lösungen

Trotz der Erfolge liegen die Herausforderungen im Mittelpunkt. Datenschutzbedenken und die digitale Inklusion stellen weiterhin zentrale Aufgaben dar. Es ist entscheidend, die digitale Kompetenz in der Bevölkerung zu stärken und benachteiligte Gruppen besser einzubinden, um die Vorteile der Digitalisierung breit zugänglich zu machen (Digital Health Blueprint, 2023–2033).

Fazit

Australien liefert ein überzeugendes Beispiel für den Erfolg patientenzentrierter Ansätze durch Transparenz und digitale Innovation. Die Integration solcher Ansätze könnte das deutsche Gesundheitssystem modernisieren und gleichzeitig die Patientenautonomie und -zufriedenheit fördern.

5.4.1.8 Finnland: Präventionsorientiertes Gesundheitssystem

Finnland hat sich als Vorreiter im Bereich der präventionsorientierten Gesundheitsversorgung etabliert. Der Fokus des finnischen Gesundheitssystems liegt auf Prävention und Früherkennung, wodurch die Bevölkerung nicht nur besser informiert, sondern auch aktiv in die Erhaltung und Verbesserung ihrer Gesundheit eingebunden wird. Ein wesentlicher Bestandteil dieser Strategie sind nationale Gesundheitsregister, die eine systematische Überwachung von Gesundheitstrends ermöglichen und somit die Grundlage für eine evidenzbasierte Versorgung bilden (Hyppönen et al., 2019).

Nationales Gesundheitsregister als Schlüssel zur Transparenz

Die in Finnland etablierten Gesundheitsregister decken eine Vielzahl von Bereichen ab, darunter chronische Krankheiten, Geburten und psychische Gesundheit. Diese Register bieten umfassende und qualitativ hochwertige Daten, die nicht nur die Versorgungsqualität verbessern, sondern auch zur Planung und Umsetzung gesundheitspolitischer Maßnahmen genutzt werden können. Durch die Bereitstellung anonymisierter Daten für Forschung und Analysen werden zudem neue Erkenntnisse für die Weiterentwicklung des Gesundheitssystems gewonnen (OECD, 2022a, b).

Patientenautonomie und Prävention

Ein besonderes Merkmal des finnischen Modells ist die Betonung der Patientenautonomie. Bürger können über digitale Plattformen wie *Omakanta* auf ihre Gesundheitsdaten zugreifen, Rezepte einsehen und Informationen mit Gesundheitsdienstleistern teilen. Diese Transparenz stärkt das Vertrauen der Patienten und fördert die Eigenverantwortung für die Gesundheit. Zusätzlich haben Präventionsprogramme, wie regelmäßige Vorsorgeuntersuchungen und gezielte Screening-Initiativen, dazu beigetragen, die Krankheitslast in der Bevölkerung zu verringern (Koskinen et al., 2021a, b).

Herausforderungen und Potenziale

Trotz der Erfolge gibt es Herausforderungen, insbesondere im Bereich des Datenschutzes. Der Schutz sensibler Gesundheitsdaten und die Balance zwischen Transparenz und Privatsphäre bleiben zentrale Themen. Darüber hinaus erfordert die kontinuierliche Pflege und Aktualisierung der Gesundheitsregister erhebliche finanzielle und personelle Ressourcen, was eine langfristige strategische Planung notwendig macht (Hyppönen et al., 2019).

Lehren für Deutschland

Finnland zeigt, wie eine präventionsorientierte und datengestützte Gesundheitsstrategie Transparenz und Effizienz im Gesundheitssystem fördern kann. Für Deutschland bietet das finnische Modell wichtige Anregungen, insbesondere im Hinblick auf die Nutzung digitaler Gesundheitsplattformen und die Entwicklung nationaler Gesundheitsregister. Die Förderung präventiver Maßnahmen und die Bereitstellung transparenter, qualitativ hochwertiger Daten könnten dazu beitragen, die Gesundheitsversorgung in Deutschland nachhaltiger und patientenzentrierter zu gestalten.

Fazit

Finnland zeigt auf, dass ein Gesundheitssystem, das stark auf Prävention ausgerichtet ist, durch eine transparente Nutzung von Daten und die Einbindung der Patienten die Gesundheitsversorgung signifikant verbessern kann. Deutschland kann von den finnischen Erfahrungen profitieren, indem es ähnliche Präventionsstrategien und Gesundheitsregister entwickelt und diese mit digitalen Lösungen kombiniert.

5.4.1.9 Kanada: Förderung der Qualität durch Integration

Kanada zählt zu den führenden Nationen im Bereich der Qualitätssicherung und Transparenz im Gesundheitswesen. Mit der Einführung von Plattformen wie *Health Quality Ontario* und der Arbeit des *Canadian Institute for Health Information* (CIHI) verfolgt Kanada eine patientenzentrierte Strategie zur Förderung von Transparenz und Qualität. Diese Ansätze verbinden nationale Standards mit regionalen Anforderungen, um die Qualität der Versorgung zu verbessern und Transparenz sowohl für Patienten als auch für Leistungserbringer zu schaffen (Canadian Institute for Health Information, 2022).

Qualitätsberichte und Datenintegration

Eine Kernstrategie des kanadischen Modells ist die Veröffentlichung transparenter Qualitätsberichte, die Kennzahlen wie Wartezeiten, Patientensicherheit und Behandlungsergebnisse umfassen. Plattformen wie *Your Health System* vom CIHI bieten umfassende Daten und ermöglichen Patienten, die Leistung verschiedener Gesundheitseinrichtungen zu vergleichen. Diese Berichte dienen als Grundlage für fundierte Entscheidungen sowohl auf Patienten- als auch auf politischer Ebene. Die Daten werden aus verschiedenen Quellen wie Krankenhäusern, ambulanten Einrichtungen und Langzeitpflegeeinrichtungen integriert und analysiert, um umfassende Einblicke in die Versorgungsqualität zu liefern (Canadian Institute for Health Information, 2022).

Regionale Anpassung und nationale Integration

Ein zentraler Erfolgsfaktor des kanadischen Ansatzes ist die regionale Anpassung von Maßnahmen. Aufgrund der föderalen Struktur Kanadas unterscheiden sich die Anforderungen und Ressourcen zwischen den Provinzen erheblich. Organisationen wie *Health Quality Ontario* fördern regionalspezifische Ansätze, die auf nationalen Qualitätsstandards basieren. Dies ermöglicht eine Balance zwischen lokaler Relevanz und übergeordneten nationalen Zielen (Health Quality Ontario, 2022).

Herausforderungen und Chancen

Trotz der Erfolge sieht sich Kanada Herausforderungen gegenüber. Die Integration von Daten aus unterschiedlichen Systemen ist komplex und erfordert erhebliche finanzielle und personelle Ressourcen. Zudem bestehen Unterschiede im Zugang zu Gesundheitsinformationen, insbesondere in abgelegenen Regionen. Diese Probleme zeigen die Notwendigkeit weiterer Maßnahmen zur Förderung der digitalen Inklusion (OECD, 2022a, b).

Lehren für Deutschland

Das kanadische Modell verdeutlicht, dass die Verknüpfung nationaler Strategien mit regionalen Bedürfnissen entscheidend für den Erfolg von Transparenzinitiativen ist. Deutschland könnte von diesem Ansatz profitieren, indem es nationale Plattformen wie den ‚Bundes-Klinik-Atlas' durch regionale Anpassungen ergänzt und Qualitätsberichte stärker in die Versorgungssteuerung integriert. Die Förderung der Datenintegration und die Berücksichtigung lokaler Gegebenheiten könnten die Transparenz und Qualität im deutschen Gesundheitssystem nachhaltig verbessern.

Fazit

Kanada zeigt, wie durch die Kombination nationaler Qualitätsstandards, regionaler Anpassungen und transparenter Berichterstattung die Gesundheitsversorgung nachhaltig verbessert werden kann. Die deutsche Gesundheitsversorgung könnte durch die Adaption dieses Modells, insbesondere durch die stärkere Berücksichtigung regionaler Unterschiede und die Integration umfassender Qualitätsberichte, erheblich profitieren.

5.4.1.10 Niederlande: Patientenzentrierte Versorgung

Die Niederlande zählen zu den Vorreitern in der patientenzentrierten Versorgung und Transparenz im Gesundheitswesen. Durch öffentlich zugängliche Qualitätsberichte und den innovativen Einsatz von E-Health-Lösungen haben sie ein System geschaffen, das Transparenz fördert, die Entscheidungsfähigkeit der Patienten stärkt und gleichzeitig die Qualität der Versorgung kontinuierlich verbessert (Schäfer et al., 2018a, b).

Öffentlich zugängliche Qualitätsberichte

Ein zentraler Bestandteil der niederländischen Strategie ist die Veröffentlichung von Qualitätsberichten, die detaillierte Informationen zu Leistungserbringern und Versorgungsqualität enthalten. Diese Berichte umfassen Indikatoren wie Patientenzufriedenheit, Behandlungsergebnisse und Sicherheitsstandards. Sie dienen Patienten als Entscheidungsgrundlage und ermöglichen einen transparenten Vergleich von Leistungserbringern. Gleichzeitig schaffen sie Anreize für Krankenhäuser und Ärzte, ihre Dienstleistungen zu optimieren (van der Meer & Nouwt, 2011).

Die Qualitätsberichte werden durch unabhängige Institutionen wie das *Dutch Institute for Clinical Auditing* (DICA) erstellt und regelmäßig aktualisiert. Diese Transparenz stärkt nicht nur das Vertrauen der Patienten in das Gesundheitssystem, sondern fördert auch den Wettbewerb zwischen Leistungserbringern, was sich positiv auf die Qualität der Versorgung auswirkt (Schäfer et al., 2018a, b).

Innovative E-Health-Lösungen

Die Niederlande sind für ihren innovativen Einsatz von E-Health-Technologien bekannt. Elektronische Patientenakten (ePA) und digitale Plattformen ermöglichen es Patienten, ihre Gesundheitsdaten einzusehen, Termine zu vereinbaren und Behandlungsoptionen zu vergleichen. Solche Lösungen fördern nicht nur die Autonomie der Patienten, sondern auch die Effizienz des Gesundheitssystems. Die Plattform *MijnGezondheid.net* ist ein prominentes Beispiel, das Patienten einfachen Zugriff auf ihre medizinischen Daten und Kommunikation mit Leistungserbringern bietet (Schäfer et al., 2018a, b).

Ferner hat das niederländische Gesundheitssystem Pilotprojekte im Bereich der Telemedizin und der KI-gestützten Diagnose durchgeführt, die darauf abzielen, die Zugänglichkeit und Qualität der Versorgung weiter zu verbessern (van der Meer & Nouwt, 2011).

Herausforderungen und Chancen

Trotz dieser Erfolge gibt es auch Herausforderungen. Der Datenschutz bleibt ein sensibles Thema, insbesondere im Zusammenhang mit der Nutzung und Weitergabe sensibler Gesundheitsdaten. Zudem besteht eine gewisse digitale Kluft, da nicht alle Bevölkerungsgruppen gleichermaßen Zugang zu E-Health-Lösungen haben oder diese nutzen können (van der Meer & Nouwt, 2011).

Lehren für Deutschland

Das niederländische Modell zeigt, wie die Kombination aus Transparenz, E-Health-Innovationen und patientenzentrierter Versorgung zu einer höheren Versorgungsqualität führen kann. Deutschland könnte von diesem Ansatz profitieren, indem es digitale Gesundheitslösungen stärker integriert und Qualitätsberichte breiter zugänglich macht. Die Förderung des Wettbewerbs durch Transparenz und die Stärkung der Patientenautonomie sind zentrale Elemente, die das deutsche Gesundheitssystem weiterentwickeln könnten.

Fazit

Die **Niederlande** demonstrieren, wie eine patientenzentrierte Versorgung und der Einsatz moderner Technologien die Transparenz und Qualität im Gesundheitswesen fördern können. Für Deutschland bietet das niederländische Modell wertvolle Einblicke, insbesondere in Bezug auf die Integration von E-Health-Lösungen und die Veröffentlichung transparenter Qualitätsberichte.

5.4.1.11 Vereinigtes Königreich: Nationale Transparenzstandards

Das Gesundheitssystem des Vereinigten Königreichs, insbesondere der National Health Service (NHS), gilt als Vorreiter bei der Etablierung nationaler Transparenzstandards. Der NHS zeichnet sich durch seine regelmäßige Veröffentlichung von Leistungs- und Qualitätsdaten aus, die für die Öffentlichkeit frei zugänglich sind. Diese Praxis hat das Vertrauen der Bevölkerung gestärkt und dient als Grundlage für die kontinuierliche Verbesserung der Gesundheitsversorgung.

Transparenz durch öffentliche Berichterstattung

Der NHS verfolgt einen systematischen Ansatz zur Förderung von Transparenz, indem er regelmäßig Berichte zu wichtigen Leistungskennzahlen veröffentlicht. Dazu gehören Wartezeiten in Notaufnahmen, Infektionsraten, Behandlungsergebnisse und Patientenzufriedenheit. Diese Daten werden auf Plattformen wie NHS Digital und NHS England zur Verfügung gestellt, um Patienten fundierte Entscheidungen über ihre Gesundheitsversorgung zu ermöglichen (*NHS Digital*, 2021). Die transparente Darstellung der Qualitätsindikatoren trägt dazu bei, systematische Schwächen zu identifizieren und gezielt Maßnahmen zur Verbesserung zu entwickeln (NHS England, 2022).

Qualitätsförderung durch Vergleichbarkeit

Die öffentlich zugänglichen Daten fördern nicht nur die Patientenautonomie, sondern schaffen auch einen Wettbewerb zwischen den Leistungserbringern. Krankenhäuser und andere Einrichtungen werden motiviert, ihre Leistungen zu optimieren, um in den Rankings besser abzuschneiden. Dies hat zu einer allgemeinen Steigerung der Versorgungsqualität geführt und gezeigt, dass Transparenz ein effektives Instrument zur Qualitätsförderung sein kann (Shekelle et al., 2020).

Initiativen zur Patientensicherheit

Zusätzlich zu den Leistungsberichten hat der NHS spezielle Initiativen zur Patientensicherheit ins Leben gerufen, wie die *NHS Patient Safety Strategy.* Diese Strategie kombiniert die öffentliche Berichterstattung mit Schulungen und technischen Innovationen, um Sicherheitsstandards zu verbessern und Risiken zu minimieren. Durch die Integration von

Sicherheitsindikatoren in die Transparenzstrategie wird die Gesundheitsversorgung nicht nur effektiver, sondern auch sicherer (NHS England, 2022).

Herausforderungen
Trotz dieser Fortschritte gibt es auch Herausforderungen. Die umfassende Datenerhebung und -veröffentlichung erfordert erhebliche personelle und finanzielle Ressourcen. Zudem besteht die Möglichkeit, dass Daten von Patienten oder Leistungserbringern fehlerhaft interpretiert werden, was zu Fehlinterpretationen oder unnötiger Besorgnis führen kann (*NHS Digital*, 2021).

Lehren für Deutschland
Das Vereinigte Königreich zeigt, wie eine zentrale, transparente Berichterstattung die Qualität und Effizienz im Gesundheitssystem verbessern kann. Deutschland könnte von der systematischen und regelmäßigen Veröffentlichung von Leistungsdaten profitieren, um die Transparenz und das Vertrauen in das Gesundheitssystem zu stärken. Eine zentrale Plattform wie MyNHS könnte deutschen Patienten helfen, informierte Entscheidungen zu treffen und gleichzeitig Leistungserbringern Anreize bieten, ihre Qualität stetig zu steigern.

Fazit

Der **NHS** demonstriert, wie nationale Transparenzstandards und regelmäßige Berichterstattung die Grundlage für ein effektives und patientenzentriertes Gesundheitssystem schaffen können. Für Deutschland bietet dieses Modell wertvolle Einblicke, insbesondere im Hinblick auf die Einführung zentralisierter Plattformen und die Verknüpfung von Transparenz mit Qualitätsförderung.

5.4.1.12 Zusammenfassung der zentralen Erkenntnisse

Die Analyse internationaler Ansätze zeigt, dass erfolgreiche Transparenzinitiativen auf einer integrativen Kombination aus technologischer Innovation, klaren gesetzlichen Rahmenbedingungen und aktiver Patientenbeteiligung beruhen. Diese Faktoren bilden die Grundlage für eine evidenzbasierte, effiziente und patientenzentrierte Gesundheitsversorgung.

Die Erfahrungen aus Ländern wie **Estland, Dänemark** und **Schweden** unterstreichen die transformative Kraft technologischer Fortschritte, insbesondere durch den Einsatz elektronischer Patientenakten, Blockchain-Lösungen und nationaler Qualitätsregister. Diese Technologien haben die Transparenz gefördert und gleichzeitig die Effizienz und Qualität der Versorgung nachhaltig verbessert. Im Gegensatz dazu verdeutlichen die Beispiele aus den **USA** und **Australien** die zentrale Rolle von Patientenorientierung und der Integration von Qualitätsdaten in digitale Plattformen. Diese Ansätze haben das Vertrauen der Patienten gestärkt und die Entscheidungsfindung auf Grundlage fundierter Informationen ermöglicht.

Die Vielfalt der Ansätze verdeutlicht, dass Transparenz kein allgemeingültiges Konzept darstellt, sondern an die politischen, kulturellen und technologischen Gegebenheiten eines Landes angepasst werden muss. Transparenz ist nicht nur ein eigenständiges Ziel, sondern ein wesentlicher Katalysator für Qualitätsverbesserung, Effizienzsteigerung und die Stärkung des Vertrauens in das Gesundheitssystem.

Die internationalen Lehren verdeutlichen, dass Transparenz im Gesundheitswesen ein dynamisches und multidimensionales Konzept ist. Es erfordert ein Zusammenspiel aus technologischem Fortschritt, regulatorischer Unterstützung, organisatorischer Anpassung und einer tief verankerten Patientenorientierung. Transparenz sollte nicht isoliert betrachtet werden, sondern als integraler Bestandteil einer modernen, nachhaltigen Gesundheitsversorgung fungieren.

Für Deutschland lassen sich daraus klare Handlungsempfehlungen ableiten. Diese umfassen die Förderung einer interoperablen digitalen Infrastruktur, die Stärkung der Gesundheitskompetenz der Patienten und eine engere Zusammenarbeit aller relevanten Akteure im föderalen Gesundheitssystem. Datenschutzbedenken müssen dabei ernst genommen und in Einklang mit einer zunehmenden Digitalisierung gelöst werden. Gleichzeitig muss die Fragmentierung des Systems durch stärkere Standardisierung und Kooperation überwunden werden.

Abschließend zeigt die internationale Perspektive, dass Transparenz nicht nur ein Kontrollinstrument ist, sondern eine treibende Kraft für Innovation, Vertrauen und Qualität im Gesundheitswesen darstellen kann. Im folgenden Abschnitt werden praxisorientierte Empfehlungen formuliert, die auf den Best Practices basieren und auf die spezifischen Anforderungen des deutschen Gesundheitssystems zugeschnitten sind.

5.4.2 Empfehlungen für die Praxis

Die Analyse internationaler Transparenzmaßnahmen hat gezeigt, dass es keine universelle Lösung gibt, um Transparenz im Gesundheitswesen zu fördern. Stattdessen erfordert jede Strategie eine Anpassung an die spezifischen politischen, kulturellen und technologischen Rahmenbedingungen eines Landes. Gleichzeitig bieten die Erfahrungen aus Ländern wie Estland, Dänemark, Schweden und Australien wertvolle Einblicke in bewährte Ansätze, die auch auf Deutschland übertragbar sind.

In diesem Abschnitt werden konkrete Empfehlungen formuliert, die auf den zentralen Erkenntnissen der internationalen Best Practices basieren und auf die besonderen Herausforderungen des deutschen Gesundheitssystems zugeschnitten sind. Diese Empfehlungen zielen darauf ab, Transparenz als treibende Kraft für Innovation, Qualität und Vertrauen im Gesundheitswesen zu etablieren und die Patientenorientierung sowie die Effizienz der Versorgung nachhaltig zu verbessern. Sie adressieren zentrale Handlungsfelder wie die Integration von Ergebnisqualität, Investitionen in Digitalisierung, die Förderung der Gesundheitskompetenz und die Einbindung aller relevanten Akteure.

Durch eine Kombination aus methodischen Ansätzen, technologischen Innovationen und organisatorischen Maßnahmen können Transparenzstrategien nicht nur effektiv umgesetzt, sondern auch langfristig gesichert werden. Die folgenden Empfehlungen bieten eine praxisorientierte Grundlage, um die Qualität und Gerechtigkeit im deutschen Gesundheitswesen zu fördern.

5.4.2.1 Integration von Ergebnisqualität

Die Erfahrungen mit dem DRG-System in Deutschland (Diagnosis Related Groups) zeigen, dass Transparenzinitiativen nicht allein auf Prozessqualität und Kostenmanagement abzielen sollten. Das DRG-System hat wesentliche Fortschritte bei der Standardisierung der Krankenhausfinanzierung und der Vergleichbarkeit von Leistungen erzielt. Dennoch hat der starke Fokus auf Kosten und Fallzahlen zu Fehlanreizen geführt, darunter eine Erhöhung der Behandlungsfälle, die nicht immer mit einer verbesserten Ergebnisqualität einhergeht. Dieser Fokus auf Prozesskennzahlen hat häufig dazu geführt, dass Aspekte wie Patientensicherheit, Behandlungserfolge und langfristige Lebensqualität der Patienten vernachlässigt wurden (Beivers & Emde, 2020).

Die Einbindung von Ergebnisqualität in Transparenzinitiativen ist notwendig, um Fehlanreize zu reduzieren und die Gesundheitsversorgung patientenzentrierter zu gestalten. Ergebnisqualität umfasst sowohl objektive medizinische Ergebnisse wie Komplikationsraten und Mortalität als auch subjektive Faktoren wie Patientenzufriedenheit und die Verbesserung der Lebensqualität nach der Behandlung. Internationale Modelle, beispielsweise aus Schweden, haben gezeigt, dass Qualitätsregister, die detaillierte Ergebnisse erfassen und öffentlich zugänglich machen, eine evidenzbasierte Steuerung und Verbesserung der Versorgung ermöglichen (Anell et al., 2012; OECD, 2022a, b).

Ein erweiterter Vergütungsansatz, der Ergebnisqualität stärker berücksichtigt, könnte Fehlentwicklungen im deutschen Gesundheitssystem entgegenwirken. *Pay-for-Performance*-Modelle, die finanzielle Anreize für nachweislich gute Behandlungsergebnisse bieten, haben in Ländern wie den USA nachweislich die Qualität der Versorgung erhöht und gleichzeitig das Vertrauen der Patienten gestärkt (Shekelle et al., 2020). Diese Modelle fördern nicht nur die Versorgungsqualität, sondern auch den Wettbewerb zwischen Leistungserbringern, was sich positiv auf die Innovationsfähigkeit des Gesundheitssystems auswirkt.

Um die Integration von Ergebnisqualität in Deutschland zu fördern, sind jedoch einige Herausforderungen zu bewältigen. Eine entscheidende Voraussetzung ist die Weiterentwicklung bestehender Datenerhebungs- und Berichtssysteme, um valide und vergleichbare Indikatoren für Ergebnisqualität zu erstellen. Das Institut für Qualitätssicherung und Transparenz im Gesundheitswesen (IQTIG) könnte eine zentrale Rolle dabei spielen, einheitliche Standards für die Erfassung und Veröffentlichung dieser Daten zu entwickeln

(IQTIG, 2023a, b). Zudem ist eine engere Zusammenarbeit zwischen politischen Akteuren, Krankenhäusern und Kostenträgern erforderlich, um Fehlanreize zu vermeiden und eine gerechte Verteilung der Ressourcen sicherzustellen.

Die Erfahrungen aus Finnland unterstreichen, dass outcome-basierte Kennzahlen, insbesondere in der Langzeitversorgung und Prävention, entscheidend für eine evidenzbasierte Gesundheitssteuerung sind. Finnland hat gezeigt, dass die Integration von Ergebnisdaten in nationale Präventions- und Primärversorgungssysteme nicht nur die Transparenz, sondern auch die Effizienz des Gesundheitswesens steigern kann (Koskinen et al., 2021a, b). Ein innovativer Ansatz aus Finnland ist die Verknüpfung von Ergebnisdaten mit Kosteneffizienzstudien, die es ermöglichen, die Nachhaltigkeit und Wirkung von Gesundheitsmaßnahmen besser zu bewerten. Diese Methoden könnten in Deutschland dazu beitragen, Fehlanreize im DRG-System zu minimieren und gleichzeitig den Fokus auf patientenbezogene Ergebnisse und nachhaltige Versorgung zu legen.

Die Integration von Ergebnisqualität sollte als Kernstrategie in der Weiterentwicklung des deutschen Gesundheitssystems angesehen werden. Nur durch eine ganzheitliche Betrachtung der Versorgungsleistungen, die sowohl medizinische als auch patientenbezogene Ergebnisse einbezieht, kann eine nachhaltige Verbesserung der Gesundheitsversorgung erreicht und das Vertrauen der Patienten gestärkt werden. Die Lehren aus Schweden und Finnland zeigen, dass eine systematische Erhebung und Verknüpfung von Qualitäts- und Kostendaten entscheidend für die Förderung einer evidenzbasierten und nachhaltigen Gesundheitsversorgung ist.

5.4.2.2 Investitionen in Digitalisierung

Die Digitalisierung des Gesundheitswesens ist ein entscheidender Treiber für mehr Transparenz, Effizienz und Patientenorientierung. Länder wie Estland, Dänemark und die Niederlande haben eindrucksvoll gezeigt, wie moderne Technologien die Gesundheitsversorgung revolutionieren können. Elektronische Patientenakten, interoperable IT-Systeme und digitale Patientenportale bieten eine zentrale Grundlage für sektorenübergreifende Transparenz und ermöglichen eine optimierte Versorgungskette (OECD, 2022a, b).

Erfolgsmodelle aus Estland, Dänemark und den Niederlanden

In Estland hat die landesweite Einführung von E-Health-Systemen, kombiniert mit Blockchain-Technologie, sowohl die Sicherheit als auch die Integrität von Gesundheitsdaten gestärkt. Diese Technologien haben das Vertrauen der Bevölkerung in digitale Gesundheitslösungen erhöht und gleichzeitig die Patientensouveränität gefördert, indem sie den einfachen Zugang zu Gesundheitsinformationen ermöglichten (Priisalu & Ottis, 2017).

Dänemark punktet mit der verpflichtenden Nutzung elektronischer Patientenakten und Plattformen wie *Sundhed.dk*. Diese zentralisierten Lösungen garantieren einheitliche IT-Standards und fördern den sicheren Datenaustausch zwischen Leistungserbringern. Die dänische Strategie zeigt, wie technologische Standards sowohl Transparenz als auch die Effizienz des Systems verbessern können (Jensen & Thorseng, 2017).

Die **Niederlande** legen Wert auf die reibungslose Integration von E-Health-Plattformen in die herkömmliche Gesundheitsversorgung. Digitale Tools wie die *Personal Health Environment* (PHE) ermöglichen Patienten, ihre Gesundheitsdaten eigenständig zu verwalten und bei Bedarf mit Leistungserbringern zu teilen. Dieser Ansatz fördert nicht nur die Autonomie der Patienten, sondern verbessert auch den Zugang zu Gesundheitsinformationen und deren Nutzung im Versorgungskontext (OECD, 2022a, b).

Herausforderungen in Deutschland

In Deutschland sind die Einführung der elektronischen Patientenakte (ePA) und die Weiterentwicklung des ‚Bundes-Klinik-Atlas' wichtige Schritte in Richtung einer digitalen und transparenten Gesundheitsversorgung. Allerdings wird der Fortschritt durch die fragmentierte föderale Struktur und strikte Datenschutzauflagen verlangsamt. Es fehlt eine flächendeckende Infrastruktur, die eine Interoperabilität zwischen verschiedenen Akteuren und Systemen sicherstellt (IQTIG, 2023a, b).

Schlüsselstrategien für erfolgreiche Digitalisierung

Investitionen in Digitalisierung sollten jedoch nicht nur auf technische Infrastrukturen abzielen. Begleitende Schulungsprogramme für medizinisches Personal und Patienten sind essenziell, um die Akzeptanz und Nutzung digitaler Gesundheitsdienste zu fördern. Studien zeigen, dass digitale Gesundheitslösungen effektiver sind, wenn sie von den Anwendern aktiv genutzt und verstanden werden (Holt et al., 2023).

Herausforderungen und Handlungsempfehlungen

Für eine erfolgreiche Digitalisierung im deutschen Gesundheitssystem sind mehrere Faktoren entscheidend:

1. **Technische Innovation:** Aufbau einer interoperablen Infrastruktur, die den reibungslosen Datenaustausch ermöglicht.
2. **Klare gesetzliche Vorgaben:** Einführung verpflichtender Standards für IT-Systeme, wie in Dänemark erfolgreich umgesetzt.
3. **Nutzerzentrierte Lösungen:** Entwicklung patientenfreundlicher Tools, die den Zugang zu und die Nutzung von Gesundheitsdaten erleichtern.
4. **Schulungsprogramme:** Unterstützung medizinischer Fachkräfte und Patienten im Umgang mit digitalen Gesundheitsdiensten.
5. **Langfristige Finanzierung:** Bereitstellung staatlicher Mittel für digitale Innovationen und deren nachhaltige Implementierung.

Fazit

Die Digitalisierung des Gesundheitswesens bietet enormes Potenzial zur Verbesserung von Transparenz, Effizienz und Patientenorientierung. Die Erfahrungen aus Estland,

Dänemark, den Niederlanden und Australien zeigen, dass gezielte Investitionen in IT-Infrastrukturen, kombiniert mit Schulungen und klaren rechtlichen Rahmenbedingungen, den Erfolg digitaler Gesundheitslösungen sichern können. Deutschland sollte diese Erkenntnisse nutzen, um digitale Gesundheitsdienste flächendeckend auszubauen und das Vertrauen der Bevölkerung in technologische Innovationen zu stärken.

5.4.2.3 Förderung der Gesundheitskompetenz

Die Förderung der Gesundheitskompetenz ist ein zentraler Bestandteil der Transparenzförderung und essenziell, um Patienten in die Lage zu versetzen, informierte Entscheidungen über ihre Gesundheit zu treffen. Gesundheitskompetenz umfasst nicht nur das Verständnis von Gesundheitsinformationen, sondern auch die Fähigkeit, diese effektiv zu nutzen und in den Entscheidungsprozess einzubinden (Nutbeam, 2008).

Ein Vorzeigebeispiel für die Umsetzung solcher Strategien ist Österreich. Programme wie die Patientennavigation haben sich als effektive Werkzeuge erwiesen, um die Orientierung im Gesundheitssystem zu erleichtern. Diese Initiativen bieten klare und verständliche Informationen über Behandlungsoptionen und Versorgungsstrukturen und werden durch digitale Tools unterstützt. Studien zeigen, dass solche Maßnahmen nicht nur die Autonomie der Patienten stärken, sondern auch die Effizienz des gesamten Systems erhöhen (Dietscher & Nowak, 2020; Griese et al., 2020).

Ein weiteres Beispiel bietet Australien mit der Einführung des My Health Record. Diese digitale Plattform kombiniert den Zugang zu Gesundheitsinformationen mit Bildungsprogrammen, die den Patienten helfen, die Daten effektiv zu verstehen und in ihre Entscheidungen einzubeziehen. Diese Maßnahmen fördern nicht nur die Akzeptanz moderner Technologien, sondern erhöhen auch die Gesundheitskompetenz der Bevölkerung (Australian Commission on Safety and Quality in Health Care, 2023).

Auch in Österreich wurden innovative Ansätze entwickelt, wie personalisierte Entlassungsschreiben, die auf die Gesundheitskompetenz der Patienten zugeschnitten sind. Diese Ansätze haben nachweislich zu einer verbesserten Patientensicherheit und einem tieferen Verständnis der Gesundheitsinformationen geführt (Schwarz et al., 2024). Darüber hinaus zeigt die Forschung, dass die Implementierung gesundheitskompetenter Umgebungen, die auf die spezifischen Bedürfnisse verschiedener Bevölkerungsgruppen eingehen, die Transparenz und die Zugänglichkeit von Informationen erheblich verbessern kann (Gugglberger, 2022).

Herausforderungen und Handlungsempfehlungen

Die Förderung der Gesundheitskompetenz erfordert mehr als die Bereitstellung von Informationen. Begleitende Bildungsprogramme für Patienten und medizinisches Fachpersonal sind entscheidend, um das Verständnis für medizinische Sachverhalte zu vertiefen und gleichzeitig die Fähigkeit zur kritischen Bewertung von Informationen zu stärken. Diese

Bildungsmaßnahmen sollten eng mit digitalen Plattformen verknüpft sein, um den Zugang zu Gesundheitsinformationen zu erleichtern und ihre Nutzung zu fördern.

Die Stärkung der Gesundheitskompetenz ist eine unverzichtbare Grundlage für eine transparente, patientenzentrierte Gesundheitsversorgung. Deutschland sollte die Erkenntnisse aus Ländern wie Österreich und Australien nutzen, um bestehende Initiativen zu erweitern und neue Programme zu entwickeln, die den Zugang zu Gesundheitsinformationen erleichtern und die Autonomie der Patienten stärken.

5.4.2.4 Beteiligung aller Stakeholder

Die erfolgreiche Implementierung von Transparenzmaßnahmen im Gesundheitswesen erfordert die aktive Einbindung aller relevanten Akteure. Dazu zählen Patienten, Gesundheitsdienstleister, Versicherungen und politische Entscheidungsträger. Ein partizipativer Ansatz stellt sicher, dass Transparenzinitiativen praxisnah gestaltet werden und die unterschiedlichen Perspektiven und Bedürfnisse der beteiligten Gruppen berücksichtigt werden.

Patienten als aktive Partner

Patienten spielen eine wichtige Rolle, da sie sowohl Hauptadressaten als auch Nutznießer von Transparenzmaßnahmen sind. Ihre Einbindung geht über die Bereitstellung von Informationen hinaus und umfasst auch die aktive Mitgestaltung von Prozessen, beispielsweise durch Feedbacksysteme oder Vergleichsplattformen wie Medicare Compare in den USA. Solche Ansätze fördern nicht nur die Akzeptanz von Transparenzmaßnahmen, sondern stärken auch das Vertrauen in das Gesundheitssystem (Hibbard et al., 2005a, b). Kanada zeigt zudem durch mehrsprachige Informationskampagnen und digitale Plattformen, wie gezielte Maßnahmen die Diversität der Patientengruppen berücksichtigen können (CIHI, 2023).

Gesundheitsdienstleister und Versicherungen

Leistungserbringer wie Krankenhäuser, Ärzte und Versicherungen spielen eine Schlüsselrolle bei der Umsetzung von Transparenzmaßnahmen. Ihre Mitwirkung bei der Entwicklung und Nutzung von Qualitätsindikatoren und Benchmarking-Systemen ist notwendig, um sowohl die Datenqualität als auch die praktische Anwendbarkeit sicherzustellen. In Dänemark erleichtert die Zusammenarbeit zwischen Leistungserbringern und Behörden die Einführung zentraler IT-Systeme, was Transparenz und Effizienz des Systems erhöht (Christensen & Vrangbæk, 2018).

Politische Entscheidungsträger

Regierungen schaffen die gesetzlichen und regulatorischen Rahmenbedingungen, die Transparenzmaßnahmen ermöglichen. Klare Vorgaben, wie in Dänemark für die Nutzung elektronischer Patientenakten, bilden die Grundlage für eine effektive Implementierung.

Australien hat durch staatliche Unterstützung Programme wie My Health Record etabliert, die erfolgreich die Patientensouveränität stärken (Australian Commission on Safety and Quality in Health Care, 2023).

Interdisziplinäre Zusammenarbeit: Estlands Blockchain-Ansatz
Estland zeigt, wie die Integration moderner Technologien wie Blockchain Transparenz fördern kann. Blockchain sorgt für eine manipulationssichere Speicherung und ermöglicht es Patienten, den Zugriff auf ihre Daten zu kontrollieren. Dies hat nicht nur das Vertrauen in digitale Gesundheitslösungen gestärkt, sondern auch die Sicherheit der Gesundheitsdaten erhöht (Soares et al., 2023; Semenzen et al., 2022).

Vereinigtes Königreich: Einbindung aller Akteure im NHS-Modell
Das Vereinigte Königreich unterstreicht mit seinem NHS-Modell die Bedeutung der Einbindung aller Akteure. Die umfassenden Qualitäts- und Leistungsberichte des NHS, die in Zusammenarbeit mit Patientenvertretern und Gesundheitsdienstleistern erstellt werden, stärken die Akzeptanz und das Vertrauen in Transparenzmaßnahmen. Die systematische Einbindung zeigt, wie Akteure effektiv in die Entwicklung und Umsetzung von Transparenzstrategien integriert werden können (NHS Digital, 2021).

Fazit

Die Beteiligung aller Stakeholder ist ein unverzichtbarer Bestandteil erfolgreicher Transparenzstrategien. Nur durch enge Zusammenarbeit und den aktiven Austausch zwischen Patienten, Gesundheitsdienstleistern, Versicherungen und politischen Akteuren können Maßnahmen entwickelt werden, die sowohl effektiv als auch nachhaltig sind. Deutschland könnte von internationalen Vorbildern wie dem NHS oder den partizipativen Ansätzen in Kanada und Australien lernen, um die Mitwirkung aller Akteure bei der Entwicklung und Umsetzung von Transparenzinitiativen stärker zu fördern.

5.4.2.5 Regelmäßige Evaluation

Ein dynamisches und sich ständig wandelndes Gesundheitssystem benötigt kontinuierliche Überprüfungen, um sicherzustellen, dass Transparenzmaßnahmen wirksam und an aktuelle Herausforderungen angepasst sind. Regelmäßige Evaluationen dienen dabei nicht nur der Identifikation von Schwachstellen, sondern auch der gezielten Weiterentwicklung von Strategien zur Förderung von Transparenz und Qualität.

Bedeutung regelmäßiger Audits
Audits sind entscheidend für die Bewertung von Gesundheitsdienstleistungen. ermöglichen die systematische Überprüfung von Prozessen und Ergebnissen auf Basis objektiver Kriterien. Länder wie Schweden und Australien haben gezeigt, dass regelmäßige Audits nicht

nur die Qualitätssicherung fördern, sondern auch die Akzeptanz von Transparenzmaßnahmen bei Leistungserbringern und Patienten erhöhen können (Anell et al., 2012; Australian Commission on Safety and Quality in Health Care, 2023). Durch die Festlegung standardisierter Evaluationskriterien kann eine einheitliche Bewertung der Maßnahmen sichergestellt werden. Schweden hat hierbei mit seiner Praxis der kontinuierlichen Qualitätsverbesserung durch Audits, die regelmäßig durchgeführt und öffentlich zugänglich gemacht werden, hervorragende Ergebnisse erzielt (Anell et al., 2012).

Feedback-Mechanismen

Feedback von Patienten und Leistungserbringern ist ein essenzieller Bestandteil der regelmäßigen Evaluation. In Ländern wie den USA werden Patientenfeedback und Zufriedenheitsbewertungen systematisch erfasst und in Transparenzinitiativen integriert, beispielsweise über Plattformen wie *Medicare Compare.* Diese Rückmeldungen tragen dazu bei, die Maßnahmen patientenzentrierter zu gestalten und gezielt auf Bedürfnisse einzugehen (CMS, 2022). In Australien wird Feedback über die *My-Health-Record*-Plattform kontinuierlich gesammelt, um den Zugang zu Gesundheitsdaten und deren Nutzung durch Patienten und Gesundheitsdienstleister zu optimieren (Australian Commission on Safety and Quality in Health Care, 2023).

Benchmarking als Werkzeug

Benchmarking ermöglicht den Vergleich von Gesundheitsdienstleistern und hilft, Best Practices zu identifizieren. Länder wie Schweden nutzen Qualitätsregister, um evidenzbasierte Vergleiche zwischen Einrichtungen zu erstellen. Diese Vergleiche dienen nicht nur der Verbesserung der Qualität innerhalb von Einrichtungen, sondern fördern auch den Wettbewerb zwischen Leistungserbringern, was letztlich der Versorgung zugutekommt (Anell et al., 2012). Auch das Vereinigte Königreich setzt auf ähnliche Konzepte, bei denen die systematische Datenerhebung und der Vergleich von Krankenhausleistungen dazu beitragen, Qualität und Transparenz zu steigern (NHS Digital, 2021).

Flexibilität und Anpassung

Die Ergebnisse regelmäßiger Evaluationen bilden die Grundlage für Anpassungen der Transparenzmaßnahmen. Besonders in dynamischen Gesundheitssystemen wie dem deutschen ist es entscheidend, auf neue technologische, soziale und regulatorische Entwicklungen reagieren zu können. Die kontinuierliche Verbesserung von IT-Systemen durch regelmäßige Evaluation kann nicht nur die Sicherheit, sondern auch die Effizienz und Akzeptanz digitaler Gesundheitslösungen steigern (Bates & Singh, 2018). Diese Erkenntnisse sind besonders relevant für Deutschland, wo die Implementierung interoperabler IT-Systeme und digitaler Plattformen wie der elektronischen Patientenakte auf komplexe regulatorische und technische Herausforderungen trifft.

Langfristige Perspektive
Regelmäßige Evaluationen sind nicht nur eine kurzfristige Maßnahme zur Überprüfung aktueller Strategien, sondern ein langfristiger Ansatz, um Transparenzmaßnahmen nachhaltig zu verankern. Sie tragen dazu bei, die Akzeptanz der Maßnahmen zu erhöhen und das Vertrauen in das Gesundheitssystem zu stärken. Die Erfahrungen aus Ländern wie Australien und Schweden zeigen, dass die kontinuierliche Anpassung von Strategien entscheidend für deren Erfolg ist (Australian Commission on Safety and Quality in Health Care, 2023).

Die niederländische Praxis
Die Niederlande verdeutlichen die Bedeutung kontinuierlicher Evaluationen mit der jährlichen Veröffentlichung standardisierter Qualitäts- und Kostenberichte. Diese Berichterstattung wird öffentlich diskutiert und bildet die Grundlage für die kontinuierliche Anpassung von Maßnahmen, die nicht nur den Transparenzgrad erhöhen, sondern auch die Akzeptanz bei den Gesundheitsdienstleistern und der Bevölkerung stärken. Der transparente Umgang mit Daten fördert den Wettbewerb und ermöglicht es, Schwächen in der Versorgung schnell zu identifizieren und zu adressieren. Deutschland könnte von dieser Praxis profitieren, indem auch hier regelmäßig transparente Berichterstattung über die Qualität der Gesundheitsversorgung erfolgt.

Fazit

Regelmäßige Evaluationen stellen sicher, dass Transparenzmaßnahmen effektiv, aktuell und anpassungsfähig bleiben. Sie bieten die Möglichkeit, Stärken zu fördern, Schwächen zu adressieren und die kontinuierliche Verbesserung der Gesundheitsversorgung zu gewährleisten. Deutschland sollte von internationalen Vorbildern lernen und die systematische Evaluation als festen Bestandteil seiner Transparenzstrategie etablieren. Die kontinuierliche Evaluation und Anpassung der Maßnahmen sind entscheidend für den langfristigen Erfolg von Transparenzinitiativen und die nachhaltige Verbesserung der Patientenversorgung.

5.4.2.6 Nachhaltige Finanzierung

Eine nachhaltige Finanzierung ist ein essenzieller Baustein für die erfolgreiche Umsetzung von Transparenzmaßnahmen im Gesundheitswesen. Die Erfahrungen aus Deutschland zeigen, dass die derzeitigen Finanzierungsmodelle, insbesondere das Fallpauschalensystem (DRG), Krankenhäuser vor erhebliche Herausforderungen stellen. Die ausschließliche Deckung von Investitionen über Fallpauschalen hat in vielen Fällen zu ökonomischen Fehlentwicklungen geführt und den wirtschaftlichen Druck auf Einrichtungen erhöht (Beivers & Emde, 2020, S. 15).

Herausforderungen des DRG-Systems in Deutschland

Das DRG-System bietet zwar Vorteile in Bezug auf Kostenkontrolle und Vergleichbarkeit von Leistungen, es setzt jedoch Anreize, die nicht immer mit den Zielen einer patientenzentrierten und qualitativen Versorgung übereinstimmen. Einrichtungen sind oft gezwungen, die Anzahl der Fälle zu steigern, um ihre Einnahmen zu sichern, was möglicherweise die Qualität der Ergebnisse beeinträchtigen kann. Gleichzeitig werden notwendige Investitionen in Infrastruktur und Innovationen häufig vernachlässigt, da diese nicht direkt durch Fallpauschalen abgedeckt werden können (Nemati, Jafari & Ravaghi, 2021).

Ansätze für nachhaltige Finanzierungsmodelle

Eine sektorenübergreifende Finanzierung, wie sie in Ländern wie Schweden, Australien und Kanada erprobt wird, könnte eine Lösung bieten. Diese Ansätze bündeln Mittel aus verschiedenen Versorgungsbereichen, was Anreize für eine bessere Koordination und langfristige Planung schafft. Ressourcen können so effizienter eingesetzt und gezielt in Digitalisierung, Qualitätssicherung und Weiterbildung investiert werden (Anell et al., 2012; Australian Commission on Safety and Quality in Health Care, 2023). Kanadas sektorübergreifende Finanzierungsstrategien, die sowohl ambulante als auch stationäre Versorgung umfassen, fördern die finanzielle Stabilität und schaffen zugleich Anreize zur Qualitätsverbesserung. Dies könnte ein Vorbild für Deutschland sein, um die derzeitige Fragmentierung seiner Finanzierungsmodelle zu überwinden (CIHI, 2023).

Förderprogramme als Ergänzung

Gezielte Förderprogramme könnten den Investitionsdruck auf Krankenhäuser mindern, indem sie Mittel für strukturelle und technologische Innovationen bereitstellen. So hat beispielsweise Dänemark erfolgreich staatliche Investitionen eingesetzt, um die Einführung zentralisierter IT-Plattformen wie *Sundhed.dk* voranzutreiben (Christensen & Vrangbæk, 2018). Estland hat durch die Förderung digitaler Infrastrukturen und die Implementierung von Blockchain-Technologie erhebliche Fortschritte in der Transparenz und Effizienz erzielt. Gemäß Berichten der OECD über E-Health in Estland hat die gezielte staatliche Unterstützung die digitale Transformation des Gesundheitssystems nachhaltig vorangebracht (OECD, 2019).

Langfristige Perspektive
Nachhaltige Finanzierung erfordert eine ganzheitliche Betrachtung des Gesundheitssystems. Neben der Umstrukturierung von Finanzierungsmodellen sollten auch alternative Einnahmequellen, wie Public-Private-Partnerships oder internationale Fördermittel, geprüft werden. Maßnahmen zur Kostenkontrolle müssen mit der Förderung von Innovationen und Qualitätsverbesserungen in Einklang gebracht werden.

Die langfristige Perspektive zeigt, dass stabile Finanzierungssysteme nicht nur Transparenz fördern, sondern auch das Vertrauen in die Gesundheitsversorgung stärken können. Die Niederlande kombinieren innovative E-Health-Ansätze mit finanziellen Anreizen für Leistungserbringer, was zu einer nachhaltigen Verbesserung der Patientenversorgung geführt hat (Schäfer et al., 2018a, b).

Fazit

Eine nachhaltige Finanzierung ist unverzichtbar, um Transparenzmaßnahmen langfristig erfolgreich umzusetzen. Deutschland kann von internationalen Best Practices lernen, insbesondere von sektorenübergreifenden Finanzierungsmodellen und gezielten Förderprogrammen. Diese Ansätze tragen nicht nur zur wirtschaftlichen Stabilität von Gesundheitseinrichtungen bei, sondern ermöglichen auch Innovationen und Qualitätsverbesserungen, die für ein zukunftsfähiges Gesundheitssystem unerlässlich sind.

5.4.2.7 Unterstützung der Pflegekräfte
Der Pflegebereich spielt eine zentrale Rolle in der Gesundheitsversorgung. Dennoch stellt der anhaltende Fachkräftemangel eine erhebliche Herausforderung dar. Transparenzmaßnahmen sollten daher nicht nur auf die Verbesserung der Patientenversorgung abzielen, sondern auch die Arbeitsbedingungen und Entwicklungsmöglichkeiten für Pflegekräfte berücksichtigen. Erfahrungen aus verschiedenen Ländern zeigen, dass attraktive Weiterbildungsangebote, faire Vergütung und bessere Arbeitsbedingungen wesentliche Faktoren sind, um den Pflegeberuf aufzuwerten und langfristig die Versorgungssicherheit zu gewährleisten (Beivers & Emde, 2020, S. 15).

Herausforderungen im Pflegebereich
Der Fachkräftemangel erhöht den Druck auf das bestehende Pflegepersonal und wirkt sich unmittelbar auf die Qualität der Patientenversorgung aus. Überlastung, fehlende Karrieremöglichkeiten und mangelnde gesellschaftliche Anerkennung gehören zu den häufigsten Gründen für die Abwanderung aus dem Beruf. Verbesserte Arbeitsbedingungen und klare

Entwicklungsperspektiven tragen zur Zufriedenheit und Bindung von Pflegekräften bei (OECD, 2022a, b).

Transparenz für die Pflegekräfteförderung

Transparenzmaßnahmen können die Sichtbarkeit und Anerkennung der Pflegeberufe stärken. Öffentlich zugängliche Berichte über Pflegequalität, Personalschlüssel und Weiterbildungsangebote schaffen nicht nur Vertrauen bei Patienten, sondern wirken auch als Instrumente zur Personalgewinnung und -bindung. Schweden veröffentlicht beispielsweise regelmäßig Daten zur Arbeitszufriedenheit und zu Weiterbildungsaktivitäten in der Pflege, um die Attraktivität des Berufs zu fördern (Anell et al., 2012).

Förderung durch Weiterbildungsprogramme

Gezielte Weiterbildungsangebote und klare Karrieremöglichkeiten sind entscheidend, um Pflegekräfte langfristig im Beruf zu halten und ihre Kompetenzen zu erweitern. Australien hat mit strukturierten Entwicklungsprogrammen gezeigt, dass solche Maßnahmen nicht nur die Mitarbeiterzufriedenheit erhöhen, sondern auch die Qualität der Patientenversorgung steigern können (Australian Commission on Safety and Quality in Health Care, 2023).

Bessere Anerkennung des Berufsstandes

Die gesellschaftliche und finanzielle Anerkennung von Pflegekräften muss gestärkt werden, um den Beruf attraktiver zu gestalten. Dies umfasst nicht nur eine faire Bezahlung, sondern auch öffentliche Kampagnen, die die Bedeutung der Pflegeberufe hervorheben. In Dänemark wurden Initiativen umgesetzt, die Pflegekräfte stärker in Entscheidungsprozesse einbinden und ihre Rolle im Gesundheitssystem aufwerten (Christensen & Vrangbæk, 2018).

Internationale Perspektiven

Das Vereinigte Königreich hat mit Initiativen wie dem *NHS People Plan* gezeigt, dass die gezielte Verbesserung der Arbeitsbedingungen und die Förderung beruflicher Entwicklungsperspektiven die Zufriedenheit der Pflegekräfte sowie die Qualität der Versorgung deutlich verbessern können. Kanada hebt die Bedeutung von sektorenübergreifenden Strategien hervor, um eine nachhaltige Arbeitsumgebung für Pflegekräfte zu schaffen. Deutschland könnte von diesen Ansätzen profitieren, indem es ähnliche Programme einführt, die gezielt auf die Bedürfnisse von Pflegekräften eingehen und gleichzeitig die Arbeitsbedingungen verbessern.

Fazit

Die Unterstützung der Pflegekräfte erfordert umfassende Maßnahmen, die Arbeitsbedingungen, Karrieremöglichkeiten und die gesellschaftliche Wertschätzung des Berufsstands gleichermaßen adressieren. Transparenz kann dabei als Instrument dienen, um die Bedeutung der Pflegeberufe hervorzuheben und gezielte Maßnahmen zur Verbesserung der Situation zu entwickeln. Deutschland sollte von den internationalen Best Practices lernen und diese an die spezifischen Herausforderungen des deutschen Gesundheitssystems anpassen, um eine langfristige Versorgungssicherheit zu gewährleisten.

5.5 Zusammenfassung der zentralen Erkenntnisse

Die vergleichende Betrachtung internationaler Transparenzmaßnahmen verdeutlicht, dass erfolgreiche Strategien auf mehreren zentralen Pfeilern basieren: klare gesetzliche Rahmenbedingungen, technologische Innovationen und die aktive Einbindung aller relevanten Akteure. Länder wie Estland und Dänemark demonstrieren eindrucksvoll, wie digitale Plattformen, interoperable Systeme und ein strukturierter Datenschutz Transparenz und Effizienz signifikant verbessern können. Diese Beispiele verdeutlichen jedoch auch, dass solche Maßnahmen nur mit gezielter Unterstützung, langfristiger Planung und nachhaltiger Finanzierung erfolgreich umgesetzt werden können.

Herausforderungen wie Datenschutzbedenken, fragmentierte Informationslandschaften und erheblicher Ressourcenbedarf müssen dabei proaktiv adressiert werden – insbesondere in föderalen Systemen wie in Deutschland, wo die Koordination zwischen den Akteuren oft komplex ist. Für Deutschland ergibt sich die Notwendigkeit, bestehende Strukturen wie die elektronische Patientenakte und den ‚Bundes-Klinik-Atlas' nicht nur weiterzuentwickeln, sondern stärker zu vereinheitlichen. Eine kohärente, für alle Akteure verständliche Transparenzstrategie bleibt ein zentrales Ziel.

Ein zentraler Ansatzpunkt könnte die Entwicklung eines praxisorientierten Transparenz-Leitfadens sein. Dieser sollte nicht nur wissenschaftlich fundiert, sondern auch an die spezifischen Gegebenheiten des deutschen Gesundheitssystems angepasst sein. Solch ein Leitfaden könnte als Orientierungshilfe dienen, bewährte internationale Ansätze systematisch zu integrieren und gleichzeitig den besonderen Anforderungen Deutschlands Rechnung zu tragen.

Das nächste Kapitel widmet sich der methodischen Ausarbeitung dieses Leitfadens. Es stellt Ansätze und Werkzeuge vor, die eine nachhaltige Verbesserung von Qualität, Effizienz und Patientenorientierung im deutschen Gesundheitswesen unterstützen können. Ziel ist es, Transparenz nicht nur als eine statische Zielvorgabe, sondern als dynamisches Instrument für Innovation, Vertrauen und Zusammenarbeit zu etablieren.

Literatur

Anell, A., Glenngård, A. H., & Merkur, S. (2012). Sweden: Health system review. *Health Systems in Transition, 14*(5), 1–159. WHO IRIS.

Austin, J. M., McGlynn, E. A., & Pronovost, P. J. (2016). Fostering transparency in outcomes, quality, safety, and costs. *JAMA*. https://jamanetwork.com/journals/jama/article-abstract/2556010.

Bartos, M., Nesterow, I., Mulitza, M., & Rösler, D. (2024). Unlocking Real-World Health Data from Non-University Locations Through Effective Provision of Tools and Knowledge. Abgerufen von https://ebooks.iospress.nl/volumearticle/69123.

Bates, D. W., & Singh, H. (2018). Improving the safety of health information technology. *New England Journal of Medicine, 379*(23), 2089–2091. https://doi.org/10.1056/NEJMp1812002.

Beivers, A., & Emde, C. (2020). *Krankenhausmanagement: Strategien, Konzepte, Praxisbeispiele.* Springer Gabler. SpringerLink.

Biggs, J. S., Willcocks, A., & Burger, M. (2019). Digital health benefits evaluation frameworks: Australia's National Digital Health Strategy. *Medical Journal of Australia, 210*(6), 50–55. PDF hier.

Bratan, T., Schneider, D., Heyen, N., & Pullmann, L. (2022). E-Health in Deutschland: Entwicklungsperspektiven und internationaler Vergleich. *Econstor.* https://www.econstor.eu/bitstream/10419/251366/1/1795368888.pdf.

Brock, H. (2024). Immer mehr „e" in Health. *Das österreichische Gesundheitswesen ÖKZ, 65*, 28–30.

Busse, R., & Blümel, M. (2014). Germany: Health system review. *Health Systems in Transition, 16*(2), 1–296. WHO IRIS.

Jensen, T. B., & Thorseng, A. A. (2017). Building national healthcare infrastructure: The case of the Danish e-health portal. In Working with the Challenges of European Health Care Systems (pp. 243–258). Springer.

Byrne, A., & Taylor, R. (2021). Telehealth in Australia: Lessons for healthcare delivery. *Australian Journal of Primary Health, 27*(1), 34–42. https://doi.org/10.1071/AJPH2021.

Campanella, P., Vukovic, V., Parente, P., Sulejmani, A., Ricciardi, W., & Specchia, M. L. (2016). The impact of public reporting on clinical outcomes: A systematic review and meta-analysis. *BMC Health Services Research, 16*, 296. https://link.springer.com/content/pdf/10.1186/s12913-016-1543-y.pdf.

Christensen, T., & Vrangbæk, K. (2018). Hospital Centralization and Performance in Denmark – Ten Years On. *Health Policy, 122*(4), 321–328. https://doi.org/10.1016/j.healthpol.2017.12.009.

Dietscher, C., & Nowak, P. (2020). Health literacy in Austria: Interventions and research. *Health Literacy in Clinical Practice.* https://ebooks.iospress.nl/doi/10.3233/SHTI200032.

Dudley, S. E., & Wegrich, K. (2016). The role of transparency in regulatory governance: Comparing US and EU regulatory systems. *Journal of Risk Research, 19*(7–8), 1125–1141. https://www.tandfonline.com/doi/abs/10.1080/13669877.2015.1071868.

Ferlie, E. B., & Shortell, S. M. (2001). Improving the quality of health care in the United Kingdom and the United States: A framework for change. *The Milbank Quarterly, 79*(2), 281–315. https://www.ncbi.nlm.nih.gov/pmc/articles/PMC2751188/pdf/milq_206.pdf.

Fukami, T. (2024). Enhancing healthcare accountability for administrators: Fostering transparency for patient safety and quality enhancement. *Cureus.* https://pmc.ncbi.nlm.nih.gov/articles/PMC11366401/.

Fung, C. H., Lim, Y. W., Mattke, S., Damberg, C., & Shekelle, P. G. (2008). Systematic review: The evidence that publishing patient care performance data improves quality of care. *Annals of Internal Medicine, 148*(2), 111–123. https://doi.org/10.7326/0003-4819-148-2-200801150-00006.

Griese, L., Berens, E. M., Nowak, P., & Pelikan, J. M. (2020). Challenges in navigating the health care system: Development of an instrument measuring navigation health literacy. *International Journal of Environmental Research and Public Health.* https://www.mdpi.com/1660-4601/17/16/5731.

Gugglberger, L. (2022). Health literate settings in Austria. *European Journal of Public Health.* Https://academic.oup.com/eurpub/article/32/Supplement_3/ckac129.379.

Hägglund, M., & Scandurra, I. (2022). Usability of the Swedish accessible electronic health record: Qualitative survey study. *JMIR Human Factors.* https://humanfactors.jmir.org/2022/2/e37192.

Hambleton, S. J., & Aloizos, J. (2019). Australia's digital health journey. *Medical Journal of Australia, 210*(6), 45–49. https://www.mja.com.au/system/files/issues/210_06/mja250039.pdf.

Heston, T. F. (2017). *A case study in blockchain healthcare innovation.* SSRN. PDF herunterladen

Hibbard, J. H., Stockard, J., & Tusler, M. (2005). Hospital performance reports: Impact on quality, market share, and reputation. *Health Affairs, 24*(4), 1150–1160. https://doi.org/10.1377/hlthaff.24.4.1150.

Hoffmann, K., Nesterow, I., Peng, Y., & Henke, E. (2024). Streamlining intersectoral provision of real-world health data: A service platform for improved clinical research and patient care. *Frontiers in Medicine.* https://www.frontiersin.org/articles/10.3389/fmed.2024.1377209/full

Holt, M., MacGibbon, J., Smith, A. K. J., & Broady, T. R. (2023). Knowledge of Australia's My Health Record and factors associated with opting out: Results from a national survey. *PLOS Digital Health.* https://doi.org/10.1371/journal.pdig.0000200.

Hyppönen, H., Vehko, T., Ruotsalainen, S., & Reponen, J. (2019). E-health and e-welfare of Finland: Checkpoint 2018. PDF verfügbar.

Jensen, R. (2020). *Digital Health Systems: A comparison between Estonia and New Zealand.* X-Road Document Library. PDF herunterladen.

Johansson, A., & Larsson, M. (2020). General practitioners' experiences of digital written patient dialogues: A pilot study using a mixed method. *Health & Community Health.* https://journals.sagepub.com/doi/pdf/10.1177/2150132720909656.

Koskinen, S., Lundqvist, A., & Ristiluoma, N. (2021a). Health, Wellbeing and Medical Care in Finland – THL Report. *National Institute for Health and Welfare.* https://www.thl.fi.

Kostrikova, N. (2021). Studying adoption of cryptocurrencies and blockchain technology in the Baltic States. *Economic Science for Rural Development, 55*, 557–567. PDF hier.

Kroneman, M., Boerma, W., van den Berg, M., Groenewegen, P., de Jong, J., & van Ginneken, E. (2016). *The Netherlands: Health System Review.* Health Systems in Transition, 18(2), 1–239. PDF hier.

Marshall, M. N., Shekelle, P. G., Leatherman, S., & Brook, R. H. (2000). The public release of performance data: What do we expect to gain? *A review of the evidence. JAMA, 283*(14), 1866–1874. https://doi.org/10.1001/jama.283.14.1866.

Mercer, K. (2001). Examining the impact of health information networks on health system integration in Canada. *Leadership in Health Services, 14*(1), 1–7. https://doi.org/10.1108/13660750110399928.

Mettler, M. (2016). *Blockchain technology in healthcare: The revolution starts here.* 2016 IEEE 18th International Conference on E-Health Networking, Applications, and Services. Artikel anzeigen.

Milstein, R., & Schreyögg, J. (2020). *Krankenhaus-Report 2020: Schwerpunkt DRG-System.* Springer.

Nemati, A., Jafari, M., & Ravaghi, H. (2021). Integrated and People-centred Hospital toward Universal Health Coverage in WHO-European Countries. *Journal of the Islamic Republic of Iran.* https://pmc.ncbi.nlm.nih.gov/articles/PMC9399293/.

OECD. (2017). Strengthening health information infrastructure for health care quality governance: Good practices, new opportunities and data privacy protection challenges. Paris: OECD Publishing. https://doi.org/10.1787/9789264277551-en.

OECD. (2019). *E-Health in Estonia: Strengthening efficiency and transparency.* OECD Publishing.

OECD. (2020). Opportunities and Challenges of Blockchain Technologies in Health Care. PDF herunterladen.

OECD. (2022a). *Health at a Glance 2022: OECD Indicators.* OECD Publishing. https://doi.org/10.1787/19991312.

OECD. (2022b). *Health at a Glance: Europe 2022*. OECD Publishing. https://doi.org/10.1787/health_glance-2022-en.

Pelikan, J. M., Röthlin, F., & Ganahl, K. (2020). Measuring comprehensive health literacy in general populations: Validation of the HLS-EU-Q47 instrument in sixteen countries. *European Journal of Public Health, 30*(3), 10–18. https://doi.org/10.1093/eurpub/ckaa201.

Peng, Y., Henke, E., Reinecke, I., & Zoch, M. (2023). *An ETL-process design for data harmonization to participate in international research with German real-world.*

van der Meer, H., & Nouwt, S. (2011). eHealth from a Dutch Perspective. In M. L. Marcus et al. (Eds.), Innovating Government: Normative, Policy and Technological Dimensions of Modern Government (pp. 289–305). Springer. https://doi.org/10.1007/978-90-6704-731-9_16

Pronovost, P. J., Austin, J. M., Cassel, C. K., & Delbanco, S. F. (2016). Fostering transparency in outcomes, quality, safety, and costs. *NAM Perspectives.* https://nam.edu/wp-content/uploads/2016/09/Fostering-Transparency-in-Outcomes-Quality-Safety-and-Costs.pdf.

Reinhold, H., & Mayer, S. (2023). Patient involvement in digital health systems: Lessons from the Austrian ELGA platform. In *Advances in Digital Health Systems* (S. 242–259). Springer. https://doi.org/10.1007/978-3-658-43236-2_62.

Rieser, H., & Glachs, D. (2024). Datenaustausch in digitalen Pflegeanwendungen. *FH Vorarlberg.* https://opus.fhv.at/files/5386/DatenaustauschindigitalenPflegeanwendungen.pdf.

Robertson, R., & Dixon, A. (2009). Choice at the point of referral: Early results of a patient survey. *The King's Fund.* https://www.kingsfund.org.uk.

Ruijer, E., & Meijer, A. (2016). National transparency regimes: Rules or principles? A comparative analysis of the United States and The Netherlands. *International Journal of Public Administration, 39*(13), 1008–1020. https://www.tandfonline.com/doi/pdf/10.1080/01900692.2015.1057343.

Russo-Spena, T., Mele, C., & Cavacece, Y. (2022). *Enabling value co-creation in healthcare through blockchain technology.* International Journal of Environmental Research and Public Health. PDF herunterladen.

Santos Rutschman, A. (2018). *Healthcare Blockchain Infrastructure: A Comparative Approach.* SSRN. PDF herunterladen.

Sareban, M., Treff, G., Smeddinck, J. D., & Hussein, R. (2025). Opportunities and barriers for reimbursement of digital therapeutics in Austria: Findings From expert interviews. *Digital Health,* 11(1). https://journals.sagepub.com/doi/full/10.1177/20552076241299062.

Schäfer, W., Kroneman, M., Boerma, W., van den Berg, M., Westert, G., Devillé, W., & van Ginneken, E. (2018). *The Netherlands: Health system review.* WHO. https://apps.who.int/iris/bitstream/handle/10665/330244/HiT-18-2-2016-eng.pdf.

Schein, M. (2020). Erhebung und Evaluierung von möglichen Potenzialen der elektronischen Patientenakte in Österreich aus Sicht der Senioren. *TU Wien Repositorium.* https://scholar.archive.org/work/fze2x2jn7zb4pehasfipa6so24/access/wayback/https://repositum.tuwien.at/bitstream/20.500.12708/1250/2/Schein%20Michaela%20-%202020%20-%20Erhebung%20und%20Evaluierung%20von%20moeglichen%20Potentialen%20der...pdf.

Schwarz, C. M., Hoffmann, M., & Smolle, C. (2024). Patient-centered discharge summaries to support safety and individual health literacy: A double-blind randomized controlled trial in Austria. *BMC Health Services Research.* https://link.springer.com/article/10.1186/s12913-024-11183-w.

Scobie, S., & Castle-Clarke, S. (2020). Implementing learning health systems in the UK NHS: Policy actions to improve collaboration and transparency. *Learning Health Systems, 4*(1), e10209. https://onlinelibrary.wiley.com/doi/pdf/10.1002/lrh2.10209.

Semenzin, S., Rozas, D., & Hassan, S. (2022). *Blockchain-based application at a governmental level: Disruption or illusion? The case of Estonia.* Policy and Society. PDF anzeigen.

Shekelle, P., Lim, Y., & Roland, M. (2020). The impact of public reporting on quality improvement in healthcare: Lessons from the UK. *BMJ Quality & Safety, 29*(4), 290–296. https://doi.org/10.1136/bmjqs-2019-010025.

Soares, A., Ferreira, A., & Veiga, P. M. (2023). The Benefits and Challenges of Blockchain Technology and eHealth Implementation in Estonia – A Literature Review. *Applied Medical Informatics.*

Sørensen, K., Pelikan, J. M., Röthlin, F., et al. (2013). Health literacy in Europe: Comparative results of the European health literacy survey (HLS-EU). *European Journal of Public Health, 23*(1), 105–110. https://doi.org/10.1093/eurpub/ckq106.

Stargardt, T., Schreyögg, J., & Kondofersky, I. (2014). Financial incentives and waiting times in hospitals: Empirical evidence from Germany. *Health Economics, 23*(4), 395–416. https://doi.org/10.1002/hec.2934.

Stulberg, J. J., Romanelli, J. R., & Fuchshuber, P. R. (2019). Public reporting and transparency: A primer on public outcomes reporting. *Surgical Endoscopy.* https://link.springer.com/article/10.1007/s00464-019-06756-4.

van den Berg, M. J., van Loenen, T., & Westert, G. P. (2020). How do public reporting and comparative performance information stimulate quality improvement? *Health Policy, 124*(1), 10–21. https://doi.org/10.1016/j.healthpol.2019.11.010.

Veillard, J., Tipper, B., & Allin, S. (2015). Health system performance reporting in Canada: Bridging theory and practice at the pan-Canadian level. *Canadian Public Administration, 58*(1), 16–40. https://doi.org/10.1111/capa.12106.

Volmer, D., Sepp, K., & Tuula, A. (2022). *E-solutions in Estonian community pharmacies: A literature review.* Digital Health. Artikel anzeigen.

Vuokko, R., Mäkelä-Bengs, P., & Hyppönen, H. (2021). The Role of Citizen Empowerment in Finnish Digital Health. *European Journal of Public Health, 31*(5), 897–904. https://doi.org/10.1093/eurpub/ckab072.

Wickramasinghe, N., & Zelcer, J. (2020). The Australian PCEHR or My Health Record: The Journey Around a Large-Scale Nationwide Digital Health Solution. *Springer.*

Willcox, S., Seddon, M., Dunn, S., Edwards, R. T., Pearse, J., & Tu, J. V. (2011). Measuring and reducing waiting times: A cross-national comparison of strategies. *Health Affairs, 30*(4), 717–724. https://doi.org/10.1377/hlthaff.2009.1204.

Zhao, J., Freeman, B., & Li, M. (2016). Can mobile phone apps influence people's health behavior change? An evidence review. *Journal of Medical Internet Research, 18*(11), e287. https://doi.org/10.2196/jmir.5692.

Online-Quellen

Australian Commission on Safety and Quality in Health Care. (2023a). My Health Record: Transforming Healthcare in Australia. https://www.safetyandquality.gov.au. Zugegriffen: 31. Jan. 2025.

Australian Digital Health Agency. (2023b). National Digital Health Strategy 2023–2028. https://www.digitalhealth.gov.au. Zugegriffen: 31. Jan. 2025.

Australian Government Department of Health and Aged Care. (2023c). Digital Health Blueprint and Action Plan 2023–2033. https://www.health.gov.au. Zugegriffen: 31. Jan. 2025.

Australian Institute of Health and Welfare (AIHW). (2023d). Health performance framework 2023. https://www.aihw.gov.au. Zugegriffen: 31. Jan. 2025.

Bertelsmann Stiftung. (n.d.-b). Smart Health Systems: Estland – Vorreiter in der digitalen Gesundheitsversorgung. https://www.bertelsmann-stiftung.de/de/unsere-projekte/der-digitale-patient/projektthemen/smarthealthsystems/estland. Zugegriffen: 31. Jan. 2025.

Bundesministerium für Soziales, Gesundheit, Pflege und Konsumentenschutz. (2024). ELGA – Elektronische Gesundheitsakte. https://www.sozialministerium.at/Themen/Gesundheit/eHealth/ELGA.html. Zugegriffen: 31. Jan. 2025.

Canadian Institute for Health Information (CIHI). (2022). Your Health System: Measuring Health System Performance in Canada. https://www.cihi.ca/en/your-health-system. Zugegriffen: 31. Jan. 2025.

Canadian Institute for Health Information (CIHI). (2023a). Health System Reporting and Patient Engagement in Canada. https://www.cihi.ca. Zugegriffen: 31. Jan. 2025.

CIHI (Canadian Institute for Health Information). (2023b). Health system financial sustainability. https://www.cihi.ca.

CMS. (2022). Medicare Compare: Enhancing patient-centered care through transparency. https://www.medicare.gov/hospitalcompare. Zugegriffen: 31. Jan. 2025.

CMS. (2023). Hospital Compare – Quality of Care Information for Consumers. https://www.medicare.gov/care-compare/.

Datenschutz-Grundverordnung (DSGVO). (2016). Verordnung (EU) 2016/679. https://eur-lex.europa.eu/legal-content/DE/TXT/?uri=CELEX%3A32016R0679. Zugegriffen: 31. Jan. 2025.

DSGVO. (2016). Datenschutz-Grundverordnung. Verordnung (EU) 2016/679 des Europäischen Parlaments und des Rates. https://eur-lex.europa.eu/legal-content/DE/TXT/?uri=CELEX%3A32016R0679. Zugegriffen: 31. Jan. 2025.

Government of Canada. (2021). *Canada Health Act Annual Report.* https://www.canada.ca/en/health-canada/services/publications/health-system-services/canada-health-act-annual-report.html. Zugegriffen: 31. Jan. 2025.

Health Quality Ontario. (2022). *Transparency and Improvement in Ontario's Healthcare System.* https://www.hqontario.ca.

Institut für Qualitätssicherung und Transparenz im Gesundheitswesen (IQTIG). (2023). Bundes-Klinik-Atlas: Qualitätssicherung und Transparenz in der Gesundheitsversorgung. https://iqtig.org/qs-instrumente/bundes-klinik-atlas/. Zugegriffen: 31. Jan. 2025.

IQTIG – Institut für Qualitätssicherung und Transparenz im Gesundheitswesen. (2023a). Jahresbericht 2023: Qualitätssicherung und Transparenz in der Gesundheitsversorgung. https://www.iqtig.org. Zugegriffen: 31. Jan. 2025.

IQTIG. (2023b). Aufgaben und Ziele des Instituts für Qualitätssicherung und Transparenz im Gesundheitswesen. https://iqtig.org. Zugegriffen: 31. Jan. 2025.

Kanta Services. (2020). *Kanta Services overview.* https://www.kanta.fi.

Koskinen, S., Lundqvist, A., & Ristiluoma, N. (2021b). *Health, Wellbeing and Medical Care in Finland – THL 2020 Report.* National Institute for Health and Welfare. https://www.thl.fi. Zugegriffen: 31. Jan. 2025.

NHS Choices. (2021). Transparency and patient choices.https://www.nhs.uk. Zugegriffen: 31. Jan. 2025.

NHS England. (2021). Friends and Family Test: An overview of its role in quality improvement. https://www.england.nhs.uk. Zugegriffen: 31. Jan. 2025.

NHS England. (2022). The NHS Patient Safety Strategy: Safer care for all. https://www.england.nhs.uk/patient-safety-strategy. Zugegriffen: 31. Jan. 2025.

Nictiz. (2019). MijnGezondheid.net: Overview of Dutch Digital Health Initiatives. https://www.nictiz.nl. Zugegriffen: 31. Jan. 2025.

Sundhed.dk. (2023). Denmark's National eHealth Portal. https://www.sundhed.dk. Zugegriffen: 31. Jan. 2025.

Vårdanalys. (2023). Annual report on Swedish healthcare quality. Swedish Agency for Health and Care Services Analysis. https://www.vardanalys.se. Zugegriffen: 31. Jan. 2025.

Zorginstituut Nederland. (2020). Transparantie in de zorg. https://www.zorginstituutnederland.nl. Zugegriffen: 31. Jan. 2025.

Leitfaden zur Transparenzförderung in Deutschland

6

Inhaltsverzeichnis

Transparenz im Gesundheitswesen ist eine der größten Herausforderungen unserer Zeit und zugleich ein zentraler Schlüssel zur nachhaltigen Verbesserung von Qualität, Effizienz und Patientenorientierung. Wie die Analyse der vorangegangenen Kapitel zeigt, liefern internationale Best Practices aus Ländern wie Estland, Schweden und den USA wertvolle Impulse für die Entwicklung effektiver Transparenzstrategien im deutschen Gesundheitssystem. Deren erfolgreiche Umsetzung erfordert jedoch eine ganzheitliche Betrachtung, die politische, technologische und soziale Dimensionen gleichermaßen berücksichtigt.

Dieses Kapitel formuliert praxisnahe Handlungsempfehlungen, die auf den in Abschn. 5.4 herausgearbeiteten Lessons Learned basieren. Ziel ist es, eine systematische Grundlage zur Förderung von Transparenz zu schaffen, die sowohl den gesetzlichen Rahmen als auch die technologische Infrastruktur und die praktische Umsetzung adressiert. Besonders die Integration innovativer Technologien spielt eine entscheidende Rolle, um den Zugang zu relevanten Gesundheitsinformationen zu erleichtern und gleichzeitig Datenschutzanforderungen zu gewährleisten. Ebenso wichtig ist die Etablierung eines kulturellen Wandels in Gesundheitseinrichtungen, der Transparenz als selbstverständliches Prinzip verankert. Dies erfordert nicht nur regulatorische Maßnahmen, sondern auch eine verstärkte Sensibilisierung und Schulung von Fachkräften. Darüber hinaus muss ein

D. M. Hradecky, *Transparenz im Gesundheitswesen*,
https://doi.org/10.1007/978-3-658-48125-4_6

patientenzentrierter Ansatz gefördert werden, der sicherstellt, dass Transparenz nicht nur für die Verwaltungsebene von Nutzen ist, sondern auch für Patienten verständlich und alltagstauglich umgesetzt wird.

Die Förderung von Transparenz ist eine herausfordernde, aber unabdingbare Aufgabe, die ein koordiniertes Zusammenspiel von Politik, Praxis und Forschung erfordert. Internationale Erfahrungen, insbesondere aus Estland, Schweden, Dänemark und den USA, zeigen, dass gezielte Transparenzmaßnahmen sowohl die Versorgungsqualität als auch die Effizienz des Gesundheitssystems nachhaltig verbessern können. Diese Erkenntnisse bilden die Grundlage für die in diesem Kapitel formulierten konkreten Handlungsempfehlungen für den deutschen Kontext.

6.1 Handlungsempfehlungen für die Politik

Perspektiven aus internationalen Erfolgen und nationalen Herausforderungen
Die Politik trägt eine entscheidende Verantwortung bei der Förderung von Transparenz im deutschen Gesundheitswesen. Die Analyse in Kap. 5 hat deutlich gemacht, dass der Erfolg von Transparenzinitiativen maßgeblich von einer klaren und konsistenten politischen Strategie abhängt, die sich auf internationale Best Practices stützt und nationale Besonderheiten berücksichtigt. Die hier formulierten Empfehlungen sind keine isolierten Maßnahmen, sondern ein kohärentes Paket, das auf den Erfahrungen aus Ländern wie Estland, Schweden und Dänemark basiert.

Gesetzliche Rahmenbedingungen: Ein einheitlicher Regulierungsrahmen
Ein zentraler Ausgangspunkt für jede Transparenzstrategie ist die Schaffung eines gesetzlichen Rahmens, der die Transparenz im Gesundheitswesen verbindlich regelt. Schweden hat mit der Einführung nationaler Qualitätsregister gezeigt, wie verbindliche Standards die Grundlage für Transparenz und Vergleichbarkeit schaffen können (Anell et al., 2012). In Deutschland mangelt es jedoch nach wie vor an einheitlichen Vorgaben, die sowohl Leistungserbringer als auch Patienten einbeziehen.

Die Einführung eines umfassenden Transparenzgesetzes könnte eine Möglichkeit sein, den rechtlichen Rahmen für die Berichterstattung und Veröffentlichung von Gesundheitsdaten zu standardisieren. Dieses Gesetz müsste klare Definitionen für wesentliche Indikatoren wie Qualität, Effizienz und Patientenzufriedenheit enthalten. Ergänzend könnte die Einrichtung einer zentralen Behörde, die diese Standards überwacht und deren Einhaltung sicherstellt, die Glaubwürdigkeit solcher Initiativen stärken. Nach dem Vorbild des schwedischen National Board of Health and Welfare könnte eine solche Institution nicht nur als Kontrollinstanz, sondern auch als Berater für politische Entscheidungsträger fungieren (Anell et al., 2012).

Investitionen in digitale Infrastrukturen

Kap. 5 hat verdeutlicht, wie wichtig moderne Technologien für die Umsetzung von Transparenzmaßnahmen sind. Länder wie Estland haben durch gezielte staatliche Investitionen in digitale Infrastrukturen, wie elektronische Patientenakten (ePA), erhebliche Verbesserungen in der Versorgungsqualität erreicht. Dabei spielte auch der Einsatz innovativer Technologien wie Blockchain eine zentrale Rolle, um die Sicherheit und Transparenz von Gesundheitsdaten zu gewährleisten (Priisalu & Ottis, 2017).

In Deutschland gibt es zwar erste Fortschritte bei der Einführung der elektronischen Patientenakte (ePA), doch fehlt es nach wie vor an einer flächendeckenden und interoperablen Lösung. Eine fehlende Standardisierung sowie technische Hürden erschweren den reibungslosen Datenaustausch zwischen verschiedenen Akteuren im Gesundheitswesen (Schmitt, 2024a, b; Ose et al., 2020). Die Politik sollte hier eine proaktive Rolle übernehmen und gezielte Investitionen in digitale Infrastrukturen fördern. Dies umfasst nicht nur die Bereitstellung von Fördermitteln für Krankenhäuser und Arztpraxen, sondern auch die Entwicklung einheitlicher technischer Standards, um den sicheren und effizienten Datenaustausch zu gewährleisten (Costa et al., 2024; Rau et al., 2024). Eine verbesserte Interoperabilität der ePA könnte dazu beitragen, die Versorgungsqualität zu erhöhen und die Nutzung digitaler Gesundheitsdienste in Deutschland zu optimieren (Slawomirski et al., 2023).

Einbindung aller Akteure: partizipative Entscheidungsprozesse

Die partizipative Einbindung von Patienten, Leistungserbringern und politischen Akteuren ist ein entscheidender Faktor für den Erfolg von Transparenzmaßnahmen. Schweden hat durch die transparente Veröffentlichung von Qualitätsregistern und die aktive Einbindung von Patienten in die Entwicklung von Richtlinien bewiesen, wie solche Ansätze das Vertrauen in das Gesundheitssystem stärken können (Anell et al., 2012).

In Deutschland könnte die Einrichtung regelmäßiger Transparenzforen eine Plattform bieten, um unterschiedliche Perspektiven zusammenzuführen. Diese Foren sollten nicht nur der Diskussion dienen, sondern auch konkrete Vorschläge zur Verbesserung der Transparenz erarbeiten. Die Einbindung von Patientenorganisationen, Forschungseinrichtungen und Gesundheitsdienstleistern in diese Prozesse ist essenziell, um sicherzustellen, dass die Maßnahmen praxisnah und akzeptabel sind.

Förderung der Chancengleichheit

Eine der größten Herausforderungen im Gesundheitswesen ist die soziale Ungleichheit im Zugang zu Gesundheitsinformationen, insbesondere in ländlichen Regionen und bei sozial benachteiligten Bevölkerungsgruppen. Menschen in diesen Gebieten haben oft Schwierigkeiten, von Transparenzinitiativen zu profitieren, da sie begrenzten Zugang zu digitalen Gesundheitsressourcen und niedrigere Gesundheitskompetenz aufweisen (Dalrymple & Rogers, 2012; Stormacq et al., 2023). Um diese Ungleichheiten zu verringern, sollten politische Entscheidungsträger gezielte Maßnahmen entwickeln, die sowohl Bildungsinitiativen zur Förderung der Gesundheitskompetenz als auch den Ausbau digitaler Infrastrukturen in unterversorgten Regionen umfassen (Viswanath & Kreuter, 2007; Almario et al., 2017). Der gezielte Einsatz von Technologie, etwa durch mobile Gesundheitsanwendungen und barrierefreie Informationsplattformen, kann dabei helfen, strukturelle Barrieren abzubauen und eine gleichberechtigte Gesundheitsversorgung zu gewährleisten (Nguyen et al., 2020).

Ein Beispiel aus Norwegen zeigt, wie gezielte Bildungsprogramme die Gesundheitskompetenz in benachteiligten Bevölkerungsgruppen erhöhen können. Der gezielte Einsatz von Maßnahmen zur Förderung der Gesundheitsbildung, insbesondere in strukturschwachen Regionen, hat dort positive Effekte auf den Zugang zu Gesundheitsinformationen und die Nutzung von Versorgungsangeboten gezeigt (Gele et al., 2016; McDaid, 2016). Solche Initiativen könnten auch in Deutschland in Zusammenarbeit mit lokalen Gesundheitsbehörden und Bildungseinrichtungen umgesetzt werden, um die Akzeptanz und Wirksamkeit von Transparenzmaßnahmen zu erhöhen (Park & Ahmed, 2023). Durch strukturelle Anpassungen und die gezielte Einbindung von Community-Organisationen kann eine nachhaltige Verbesserung der Gesundheitskompetenz erreicht werden (Le et al., 2024).

Internationale Zusammenarbeit und Wissensaustausch

Die in Kap. 5 analysierten Best-Practice-Ansätze aus Estland, Schweden und Dänemark haben gezeigt, wie wichtig internationale Kooperationen für die Förderung von Transparenz sind. Deutschland könnte von einem intensiveren Austausch mit diesen Ländern profitieren, um bewährte Verfahren und innovative Technologien zu adaptieren. Die aktive Teilnahme an europäischen Initiativen zur Entwicklung einheitlicher Standards für elektronische Patientenakten und Qualitätsindikatoren könnte eine Möglichkeit sein, die Transparenz auf EU-Ebene zu stärken.

Fazit

Die Förderung von Transparenz im Gesundheitswesen stellt eine zentrale Herausforderung dar, die jedoch enorme Potenziale für die Verbesserung von Qualität, Effizienz und Patientenorientierung bietet. Wie die analysierten internationalen Best-Practices verdeutlichen, sind erfolgreiche Transparenzstrategien durch eine enge Verzahnung von gesetzlichen Regelungen, technologischen Innovationen und der Einbindung relevanter Akteure gekennzeichnet. Länder wie Estland, Schweden und Dänemark liefern wertvolle Einblicke, wie diese Elemente zu einem kohärenten und effektiven System zusammengeführt werden können.

Für Deutschland ergibt sich daraus die Notwendigkeit, einen umfassenden Ansatz zu entwickeln, der die spezifischen Anforderungen des deutschen Gesundheitssystems berücksichtigt. Die Einführung eines verbindlichen Transparenzgesetzes, flankiert durch Investitionen in digitale Infrastrukturen und die Förderung der Gesundheitskompetenz, könnte die Grundlage für eine nachhaltig verbesserte Gesundheitsversorgung schaffen. Dabei ist es entscheidend, alle relevanten Akteure – von Patienten über Leistungserbringer bis hin zu politischen Entscheidungsträgern – aktiv in den Entwicklungs- und Umsetzungsprozess einzubinden.

Zudem müssen soziale Ungleichheiten im Zugang zu Gesundheitsinformationen adressiert werden. Zielgerichtete Bildungsprogramme und der Ausbau digitaler Technologien in strukturschwachen Regionen könnten dazu beitragen, die Gesundheitsversorgung gerechter und inklusiver zu gestalten. Die internationale Zusammenarbeit und der Wissensaustausch mit Vorreitern wie Schweden und Estland bieten weitere Chancen, bewährte Ansätze zu adaptieren und zukunftsweisende Lösungen zu entwickeln.

Abschließend ist festzuhalten, dass Transparenz kein statisches Ziel, sondern ein dynamischer Prozess ist, der kontinuierliche Anpassung und Innovation erfordert. Die politische Verantwortung liegt darin, Transparenz als integralen Bestandteil eines patientenzentrierten Gesundheitssystems zu fördern und durch klare Strategien, gezielte Investitionen und partizipative Ansätze nachhaltig zu verankern. Die vorliegenden Handlungsempfehlungen bieten einen Leitfaden, um diese Vision in Deutschland zu verwirklichen.

6.2 Handlungsempfehlungen für die Praxis

Integration von Transparenz in den Arbeitsalltag

Die Praxis stellt das Rückgrat für die Umsetzung von Transparenzmaßnahmen dar. Gesundheitseinrichtungen sind der Ort, an dem Strategien und technologische Innovationen konkret umgesetzt und auf ihre Wirksamkeit geprüft werden. Die Empfehlungen für die Praxis konzentrieren sich auf die Integration von Transparenz in den Arbeitsalltag und den gezielten Einsatz von Technologien, um Qualität, Effizienz und Patientenorientierung zu fördern.

Förderung eines kulturellen Wandels in Gesundheitseinrichtungen

Transparenz darf nicht nur als technische Herausforderung, sondern muss als integraler Bestandteil der Unternehmenskultur verstanden werden. Der kulturelle Wandel hin zu mehr Offenheit erfordert die Einbindung aller Mitarbeitenden und Führungskräfte. Erfahrungen aus Schweden zeigen, dass die Etablierung nationaler Qualitätsregister, die systematisch und vergleichend Berichte über Behandlungsqualität liefern, nicht nur die Transparenz, sondern auch das interne Qualitätsmanagement verbessert hat (Anell et al., 2012).

Für deutsche Gesundheitseinrichtungen könnte ein ähnlicher Ansatz verfolgt werden, indem interne Transparenzinitiativen – wie regelmäßig veröffentlichte Berichte zur Behandlungsqualität oder Patientenzufriedenheit – mit externen Vergleichsmöglichkeiten kombiniert werden. Dieser Kulturwandel schafft nicht nur Vertrauen bei den Patienten, sondern steigert auch das Engagement der Mitarbeitenden, da sie stärker in die Weiterentwicklung der Organisation eingebunden werden.

Effizienzsteigerung durch digitale Lösungen

Innovative Technologien wie künstliche Intelligenz (KI) und Big-Data-Analysen bieten erhebliche Potenziale zur Optimierung von Arbeitsprozessen. In den USA hat *Hospital Compare,* ein digitales Transparenzinstrument, gezeigt, wie durch die Bereitstellung standardisierter Qualitätsberichte sowohl Patienten bei der Entscheidungsfindung unterstützt als auch Leistungserbringer motiviert werden, ihre Qualität kontinuierlich zu verbessern (Centers for Medicare & Medicaid Services, 2023).

In Deutschland könnte eine ähnliche Plattform entwickelt werden, die Patienten detaillierte Informationen zu den Leistungsdaten und Qualitätsindikatoren von Krankenhäusern und Arztpraxen bietet. Ergänzt durch KI-gestützte Analysen könnten Leistungserbringer gleichzeitig ihre internen Prozesse durch Vorhersagemodelle und automatisierte Datenauswertungen optimieren. Der Einsatz solcher Technologien erfordert jedoch eine sorgfältige Schulung des Personals, um die Akzeptanz und Effizienz der Systeme zu gewährleisten.

Stärkung von Qualitätsindikatoren und Berichterstattung

Qualitätsindikatoren bilden die Basis für die Messbarkeit und Vergleichbarkeit von Gesundheitsleistungen. In Dänemark wurde durch die Harmonisierung von IT-Standards und die verpflichtende Erhebung standardisierter Indikatoren eine Grundlage geschaffen, die nicht nur den Austausch von Daten erleichtert, sondern auch die Integration von Qualitätskennzahlen in die klinische Praxis fördert (Christensen & Vrangbæk, 2018).

Deutsche Gesundheitseinrichtungen könnten von einer systematischen Einführung solcher Indikatoren profitieren. Die standardisierte Erfassung und Veröffentlichung von Daten zur Patientenzufriedenheit, zu Komplikationsraten und zu Behandlungsergebnissen würde nicht nur die Transparenz verbessern, sondern auch eine evidenzbasierte Grundlage für interne Verbesserungsmaßnahmen schaffen. Gleichzeitig könnten Patienten fundierte Entscheidungen treffen, was langfristig das Vertrauen in das Gesundheitssystem stärkt.

Verankerung von Transparenz in der Weiterbildung

Um Transparenz nachhaltig in die Praxis zu integrieren, ist die kontinuierliche Weiterbildung des Personals essenziell. Interaktive Schulungen und E-Learning-Plattformen könnten genutzt werden, um Mitarbeitende über neue Technologien, gesetzliche Anforderungen und ethische Aspekte von Transparenzmaßnahmen zu informieren. Solche Programme fördern nicht nur das Verständnis für Transparenz, sondern auch die Bereitschaft, innovative Ansätze im Arbeitsalltag anzuwenden.

Verknüpfung mit internationalen Best Practices

Die Analyse internationaler Modelle aus Estland, Dänemark und den USA zeigt, dass Transparenzmaßnahmen in der Praxis erfolgreich sein können, wenn sie auf den spezifischen Kontext zugeschnitten und von allen Beteiligten aktiv unterstützt werden. Die Integration von Lessons Learned aus diesen Ländern könnte in Deutschland eine treibende Kraft für die Entwicklung eines patientenzentrierten, digitalen und transparenten Gesundheitssystems sein.

Dringlichkeit und Nachhaltigkeit
Die alarmierende wirtschaftliche Situation der deutschen Krankenhäuser, wie sie im Krankenhausbarometer, 2024 dargestellt wird, verdeutlicht die akute Notwendigkeit von umfassenden Transparenzstrategien. Die Integration der Lessons Learned aus anderen Ländern zeigt, dass Transparenz nicht nur als Kontrollmechanismus, sondern auch als Mittel zur Stärkung von Vertrauen und Effizienz dienen kann. Nachhaltige Fortschritte erfordern eine enge Zusammenarbeit zwischen Politik, Praxis und Forschung sowie eine kontinuierliche Anpassung der Maßnahmen an neue Herausforderungen.

6.3 Handlungsempfehlungen für die Forschung

Transparenz systematisch untersuchen und fördern
Die Forschung spielt eine Schlüsselrolle bei der Weiterentwicklung und Evaluierung von Transparenzmaßnahmen im Gesundheitswesen. Sie schafft die Grundlage für evidenzbasierte Entscheidungen und die Anpassung von Strategien an spezifische nationale und regionale Gegebenheiten. Basierend auf den Erkenntnissen internationaler Vorbilder und den Lessons Learned aus Kap. 5 ergeben sich folgende zentrale Forschungsempfehlungen:

Systematische Evaluation von Transparenzmaßnahmen
Die fortlaufende Bewertung von Transparenzstrategien ist entscheidend, um deren Wirksamkeit zu messen und kontinuierliche Verbesserungen zu ermöglichen. Schweden hat mit der Analyse und Weiterentwicklung nationaler Qualitätsregister gezeigt, dass solche Monitoring-Systeme nicht nur die Versorgung verbessern, sondern auch eine evidenzbasierte Grundlage für politische und institutionelle Entscheidungen bieten (Anell et al., 2012). Für Deutschland könnte die Entwicklung eines nationalen Monitoring- und Evaluierungssystems, das Daten zur Patientenzufriedenheit, Behandlungsqualität und Kostenverteilung systematisch erfasst, einen ähnlichen Mehrwert schaffen. Solch ein Ansatz würde es ermöglichen, Transparenzmaßnahmen zielgerichtet zu optimieren und bestehende Lücken im Versorgungssystem zu adressieren.

Durchführung von Kosten-Nutzen-Analysen
Die Einführung von Transparenzmaßnahmen erfordert erhebliche finanzielle Investitionen, deren langfristiger Nutzen jedoch bislang nur unzureichend quantifiziert ist. Erfahrungen aus den USA mit der Implementierung elektronischer Patientenakten (ePA) zeigen, dass initiale Kosten durch langfristige Einsparungen und qualitative Verbesserungen in der Versorgung mehr als ausgeglichen werden können (Blumenthal & Tavenner, 2010). Für Deutschland wäre eine verstärkte Untersuchung solcher Kosten-Nutzen-Verhältnisse

notwendig, um fundierte Entscheidungen über die Finanzierung von Transparenzinitiativen zu treffen. Besonders die Evaluation neuer Technologien wie KI-gestützter Systeme und Telemedizin könnte Aufschluss über deren wirtschaftlichen und qualitativen Mehrwert liefern.

Internationale Vergleichsstudien
Die Analyse internationaler Best Practices aus Ländern wie Estland, Schweden und Dänemark bietet wertvolle Einblicke in erfolgreiche Transparenzstrategien. Forschung sollte untersuchen, welche dieser Ansätze auf die spezifischen Gegebenheiten des deutschen Gesundheitswesens übertragbar sind. Beispielsweise hat Estland durch gezielte staatliche Investitionen in eine zentrale Datenplattform und innovative Technologien wie Blockchain bedeutende Fortschritte erzielt. Diese digitale Transformation ermöglicht einen sicheren und effizienten Austausch von Gesundheitsdaten zwischen Leistungserbringern und stärkt gleichzeitig das Vertrauen der Bevölkerung in das System (Kattel & Mergel, 2019).

Zusätzlich zeigt die Fallstudie von Widén und Haseltine (2015), dass das estnische E-Health-System durch die Integration digitaler Lösungen und die zentrale Datenplattform erheblich zur Sicherheit und Zugänglichkeit von Gesundheitsinformationen beigetragen hat. Die Kombination aus Interoperabilität und einer benutzerfreundlichen digitalen Infrastruktur wird als Schlüsselfaktor für den Erfolg genannt.

Förderung interdisziplinärer Forschung
Transparenz ist ein interdisziplinäres Thema, das Expertise aus den Bereichen Medizin, Wirtschaft, Informatik und Sozialwissenschaften erfordert. Die Einrichtung interdisziplinärer Forschungszentren könnte dazu beitragen, innovative Ansätze zu entwickeln, die technologische, ethische und organisatorische Aspekte miteinander verbinden. Solche Zentren könnten auch als Plattformen für den internationalen Austausch von Forschungsergebnissen und Best Practices dienen.

6.4 Ein praxisorientierter Leitfaden für die Umsetzung

Zusammenfassung der wichtigsten Maßnahmen
Die Förderung von Transparenz im deutschen Gesundheitswesen erfordert eine systematische und koordinierte Herangehensweise, die auf den Lehren aus internationalen Best Practices basiert. Der folgende praxisorientierte Leitfaden enthält Handlungsempfehlungen, um Transparenzmaßnahmen in die Praxis umzusetzen:

1. **Gesetzliche Rahmenbedingungen schaffen**
   – Verabschiedung eines bundesweiten Transparenzgesetzes, das verbindliche Standards für die Erhebung und Veröffentlichung von Qualitätsindikatoren sowie den Schutz und die Nutzung von Gesundheitsdaten definiert.

   - Einrichtung einer zentralen Institution zur Überwachung der Einhaltung dieser Standards, vergleichbar mit dem schwedischen National Board of Health and Welfare.
2. **Digitale Infrastruktur stärken**
   - Förderung interoperabler IT-Systeme, die den Datenaustausch zwischen Akteuren im Gesundheitswesen ermöglichen, inspiriert durch Estland und Dänemark.
   - Ausbau der elektronischen Patientenakte (ePA) und Einführung einer zentralen Plattform für Patienteninformation und -navigation.
3. **Evaluations- und Feedbackmechanismen etablieren**
   - Entwicklung standardisierter Evaluationssysteme zur kontinuierlichen Überprüfung der Maßnahmen.
   - Integration von Patienten- und Leistungserbringer-Feedback in die Optimierung von Transparenzinitiativen.
4. **Stärkung der Gesundheitskompetenz**
   - Implementierung von Bildungs- und Aufklärungsprogrammen, die Patienten befähigen, Gesundheitsinformationen zu verstehen und effektiv zu nutzen.
   - Zielgruppenspezifische Ansätze für benachteiligte Bevölkerungsgruppen, ähnlich den Modellen in Österreich und Kanada.
5. **Unterstützung des Pflegepersonals**
   - Verbesserung der Arbeitsbedingungen, faire Vergütung und gezielte Weiterbildungsprogramme für Pflegekräfte.
   - Förderung von Anerkennung und Wertschätzung des Pflegeberufs, um die Attraktivität und Bindung an den Beruf zu erhöhen.
6. **Forschung und internationale Kooperation**
   - Aufbau interdisziplinärer Forschungszentren zur Weiterentwicklung von Transparenzstrategien.
   - Förderung internationaler Kooperationen zur Adaption bewährter Ansätze und zur Harmonisierung europäischer Standards.

Interdisziplinarität und Zusammenarbeit

Die Umsetzung dieser Maßnahmen erfordert eine enge Zusammenarbeit aller relevanten Akteure – von politischen Entscheidungsträgern über Leistungserbringer bis hin zu Patienten und Wissenschaftlern. Die Verknüpfung technischer, organisatorischer und sozialer Dimensionen ist unerlässlich, um Transparenzmaßnahmen nachhaltig und patientenzentriert umzusetzen.

Abb. 6.1 zeigt die wesentlichen Maßnahmen, die zur Steigerung von Qualität, Effizienz und Patientenorientierung beitragen. Sie verdeutlicht die spezifischen Ziele und Schritte, die notwendig sind, um Transparenz im Gesundheitswesen systematisch und nachhaltig zu etablieren. Die dargestellten Handlungsfelder bieten eine klare Grundlage für die Entwicklung einer praxisorientierten Strategie.

Dieser Leitfaden legt den Grundstein für die Entwicklung eines umfassenden Transparenzkonzepts, das nicht nur als Kontrollmechanismus dient, sondern als Katalysator für

Maßnahme	Ziel	Umsetzungsschritte
1. Gesetzliche Rahmenbedingungen	Klare regulatorische Standards schaffen	- Transparenzgesetz verabschieden - Zentrale Institution zur Überwachung einrichten
2. Digitale Infrastruktur stärken	Effizienten Datenaustausch fördern	- Interoperable IT-Systeme fördern - Elektronische Patientenakte (ePA) ausbauen
3. Evaluations- und Feedbackmechanismen	Transparenzmaßnahmen kontinuierlich optimieren	- Standardisierte Evaluationssysteme entwickeln - Feedback von Patienten und Leistungserbringern integrieren
4. Gesundheitskompetenz stärken	Informierte Patientenentscheidungen ermöglichen	- Bildungs- und Aufklärungsprogramme implementieren - Ansätze für benachteiligte Gruppen entwickeln
5. Unterstützung des Pflegepersonals	Arbeitsbedingungen und Attraktivität verbessern	- Faire Vergütung und Weiterbildung fördern - Anerkennung und Wertschätzung steigern
6. Forschung und internationale Kooperation	Innovationen und Best Practices nutzen	- Forschungszentren aufbauen - Internationale Zusammenarbeit fördern

Abb. 6.1 Übersicht der zentralen Maßnahmen zur Förderung von Transparenz im deutschen Gesundheitswesen

Qualität, Innovation und Vertrauen im deutschen Gesundheitssystem. Im nächsten Kapitel wird detailliert dargelegt, wie ein solcher Transparenz-Leitfaden konzipiert und implementiert werden kann. Dabei stehen methodische Ansätze, praktische Werkzeuge und die Integration wissenschaftlicher Erkenntnisse im Fokus, um die Roadmap in konkrete, umsetzbare Maßnahmen zu überführen.

6.5 Zusammenfassung der zentralen Erkenntnisse

Kap. 6 hat die grundlegenden Maßnahmen für die Förderung von Transparenz im deutschen Gesundheitssystem vorgestellt. Zu den zentralen Maßnahmen zählen die Einführung gesetzlicher Rahmenbedingungen, die Förderung digitaler Infrastrukturen, die Etablierung standardisierter Evaluationsmechanismen, die Stärkung der Gesundheitskompetenz sowie die Unterstützung des Pflegepersonals. Ergänzt wird dies durch die Notwendigkeit interdisziplinärer Forschung und internationaler Kooperationen. Zusammen bilden diese Maßnahmen ein kohärentes Fundament für die Transformation des deutschen Gesundheitssystems hin zu mehr Qualität, Effizienz und Patientenorientierung.

Die vorgestellten Handlungsempfehlungen verdeutlichen, dass Transparenz nicht nur eine technische oder organisatorische Herausforderung darstellt, sondern vor allem als ein integrales Prinzip verstanden werden muss, dass alle Akteure im Gesundheitssystem – von politischen Entscheidungsträgern über Leistungserbringer bis hin zu Patienten – aktiv einbeziehen. Transparenz hat das Potenzial, nicht nur Vertrauen zu stärken, sondern auch Innovationen voranzutreiben und das Gesundheitssystem zukunftsfähig zu machen.

Die vorgeschlagenen Maßnahmen stützen sich auf internationale Best Practices aus Ländern wie Estland, Schweden und Dänemark, wurden jedoch gezielt an die spezifischen Anforderungen des deutschen Gesundheitswesens angepasst. Diese Verbindung aus globalen Erfahrungen und lokalem Kontext bietet eine praxisnahe Grundlage, um Transparenz nachhaltig und effektiv zu fördern.

Das folgende Kap. 7 stellt die konkrete Entwicklung eines Transparenz-Leitfadens in den Mittelpunkt. Darin werden die in Kap. 6 skizzierten Maßnahmen in ein strukturiertes Konzept überführt, das den Akteuren im Gesundheitswesen als Orientierung dient. Durch die Kombination methodischer Ansätze mit bewährten internationalen Praktiken wird gezeigt, wie Transparenz als integraler Bestandteil eines modernen und patientenzentrierten Gesundheitssystems verankert werden kann. Dieses Konzept soll nicht nur die Umsetzung erleichtern, sondern auch als Katalysator für Qualität, Innovation und Vertrauen wirken.

Literatur

Almario, C. V., Nguyen, A., & Mosadeghi, S. (2017). Persistent digital divide in access to and use of the Internet as a resource for health information: Results from a California population-based study. *International Journal of Medical Informatics.* https://www.sciencedirect.com/science/article/pii/S1386505617300862.

Anell, A., Glenngård, A. H., & Merkur, S. (2012). Sweden: Health system review. *Health Systems in Transition, 14*(5), 1–159.

Blumenthal, D., & Tavenner, M. (2010). The "meaningful use" regulation for electronic health records. *New England Journal of Medicine, 363*(6), 501–504. https://doi.org/10.1056/NEJMp1006114.

Christensen, T., & Vrangbæk, K. (2018). Hospital reforms in Denmark: Centralization and decentralization. *Health Policy, 122*(4), 321–328. https://doi.org/10.1016/j.healthpol.2017.12.009.

Costa, R. T., Adib, K., Salama, N., & Davia, S. (2024). Electronic health records and data exchange in the WHO European region: A subregional analysis of achievements, challenges, and prospects. *International Journal of Medical Informatics.* https://www.sciencedirect.com/science/article/pii/S1386505624003502.

Dalrymple, P. W., & Rogers, M. L. (2012). Assessing internet access and use in a medically underserved population: Implications for providing enhanced health information services. *Health Information & Libraries Journal.* https://onlinelibrary.wiley.com/doi/abs/10.1111/j.1471-1842.2011.00971.x.

Gele, A. A., Pettersen, K. S., Torheim, L. E., & Kumar, B. (2016). Health literacy: The missing link in improving the health of Somali immigrant women in Oslo. *BMC Public Health.* https://link.springer.com/content/pdf/10.1186/s12889-016-3790-6.pdf.

Kattel, R., & Mergel, I. (2019). *Estonia's digital transformation: Mission mystique and the hiding hand.* OAPEN Library PDF.

Krankenhausbarometer 2024. (2024). Entwicklungen und Herausforderungen im deutschen Krankenhauswesen. *Deutsches Krankenhausinstitut.*

Le, C., Guttersrud, Ø., Joranger, P., & Okan, O. (2024). The relationship between health literacy proficiencies and health-related quality of life and GP visits among young people in Norway: A population-based cross-sectional study. *BMJ Open.* https://bmjopen.bmj.com/content/14/10/e081892.abstract.

McDaid, D. (2016). Investing in health literacy: Co-benefits to the education sector. *Gesundheitsziele Österreich.* https://gesundheitsziele-oesterreich.at/website2024/wp-content/uploads/2024/03/policy-brief-investing-health-literacy-co-benefits-to-education-sector.pdf.

Nguyen, A., Mosadeghi, S., & Almario, C. V. (2020). Reducing healthcare disparities among marginalized populations through ICT utilization. *Journal of Public Health Research.* https://journals.plos.org/plosone/article?id=10.1371/journal.pone.0288381.

Ose, D., Winkler, E. C., Pohlmann, S., Kunz, A., & Steinhäuser, J. (2020). Digitalizing health services by implementing a personal electronic health record in Germany: Qualitative analysis of fundamental prerequisites from the perspective of national and international experts. *Journal of Medical Internet Research.* https://www.jmir.org/2020/1/e15102/.

Park, S., & Ahmed, R. (2023). Communication dimensions of healthcare engagement and patient health literacy for immigrant populations: A systematic review. *Health Communication.* https://www.tandfonline.com/doi/abs/10.1080/10410236.2021.2010328.

Priisalu, J., & Ottis, R. (2017). Personal control of privacy and data: Estonian experience. *Health and Technology, 7*(4), 441–451. https://doi.org/10.1007/s12553-017-0195-1.

Rau, E., Tischendorf, T., & Mitzscherlich, B. (2024). Health record implementation in the German healthcare system: An assessment of the current status and future development perspectives considering the potentials of health data. *Frontiers in Health Services.* https://www.frontiersin.org/articles/10.3389/frhs.2024.1370759/full.

Schmitt, T. (2024). Rethinking electronic health record implementation in Germany: A value-based health system approach. Maastricht University. https://academic.oup.com/eurpub/article/34/Supplement_3/ckae144.1656/7844848

Schmitt, T. (2024). *Rethinking electronic health record implementation in Germany: A value-based health system approach.* Maastricht University. https://cris.maastrichtuniversity.nl/files/221029634/i8454.pdf

Slawomirski, L., Lindner, L., de Bienassis, K., & Haywood, P. (2023). Progress on implementing and using electronic health record systems: Developments in OECD countries. *OECD Health Policy Studies.* https://www.oecd-ilibrary.org/social-issues-migration-health/progress-on-implementing-and-using-electronic-health-record-systems_4f4ce846-en

Stormacq, C., Oulevey Bachmann, A., & Van den Broucke, S. (2023). How socioeconomically disadvantaged people access, understand, appraise, and apply health information: A qualitative study exploring health literacy skills. *PLOS ONE.* https://journals.plos.org/plosone/article?id=10.1371/journal.pone.0288381.

Viswanath, K., & Kreuter, M. W. (2007). Health disparities, communication inequalities, and eHealth. *American Journal of Preventive Medicine.* https://www.sciencedirect.com/science/article/pii/S0749379707001006

Widén, S., & Haseltine, W. (2015). *Case study: The Estonian eHealth and eGovernance system.* Access Health International.

Online-Quellen

Centers for Medicare & Medicaid Services (CMS). (2023). *Hospital Compare: Leveraging transparency to enhance healthcare quality.* Abgerufen am 31. Januar 2025 von https://www.medicare.gov/hospitalcompare

Entwicklung und Umsetzung eines Transparenz-Leitfadens

7

Inhaltsverzeichnis

Die Entwicklung und Umsetzung eines Transparenz-Leitfadens stellt einen wesentlichen Schritt dar, um Offenheit, Qualität und Effizienz im Gesundheitswesen nachhaltig zu fördern. Transparenz wird dabei nicht als abstraktes Prinzip verstanden, sondern als ein praktisches Instrument, das Entscheidungsprozesse verbessert, Vertrauen stärkt und die Verantwortlichkeit aller Akteure erhöht. Ein solcher Leitfaden soll eine gemeinsame Grundlage schaffen, auf der sich Patienten, Gesundheitsdienstleister und politische Entscheidungsträger gleichermaßen orientieren können.

Die in Abschn. 6.4 dargestellten Maßnahmen bilden die konzeptionelle Basis für die weitere Ausarbeitung in diesem Kapitel. Dabei werden nicht nur konkrete Umsetzungsstrategien betrachtet, sondern auch die Herausforderungen, die sich in den zentralen Handlungsfeldern ergeben. Ziel ist es, Informationsasymmetrien abzubauen, die Versorgungsqualität zu optimieren und zugleich ethische sowie rechtliche Aspekte zu berücksichtigen, die mit der Veröffentlichung und Nutzung von Gesundheitsdaten verbunden sind.

Dieses Kapitel erläutert die grundlegenden Überlegungen, die der Entwicklung eines Transparenz-Leitfadens zugrunde liegen, und gibt einen Überblick über die zentralen

D. M. Hradecky, *Transparenz im Gesundheitswesen*,
https://doi.org/10.1007/978-3-658-48125-4_7

Dimensionen, die in den folgenden Abschnitten vertieft werden. Dazu gehören die Identifikation relevanter Zielgruppen und Anwendungsbereiche, die inhaltliche und strukturelle Gestaltung sowie Methoden zur praktischen Umsetzung und Evaluation.

7.1 Die Notwendigkeit eines Transparenz-Leitfadens

Die Komplexität und Dynamik des Gesundheitswesens machen die Einführung eines Leitfadens zur Transparenz unerlässlich, um Offenheit, Qualität und Effizienz in die vorhandenen Strukturen zu integrieren. Ein solcher Leitfaden dient nicht nur als Orientierungshilfe, sondern adressiert zentrale Herausforderungen, die die Transparenz und Effektivität des Gesundheitssystems derzeit beeinträchtigen.

7.1.1 Kernprobleme und Ansatzpunkte

1. **Informationsasymmetrie**
   Patienten sehen oft die Schwierigkeit, Zugang zu unvollständigen oder schwer verständlichen Informationen über Gesundheitsdienstleistungen zu bekommen. Diese Asymmetrie erschwert es ihnen, fundierte Entscheidungen zu treffen, insbesondere in komplexen medizinischen Kontexten. Ein Transparenz-Leitfaden könnte dazu beitragen, das Ungleichgewicht zu beseitigen, indem er den Zugang zu zuverlässigen, klar verständlichen und relevanten Daten standardisiert und vereinfacht. Plattformen wie der ‚Bundes-Klinik-Atlas' zeigen erste Ansätze, wie Datenstrukturen patientenzentriert aufbereitet werden können (Bundesregierung, 2024).
2. **Qualitätsunterschiede**
   Trotz eines hochentwickelten Gesundheitssystems bestehen erhebliche Unterschiede in der Versorgungsqualität zwischen verschiedenen Leistungserbringern. Transparenz ermöglicht es, diese Unterschiede sichtbar zu machen und dadurch einen positiven Wettbewerb zu schaffen, der auf die kontinuierliche Verbesserung der Versorgung abzielt. Beispiele aus Schweden und den USA zeigen, dass die Veröffentlichung von Qualitätskennzahlen wie Komplikationsraten und Patientenzufriedenheit sowohl das Vertrauen der Patienten stärkt als auch die Motivation der Anbieter erhöht, ihre Leistungen zu optimieren (Anell et al., 2012; CMS, 2022).
3. **Vertrauensverlust**
   Vertrauen ist ein zentraler Pfeiler des Gesundheitswesens, das jedoch durch Intransparenz oder negative Erfahrungen gefährdet wird. Der Transparenz-Leitfaden soll das Vertrauen in Gesundheitseinrichtungen und politische Institutionen stärken, indem er den Umgang mit Gesundheitsinformationen standardisiert, nachvollziehbar macht und datenschutzrechtliche Anforderungen wie die der DSGVO erfüllt (DSGVO, 2016). Die Etablierung klarer und konsistenter Berichts- und Kommunikationsstrukturen könnte

Vertrauen fördern und das öffentliche Bewusstsein für die Qualität und Effizienz der Versorgung stärken.

7.1.2 Praxisorientierte Lösungen für das deutsche Gesundheitssystem

Ein wirksamer Transparenz-Leitfaden darf sich nicht auf die Identifikation der Kernprobleme beschränken, sondern muss auch praktikable und maßgeschneiderte Lösungen anbieten. Dabei könnten folgende Ansätze verfolgt werden:

- **Patientenzentrierte Datenaufbereitung:** Die Präsentation von Informationen in leicht verständlichen Formaten könnte die Entscheidungsfähigkeit von Patienten signifikant erhöhen. Die Integration digitaler Plattformen und Tools wie Apps oder patientenzentrierter Portale sind vielversprechende Ansätze.
- **Förderung eines fairen Wettbewerbs:** Transparenz sollte als Mittel eingesetzt werden, um einen konstruktiven Wettbewerb zwischen Leistungserbringern zu fördern, der auf Qualität und Innovation abzielt.
- **Einbindung aller Akteure:** Eine enge Zusammenarbeit zwischen Patienten, Leistungserbringern und politischen Entscheidungsträgern ist essenziell, um die Akzeptanz und Wirksamkeit der Transparenzmaßnahmen sicherzustellen.

Ein Transparenz-Leitfaden kann somit nicht nur zur besseren Information der Patienten beitragen, sondern auch als strategisches Instrument zur Qualitätsverbesserung und Vertrauensbildung dienen. Dabei ist es entscheidend, dass er sich an die spezifischen Anforderungen und Herausforderungen des deutschen Gesundheitssystems anpasst, um eine nachhaltige und effektive Umsetzung sicherzustellen.

7.1.3 Zentrale Prinzipien eines Transparenz-Leitfadens

Ein Transparenz-Leitfaden für das Gesundheitswesen sollte auf eindeutig definierten Prinzipien beruhen, um seine Wirksamkeit, Akzeptanz und langfristige Relevanz zu gewährleisten. Diese Prinzipien stellen die Grundlage dar, auf der alle strategischen Maßnahmen, Inhalte und Umsetzungsmechanismen des Leitfadens aufbauen.

1. Inklusivität

Inklusivität bedeutet, dass alle relevanten Akteure in die Entwicklung und Umsetzung des Leitfadens einbezogen werden müssen. Dazu gehören Patienten, Gesundheitsdienstleister, Versicherungen, politische Entscheidungsträger und Vertreter der Wissenschaft. Ihre Einbindung gewährleistet:

- **Praxisorientierung:** Die Maßnahmen werden an die tatsächlichen Bedürfnisse und Gegebenheiten im Gesundheitswesen angepasst. Studien zeigen, dass partizipative Ansätze die Akzeptanz und Wirksamkeit von Reformen erheblich steigern können (Hibbard et al., 2005).
- **Vielfalt der Perspektiven:** Unterschiedliche Sichtweisen tragen dazu bei, dass der Leitfaden alle relevanten Aspekte adressiert und die Bedürfnisse verschiedener Bevölkerungsgruppen berücksichtigt.
- **Kooperative Umsetzung:** Eine enge Zusammenarbeit zwischen Akteuren fördert die Identifikation mit den Zielen des Leitfadens und erhöht die Bereitschaft zur Umsetzung.

Die Einbindung aller Akteure erfordert jedoch klar definierte Kommunikationswege und einen transparenten Austauschprozess, um die Zusammenarbeit effizient zu gestalten (Christensen & Vrangbæk, 2018a, 2018b).

2. Evidenzbasierung
Der Leitfaden muss auf wissenschaftlichen Erkenntnissen und internationalen Best Practices basieren, um eine fundierte und nachhaltige Grundlage für die vorgeschlagenen Maßnahmen zu bieten. Evidenzbasierung stellt sicher:

- **Wirksamkeit:** Maßnahmen, die durch wissenschaftliche Studien und praktische Erfahrungen belegt sind, haben eine höhere Erfolgschance.
- **Nachvollziehbarkeit:** Ein evidenzbasierter Ansatz schafft Transparenz und Vertrauen bei den beteiligten Akteuren.
- **Anpassungsfähigkeit:** Internationale Modelle wie die Qualitätsregister in Schweden oder die Transparenzplattformen in den USA können als Inspiration dienen, um erprobte Mechanismen in das deutsche System zu integrieren (Anell et al., 2012; CMS, 2022).

Eine kontinuierliche Überprüfung und Aktualisierung der evidenzbasierten Grundlagen ist essenziell, um den Leitfaden an neue wissenschaftliche Erkenntnisse und gesellschaftliche Entwicklungen anzupassen.

Abb. 7.1 illustriert Maßnahme 1, die bereits in Abb. 6.1 als ein zentraler Bestandteil der Transparenzförderung im deutschen Gesundheitswesen dargestellt wurde. Wie dort beschrieben, ist die Verabschiedung eines bundesweiten Transparenzgesetzes unerlässlich, um die rechtlichen Grundlagen für die Erhebung und Nutzung von Gesundheitsdaten zu schaffen.

3. Nachhaltigkeit
Transparenz im Gesundheitswesen stellt einen fortlaufenden, dynamischen Prozess dar, dessen langfristige Wirksamkeit maßgeblich von strukturell verankerten Nachhaltigkeitsprinzipien abhängt. Die Sicherstellung einer belastbaren und flexiblen Strategie erfordert eine kohärente Integration finanzieller Stabilität, technologischer Anpassungsfähigkeit

Maßnahme	Ziel	Umsetzungsschritte
1. Gesetzliche Rahmenbedingungen	Klare regulatorische Standards schaffen	- Transparenzgesetz verabschieden - Zentrale Institution zur Überwachung einrichten

Abb. 7.1 Übersicht Maßnahme Nummer 1 der zentralen Maßnahmen zur Förderung von Transparenz im deutschen Gesundheitswesen

und regulatorischer Weiterentwicklung. Nur durch die konsequente Berücksichtigung dieser Faktoren kann Transparenz als strukturelles Leitmotiv in der Gesundheitsversorgung etabliert werden.

Langfristige Finanzierung als Grundlage nachhaltiger Transparenzstrategien

Die nachhaltige Implementierung von Transparenzmaßnahmen setzt voraus, dass stabile finanzielle Ressourcen zur Verfügung stehen. Der Zugang zu langfristigen Finanzierungsmodellen gewährleistet nicht nur die kontinuierliche Bereitstellung und Pflege technologischer Infrastrukturen, sondern ermöglicht auch die erforderliche Anpassung an sich wandelnde gesellschaftliche und politische Rahmenbedingungen. In verschiedenen europäischen Staaten sind Finanzierungssysteme etabliert, die eine ausgewogene Balance zwischen staatlicher Förderung, sektorenübergreifenden Investitionen und regulatorischen Anreizen herstellen. Diese Modelle tragen zur langfristigen Absicherung von Transparenzinitiativen bei und minimieren gleichzeitig das Risiko struktureller Unterfinanzierung (Fernández, Forder & Trukeschitz, 2009).

Die Nachhaltigkeit finanzieller Strukturen im Gesundheitswesen erfordert darüber hinaus Mechanismen, die nicht nur eine initiale Implementierung von Transparenzmaßnahmen ermöglichen, sondern deren kontinuierliche Verbesserung sicherstellen. Die Verknüpfung von finanziellen Anreizsystemen mit Qualitätssicherungskriterien trägt dazu bei, dass Investitionen nicht ausschließlich unter kurzfristigen Effizienzgesichtspunkten erfolgen, sondern auch langfristige Versorgungsziele berücksichtigen (Glasgow & Chambers, 2012).

Technologische Flexibilität als Voraussetzung für adaptive Transparenzsysteme

Die Entwicklung digitaler Gesundheitsstrategien erfordert eine hohe Adaptionsfähigkeit an technologische Innovationen und regulatorische Veränderungen. Transparenzinitiativen sind nur dann langfristig tragfähig, wenn sie auf einer IT-Infrastruktur basieren, die eine kontinuierliche Integration neuer digitaler Lösungen ermöglicht. In der Praxis erweisen sich insbesondere interoperable Systeme, die sich mit bestehenden Verwaltungs- und Versorgungsstrukturen verknüpfen lassen, als maßgebliche Erfolgsfaktoren für die Digitalisierung des Gesundheitswesens (Efunniyi & Abhulimen, 2024).

Ein nachhaltiger Ansatz in der technologischen Weiterentwicklung setzt voraus, dass Informationssysteme nicht statisch konzipiert werden, sondern kontinuierlich mit Blick auf zukünftige Herausforderungen erweitert werden können. Systeme, die modular aufgebaut sind und sowohl durch regulatorische Anpassungen als auch durch technologische Fortschritte ergänzt werden können, erfüllen die Anforderungen an langfristige Transparenzstrategien. Insbesondere die Integration von Künstlicher Intelligenz zur automatisierten Analyse von Versorgungsdaten sowie Blockchain-Technologien zur Sicherstellung der Datenintegrität eröffnen neue Möglichkeiten, um Transparenz und Sicherheit im Gesundheitswesen gleichzeitig zu optimieren (Lehoux et al., 2018).

Dynamische Anpassung an gesellschaftliche und politische Rahmenbedingungen
Die fortlaufende Weiterentwicklung regulatorischer Vorgaben und gesellschaftlicher Erwartungen erfordert ein hohes Maß an Flexibilität in der Konzeption von Transparenzstrategien. Das Gesundheitswesen unterliegt einem stetigen Wandel, der sich durch demografische Entwicklungen, veränderte politische Leitlinien und technologischen Fortschritt manifestiert. Eine nachhaltige Transparenzstrategie setzt daher Mechanismen voraus, die eine kontinuierliche Evaluation bestehender Regelungen und eine flexible Anpassung an neue Rahmenbedingungen ermöglichen (Eichler et al., 2015).

Die Einführung von Transparenzmaßnahmen erfordert zudem eine enge Verzahnung zwischen politischen Entscheidungsträgern, Gesundheitsdienstleistern und der Öffentlichkeit. Um langfristig Akzeptanz und Vertrauen zu schaffen, sind partizipative Ansätze notwendig, die es verschiedenen Akteursgruppen ermöglichen, aktiv an der Weiterentwicklung bestehender Strukturen mitzuwirken. Insbesondere durch öffentliche Berichterstattung über Fortschritte und Herausforderungen sowie durch die Einbindung von Bürgerbeteiligungsprozessen lässt sich eine gesellschaftliche Akzeptanz für Transparenzmaßnahmen nachhaltig etablieren (Zhu et al., 2020).

Eine nachhaltige Implementierung von Transparenz im Gesundheitswesen erfordert die gezielte Verzahnung von finanzieller Stabilität, technologischer Innovationsfähigkeit und adaptiven regulatorischen Strukturen. Langfristige Finanzierungsmechanismen sichern die kontinuierliche Umsetzung und Weiterentwicklung bestehender Maßnahmen. Technologische Flexibilität gewährleistet die Integration neuer digitaler Lösungen und verhindert, dass Transparenzinitiativen durch veraltete Strukturen ausgebremst werden. Schließlich sorgt die kontinuierliche Anpassung an gesellschaftliche und politische Veränderungen dafür, dass Transparenzmaßnahmen langfristig relevant und wirksam bleiben.

7.1.4 Herausforderungen bei der Entwicklung eines Transparenz-Leitfadens

Die Entwicklung eines Transparenz-Leitfadens für das deutsche Gesundheitssystem ist ein ambitioniertes Vorhaben, das sowohl rechtliche als auch technologische, organisatorische und kommunikative Hürden überwinden muss. Dabei ist es essenziell, einen kohärenten Ansatz zu verfolgen, der die verschiedenen Aspekte dieses komplexen Prozesses berücksichtigt und gleichzeitig auf die spezifischen Anforderungen und Strukturen des deutschen Gesundheitssystems eingeht.

Ein zentraler Aspekt ist der Datenschutz, insbesondere im Zusammenhang mit der Veröffentlichung und Nutzung sensibler Gesundheitsdaten. Die strikten Vorgaben der Datenschutz-Grundverordnung (DSGVO) stellen sicher, dass persönliche Daten geschützt werden. Gleichzeitig erschweren sie jedoch die Umsetzung von Transparenzmaßnahmen, die auf umfassenden und frei zugänglichen Informationen basieren. Der Leitfaden muss daher Richtlinien enthalten, die sowohl die notwendige Transparenz fördern als auch sicherstellen, dass der Schutz der Privatsphäre gewährleistet ist. Nur so kann das Vertrauen der Bevölkerung in den Umgang mit Gesundheitsdaten gestärkt werden. Dies ist von entscheidender Bedeutung, da die Akzeptanz von Transparenzmaßnahmen wesentlich davon abhängt, ob Patienten und andere Akteure das Gefühl haben, dass ihre Daten sicher sind (Weiskopf & Weng, 2013).

Ein weiteres Hindernis ist die technologische Infrastruktur, die in vielen Bereichen des deutschen Gesundheitswesens noch nicht ausreichend entwickelt ist. Obwohl es Fortschritte gibt, zum Beispiel durch die Implementierung elektronischer Patientenakten, besteht häufig ein Mangel an umfassender Kompatibilität zwischen unterschiedlichen IT-Systemen. Dies führt zu einer Fragmentierung von Daten und erschwert die einheitliche Umsetzung von Transparenzmaßnahmen. Ein Transparenz-Leitfaden muss daher Standards für die technologische Integration und den Einsatz moderner Technologien wie Künstlicher Intelligenz und Big Data festlegen. Diese Technologien haben das Potenzial, große Datenmengen effizient zu verarbeiten und in einer Weise zu präsentieren, die für unterschiedliche Zielgruppen verständlich ist (Busse & Blümel, 2014).

Auch die Vielfalt der Zielgruppen im Gesundheitswesen stellt eine Herausforderung dar. Während Patienten verständliche und leicht zugängliche Informationen benötigen, bevorzugen medizinische Fachkräfte und politische Entscheidungsträger detaillierte, technisch komplexe Daten. Diese divergierenden Anforderungen machen flexible Kommunikationsstrategien erforderlich, die unterschiedliche Formate und Kanäle nutzen, um alle Akteure effektiv zu erreichen (Viswanath, 2006; Schiavo, 2013). Dabei spielt die Berücksichtigung der Gesundheitskompetenz eine zentrale Rolle. Nur wenn unterstützende Maßnahmen bereitgestellt werden, können die bereitgestellten Informationen tatsächlich genutzt und verstanden werden (Synnot et al., 2019). Die Entwicklung gezielter Kommunikationsstrategien, die digitale und analoge Kanäle kombinieren, trägt dazu bei, Informationslücken zu schließen und die Gesundheitsversorgung effizienter zu gestalten (Heckert et al., 2020).

Die institutionelle Fragmentierung des deutschen Gesundheitssystems erschwert zusätzlich die Umsetzung eines einheitlichen Transparenz-Leitfadens. Die föderale Struktur mit unterschiedlichen Zuständigkeiten auf Bundes-, Landes- und Kommunalebene führt häufig zu inkonsistenten Ansätzen und einer mangelnden Koordination zwischen den verschiedenen Akteuren. Ein wirksamer Leitfaden muss Mechanismen entwickeln, um die Zusammenarbeit und den Datenaustausch zwischen den verschiedenen Ebenen und Institutionen zu fördern. Internationale Beispiele, etwa aus Dänemark, belegen, dass die Implementierung einheitlicher Standards und zentraler Koordinationsstellen

Maßnahme	Ziel	Umsetzungsschritte
5. Unterstützung des Pflegepersonals	Arbeitsbedingungen und Attraktivität verbessern	- Faire Vergütung und Weiterbildung fördern - Anerkennung und Wertschätzung steigern

Abb. 7.2 Übersicht Maßnahme Nummer 5 der zentralen Maßnahmen zur Förderung von Transparenz im deutschen Gesundheitswesen

dazu beitragen kann, diese Fragmentierung zu überwinden und die Umsetzung von Transparenzmaßnahmen effektiver zu gestalten (Christensen & Vrangbæk, 2018a, 2018b).

Trotz dieser Herausforderungen bietet ein Transparenz-Leitfaden enorme Potenziale, das deutsche Gesundheitswesen nachhaltig zu verbessern. Durch eine gezielte Stärkung der Patientenautonomie können informierte Entscheidungen gefördert und die Zufriedenheit der Patienten erhöht werden. Gleichzeitig schafft Transparenz Anreize für Gesundheitseinrichtungen, ihre Prozesse und Leistungen kontinuierlich zu optimieren. Einheitliche und nachvollziehbare Prozesse tragen darüber hinaus dazu bei, das Vertrauen in das Gesundheitssystem zu stärken, was wiederum die Akzeptanz von Reformen und Innovationen erhöht.

Die Verbesserung der Arbeitsbedingungen und die gezielte Weiterbildung des Pflegepersonals, die bereits in Abb. 6.1 als Maßnahme 5 angeführt wurde, wird in Abb. 7.2 behandelt. Diese Maßnahme, ist ein entscheidender Schritt, um die Akzeptanz und Umsetzung von Transparenzmaßnahmen zu fördern.

Um diese Potenziale zu realisieren, ist ein strategischer und integrativer Ansatz erforderlich, der alle Akteure einbindet und die spezifischen Herausforderungen des deutschen Gesundheitssystems berücksichtigt. Ein gut konzipierter Leitfaden hat das Potenzial, Transparenz als festen Bestandteil der Gesundheitsversorgung zu etablieren und damit sowohl die Qualität als auch die Gerechtigkeit im System zu fördern.

7.2 Zielgruppen und Anwendungsbereiche des Transparenz-Leitfadens

Ein wirksamer Transparenz-Leitfaden muss die Bedürfnisse und Erwartungen aller relevanten Akteure im Gesundheitswesen gezielt ansprechen. Die Identifikation der Zielgruppen und die Definition spezifischer Anwendungsbereiche sind entscheidend, um die Ziele des Leitfadens – Verbesserung von Transparenz, Qualität und Effizienz – zu erreichen. Gleichzeitig muss der Leitfaden flexibel genug sein, um den unterschiedlichen Anforderungen der Beteiligten gerecht zu werden.

7.2.1 Zielgruppen des Transparenz-Leitfadens

Patienten und Angehörige

Patienten und ihre Familien sind der Fokus der Transparenzmaßnahmen, da sie die Hauptprofiteure von leicht zugänglichen und verständlichen Gesundheitsinformationen sind. Transparenz ermöglicht es Patienten, fundierte Entscheidungen über ihre Behandlung zu treffen, indem sie Behandlungsoptionen, Kosten und Erfolgsquoten vergleichen können (Esmaeilzadeh, 2019; Fukami, 2024). Dies stärkt nicht nur das Vertrauen in das Gesundheitssystem, sondern fördert auch die aktive Mitgestaltung der eigenen Gesundheitsversorgung.

Darüber hinaus trägt eine transparente Informationspolitik maßgeblich zur Patientenzufriedenheit und zum Sicherheitsgefühl bei. Studien zeigen, dass informierte Patienten häufiger an gemeinsamen Entscheidungsprozessen teilnehmen und dadurch bessere gesundheitliche Ergebnisse erzielen (Lee et al., 2019; Bell et al., 2018). Besonders in digitalen Gesundheitsplattformen zeigt sich, dass ein offener Zugang zu Gesundheitsdaten eine vertrauensfördernde Wirkung hat (Wu & Ye, 2024).

Gesundheitsdienstleister

Krankenhäuser, Arztpraxen und andere medizinische Einrichtungen profitieren erheblich von Transparenzmaßnahmen, da sie die Möglichkeit bieten, interne Prozesse gezielt zu analysieren und zu optimieren. Der Zugang zu Benchmarking-Daten erleichtert es, Schwachstellen systematisch zu identifizieren und entsprechende Maßnahmen zur Qualitätssicherung und Effizienzsteigerung zu implementieren. Neben der internen Verbesserung von Abläufen trägt Transparenz maßgeblich zur Stärkung der Patientenbindung bei, da sie das Vertrauen in medizinische Einrichtungen erhöht.

Ein konkretes Beispiel hierfür stellt die Implementierung standardisierter Prozesse im Bereich der stationären Versorgung dar. Der gezielte Einsatz von Benchmarking-Mechanismen ermöglicht es, kritische Erfolgsfaktoren zu definieren und gezielt Maßnahmen zur Optimierung einzuleiten. Studien belegen, dass standardisierte Prozessmodelle nicht nur die Behandlungsqualität positiv beeinflussen, sondern auch zu einer erhöhten Kosteneffizienz führen. Die Optimierung wiederkehrender Abläufe reduziert zudem die Wahrscheinlichkeit von Komplikationen und trägt so zu einer nachhaltig verbesserten Patientenversorgung bei (Bhati et al., 2023).

Politische Entscheidungsträger und Gesundheitsadministratoren

Für politische Akteure und Verwaltungsorgane ist Transparenz ein unverzichtbares Werkzeug zur Steuerung und Überwachung des Gesundheitssystems. Gesetzlich verankerte Transparenzrichtlinien ermöglichen es, die Qualität und Effizienz von Leistungen messbar zu machen und gezielte Reformen einzuleiten. In Schweden hat die Einführung von Transparenzstandards beispielsweise zu einer signifikanten Verbesserung der Versorgungsqualität geführt (Anell et al., 2012). Für Deutschland könnte der Leitfaden eine Basis schaffen, um vergleichbare Ansätze zu implementieren und systematische Defizite anzugehen.

Kostenträger
Gesetzliche und private Krankenversicherungen sowie öffentliche Gesundheitsinstitutionen profitieren von einer transparenten Berichterstattung und standardisierten Prozessen. Die konsequente Offenlegung relevanter Daten unterstützt die Steuerung der Effizienz und Wirksamkeit von Gesundheitsleistungen und ermöglicht eine gezielte Ressourcennutzung. Durch eine klare Kostenkontrolle können überflüssige Ausgaben minimiert und zugleich Investitionen in langfristige Versorgungsstrukturen unterstützt werden.

Die Einführung standardisierter Berichtssysteme trägt maßgeblich dazu bei, sowohl den Versicherten als auch den Kostenträgern eine nachvollziehbare und evidenzbasierte Entscheidungsgrundlage zu bieten. In diesem Kontext spielen technologische Lösungen wie digitale Preis-Transparenzsysteme eine zentrale Rolle, um Kosteneffizienz und Ressourcenallokation zu optimieren (World Health Organization, 2019). Eine klare, transparente Kommunikation zwischen den Akteuren des Gesundheitswesens schafft nicht nur Vertrauen, sondern verbessert auch die wirtschaftliche Nachhaltigkeit des Systems.

Forschungseinrichtungen und akademische Institutionen
Wissenschaftliche Akteure sind auf den Zugang zu umfassenden und validierten Gesundheitsdaten angewiesen, um fundierte Studien durchzuführen und innovative Ansätze zu entwickeln. Transparenz im Gesundheitswesen bildet die Grundlage für eine effektive interdisziplinäre Zusammenarbeit und schafft die Voraussetzungen für evidenzbasierte Entscheidungen, die langfristig zur Verbesserung der Versorgung beitragen.

Die Bereitstellung transparenter und standardisierter Gesundheitsdaten ermöglicht es Forschungseinrichtungen, systematische Analysen durchzuführen und wissenschaftlich fundierte Empfehlungen für gesundheitspolitische Maßnahmen abzuleiten. Dies ist besonders im Bereich der KI-gestützten Entscheidungsfindung von Bedeutung, da transparente Algorithmen und offene Daten einen gerechten und nachvollziehbaren Einsatz von KI-Technologien im Gesundheitswesen sicherstellen (Mensah, 2024).

Fazit

Ein gut gestalteter Transparenz-Leitfaden kann die unterschiedlichen Bedürfnisse der vielfältigen Akteure im Gesundheitswesen berücksichtigen und so als Brücke zwischen den einzelnen Gruppen fungieren. Er trägt dazu bei, das Vertrauen in das System zu stärken, die Qualität der Versorgung zu verbessern und Innovationen voranzutreiben.

7.2.2 Anwendungsbereiche des Transparenz-Leitfadens

Der Transparenz-Leitfaden adressiert eine Vielzahl von zentralen Anwendungsbereichen im Gesundheitssystem, die maßgeblich zur Förderung von Effizienz, Qualität und Patientenorientierung beitragen können. Ziel ist es, Transparenz als integratives Element in allen relevanten Bereichen des Gesundheitssystems zu etablieren, um einen nachhaltigen Beitrag zur Weiterentwicklung der Versorgung zu leisten.

Patientendatenmanagement und Interoperabilität

Ein wesentlicher Anwendungsbereich des Leitfadens ist die Erfassung, Verarbeitung und Nutzung von Patientendaten. Durch die Einführung standardisierter IT-Infrastrukturen und digitaler Plattformen wie elektronischen Patientenakten kann ein effizienter Austausch von Gesundheitsinformationen zwischen Leistungserbringern und Patienten gewährleistet werden. Dies trägt nicht nur zur Verbesserung der Behandlungsqualität bei, sondern ermöglicht es Patienten, aktiv an Entscheidungen über ihre Gesundheitsversorgung mitzuwirken. Beispiele aus dem Ostseeraum, insbesondere aus Estland, zeigen, wie durch interoperable digitale Lösungen die Effizienz und Transparenz im Gesundheitswesen gesteigert werden können. Der Einsatz sicherer Plattformen wie X-Road ermöglicht dort einen reibungslosen Datenaustausch zwischen verschiedenen Akteuren, was sowohl Patientenautonomie als auch Versorgungsqualität verbessert (Fleßa et al., 2025).

Wie in Abb. 6.1 als Maßnahme 2 aufgeführt, wird die Förderung interoperabler IT-Systeme in Abb. 7.3 als Schlüssel für die Stärkung der digitalen Infrastruktur hervorgehoben. Dieser Punkt ist zentral, um den nahtlosen Datenaustausch zwischen Akteuren zu ermöglichen und eine patientenzentrierte Versorgung zu gewährleisten.

Best Practice: Interoperable Systeme – Das Beispiel Estland

Herausforderung:

Die effiziente Nutzung von Patientendaten erfordert Systeme, die Informationen nahtlos zwischen Akteuren im Gesundheitswesen austauschen können.

Lösung:

Estland hat mit seiner **X-Road Plattform** eine Vorreiterrolle übernommen. Dieses System ermöglicht den sicheren Datenaustausch zwischen verschiedenen Institutionen, einschließlich Gesundheitsdiensten, Sozialversicherung und Patientenportalen.

Ergebnisse:

- Höhere Effizienz durch Vermeidung von Doppelarbeiten.

Maßnahme	Ziel	Umsetzungsschritte
2. Digitale Infrastruktur stärken	Effizienten Datenaustausch fördern	- Interoperable IT-Systeme fördern - Elektronische Patientenakte (ePA) ausbauen

Abb. 7.3 Übersicht Maßnahme Nummer 2 der zentralen Maßnahmen zur Förderung von Transparenz im deutschen Gesundheitswesen

- Verbesserte Patientensicherheit durch zentral verfügbare Gesundheitsinformationen.
- Kostensenkung durch reduzierte Bürokratie und optimierte Prozesse.

Übertragbarkeit:
Deutschland kann von diesem Modell lernen, indem es auf die Entwicklung interoperabler Standards setzt, die den sicheren und schnellen Austausch von Daten gewährleisten.◄

Beispiele aus Ländern wie Estland zeigen, dass ein sicherer und nutzerfreundlicher Zugang zu Gesundheitsdaten die Transparenz und Patientenautonomie erheblich steigern kann. Ein Transparenz-Leitfaden könnte dabei konkrete Richtlinien für die Nutzung solcher Technologien sowie klare Standards für Datenschutz und Interoperabilität bieten.

Qualitätssicherung und Benchmarking
Ein weiterer zentraler Anwendungsbereich ist die Qualitätssicherung im Gesundheitswesen. Der Leitfaden könnte als Grundlage dienen, um Qualitätsindikatoren wie Behandlungsergebnisse, Komplikationsraten und Patientenzufriedenheit standardisiert zu erfassen und zu veröffentlichen. Diese Daten könnten für Benchmarking-Prozesse genutzt werden, die nicht nur die Transparenz zwischen verschiedenen Leistungserbringern fördern, sondern auch Anreize für kontinuierliche Verbesserungen schaffen.

Beispielsweise hat sich in der Onkologie gezeigt, dass transparente Qualitätsberichte die Zufriedenheit und Behandlungsergebnisse der Patienten steigern können, indem sie den Wettbewerb zwischen Leistungserbringern fördern (Best Practice Onkologie, 2022).

Technologische Innovation und Digitalisierung
Technologien wie Big Data, Künstliche Intelligenz (KI) und digitale Plattformen bieten neue Möglichkeiten, Transparenz zu fördern. Ein Transparenz-Leitfaden kann Orientierung bieten, wie diese Technologien effektiv und ethisch eingesetzt werden können. Dies umfasst die Verarbeitung großer Datenmengen, um evidenzbasierte Entscheidungen zu unterstützen, sowie die Nutzung von KI zur Analyse und Visualisierung von Gesundheitsdaten. Gleichzeitig muss sichergestellt werden, dass datenschutzrechtliche Vorgaben eingehalten und ethische Fragestellungen adressiert werden. Die Analyse digitaler Gesundheitsanwendungen zeigt, dass eine klare Governance-Struktur sowie ethische Richtlinien essenziell sind, um Datenschutzrisiken zu minimieren und das Vertrauen der Patienten in digitale Technologien zu stärken (Ferretti, 2021).

Öffentliche Gesundheitsförderung und Prävention
Transparenz spielt eine zentrale Rolle in der Gesundheitsförderung und Prävention, da zielgruppengerechte und gut aufbereitete Informationen die Effektivität von Präventionskampagnen erheblich steigern können. Die Bereitstellung nachvollziehbarer und evidenzbasierter Gesundheitsinformationen erleichtert es der Bevölkerung, informierte Entscheidungen

zu treffen und präventive Maßnahmen wie Impfungen oder Vorsorgeuntersuchungen wahrzunehmen.

Ein Transparenz-Leitfaden kann in diesem Zusammenhang eine wesentliche Orientierungshilfe bieten. Durch die klare Strukturierung von Empfehlungen zur verständlichen und barrierefreien Aufbereitung gesundheitsbezogener Inhalte lassen sich sowohl individuelle Gesundheitskompetenzen stärken als auch das allgemeine Bewusstsein für präventive Maßnahmen fördern. Ein hoher Grad an Transparenz in der Gesundheitskommunikation trägt maßgeblich dazu bei, die Akzeptanz und Inanspruchnahme präventiver Maßnahmen in der Bevölkerung zu fördern (Schmidt et al., 2016).

Fortbildung und Qualifizierung von Fachkräften
Ein Transparenz-Leitfaden kann zur kontinuierlichen Weiterbildung und Qualifizierung von Fachkräften beitragen. Transparente Informationen über neue Technologien, Leitlinien und Behandlungsmethoden fördern eine evidenzbasierte Praxis und unterstützen medizinische Fachkräfte dabei, ihre Kompetenzen zu erweitern. Dies könnte durch die Entwicklung spezifischer Schulungsprogramme und die Nutzung digitaler Bildungsplattformen unterstützt werden.

Kommunikation und Patientenbeteiligung
Ein zentraler Anwendungsbereich des Leitfadens ist die Förderung einer transparenten Kommunikation zwischen Patienten, Leistungserbringern und politischen Akteuren. Dabei geht es nicht nur um die Bereitstellung von Informationen, sondern auch um die aktive Einbindung der Patienten in Entscheidungsprozesse. Studien belegen, dass eine transparente Kommunikation das Vertrauen in das Gesundheitssystem stärkt und informierte Patienten tendenziell bessere Behandlungsergebnisse erzielen (Hessam et al., 2014; Bhatt & Chakraborty, 2023).

Ferner verbessert eine klare und verständliche Informationsvermittlung die Wahrnehmung der Versorgungsqualität und ermöglicht es Patienten, fundierte Entscheidungen über ihre Behandlungsoptionen zu treffen (Pomey et al., 2015). Ein transparenter Austausch fördert zudem die Beteiligung von Patienten an ihrer Gesundheitsversorgung und stärkt ihre Autonomie (Bellows et al., 2015).

Die in Abb. 6.1 als Maßnahme 4 dargestellte Gesundheitskompetenz wird in Abb. 7.4 behandelt. Sie ist ein zentraler Faktor für die Patientenbeteiligung. Durch zielgruppenspezifische Bildungsprogramme können Patienten befähigt werden, fundierte Entscheidungen zu treffen.

Beispiel

In Kanada wurden gezielte **Bildungsinitiativen für indigene Bevölkerungsgruppen** entwickelt, um den Zugang zu Gesundheitsinformationen zu verbessern. Dieses Modell zeigt, wie kultursensible Ansätze dazu beitragen können, Gesundheitskompetenz zu stärken und Barrieren im Gesundheitssystem abzubauen.◄

Maßnahme	Ziel	Umsetzungsschritte
4. Gesundheitskompetenz stärken	Informierte Patientenentscheidungen ermöglichen	- Bildungs- und Aufklärungsprogramme implementieren - Ansätze für benachteiligte Gruppen entwickeln

Abb. 7.4 Übersicht Maßnahme Nummer 4 der zentralen Maßnahmen zur Förderung von Transparenz im deutschen Gesundheitswesen

Fazit

Die Anwendungsbereiche eines Transparenz-Leitfadens sind vielfältig und bieten ein Potenzial zur Verbesserung des Gesundheitssystems. Von der Nutzung moderner Technologien bis hin zur Förderung von Patientenautonomie und Qualitätssicherung kann der Leitfaden eine Grundlage schaffen, um Transparenz als integralen Bestandteil des Gesundheitswesens zu etablieren. Durch eine klare Definition der Anwendungsbereiche wird sichergestellt, dass alle relevanten Akteure einbezogen und zentrale Herausforderungen systematisch adressiert werden.

Die Identifikation der Zielgruppen und die Definition spezifischer Anwendungsbereiche verdeutlichen, wie vielseitig und wirkungsvoll ein Transparenz-Leitfaden im Gesundheitswesen sein kann. Patienten, Leistungserbringer, politische Akteure und Kostenträger profitieren gleichermaßen von einer systematischen Integration von Transparenz, die Informationsasymmetrien abbaut, die Qualität der Versorgung stärkt und Vertrauen aufbaut.

Ein klarer Fokus auf patientenzentrierte Datenaufbereitung, Qualitätssicherung und technologischen Fortschritt eröffnet Möglichkeiten, die Versorgung effizienter und nachvollziehbarer zu gestalten. Gleichzeitig schaffen einheitliche Standards und eine transparente Kommunikation die Grundlage für eine stärkere Zusammenarbeit zwischen den Akteuren und fördern die Akzeptanz moderner digitaler Lösungen.

Der Transparenz-Leitfaden bietet somit nicht nur Orientierung, sondern auch ein strategisches Instrument zur Weiterentwicklung des Gesundheitssystems. Die definierten Zielgruppen und Anwendungsbereiche zeigen, wie alle Beteiligten von einer systematischen Förderung von Transparenz profitieren können – sei es durch besseren Zugang zu Gesundheitsinformationen, höhere Effizienz oder gesteigerte Innovationsfähigkeit.

Die erfolgreiche Umsetzung eines Transparenz-Leitfadens erfordert eine klare Struktur und fundierte Inhalte, die die vielfältigen Anforderungen des modernen Gesundheitswesens berücksichtigen. Das nächste Kapitel widmet sich der Entwicklung eines praxisorientierten Rahmens, der durch methodische Ansätze und bewährte Praktiken ergänzt wird. Hierbei werden die zentralen Elemente und strategischen Schritte vorgestellt, die notwendig sind, um Transparenzmaßnahmen nachhaltig zu etablieren und deren Wirkung zu maximieren.

7.3 Struktur und Inhalte des Leitfadens

Die Entwicklung eines Transparenz-Leitfadens erfordert eine strukturierte und umfassende Herangehensweise, die den vielfältigen Anforderungen und Herausforderungen eines modernen Gesundheitssystems gerecht wird. Der Leitfaden soll nicht nur als theoretisches Konzept, sondern vor allem als praxisorientiertes Werkzeug dienen, das alle relevanten Akteure im Gesundheitswesen unterstützt. Mit einer klar definierten Struktur, fundierten Inhalten und methodischen Ansätzen bietet er einen systematischen Rahmen, um Transparenzmaßnahmen erfolgreich zu fördern und langfristig zu etablieren.

Struktureller Aufbau: Kapitel und Inhalte
Ein effektiver Leitfaden folgt einer klaren, thematisch gegliederten Struktur, die sowohl den theoretischen Rahmen als auch die praktische Umsetzung berücksichtigt. Die vorgeschlagene Gliederung umfasst folgende wesentliche Kapitel:

1. **Einleitung und Zielsetzung**
   Die Einleitung erläutert die Bedeutung von Transparenz im Gesundheitssystem und die Zielsetzungen des Leitfadens. Sie schafft einen Rahmen, um die spezifischen Herausforderungen und Potenziale der Transparenz im deutschen Gesundheitssystem zu adressieren.
2. **Grundlagen und Konzepte der Transparenz**
   Dieses Kapitel bietet eine theoretische Grundlage und definiert Transparenz im Kontext des Gesundheitswesens. Es beleuchtet zentrale Konzepte wie Patientenautonomie, evidenzbasierte Entscheidungen und ethische Rahmenbedingungen.
3. **Zielgruppen und Akteure**
   Eine detaillierte Darstellung der relevanten Akteure – darunter Patienten, Leistungserbringer, Kostenträger, politische Entscheidungsträger und Wissenschaftler – zeigt deren jeweilige Rolle und Erwartungen an Transparenzmaßnahmen.
4. **Instrumente und Technologien**
   Hier werden die zentralen Werkzeuge und Technologien zur Förderung von Transparenz vorgestellt, wie elektronische Patientenakten, Qualitätsberichte, Big Data und Künstliche Intelligenz. Praktische Anleitungen zur Implementierung und Nutzung dieser Technologien werden bereitgestellt.
5. **Monitoring und Evaluation**
   Ein besonderer Fokus liegt auf der kontinuierlichen Überprüfung und Bewertung der umgesetzten Transparenzmaßnahmen. Methoden zur Evaluation und Indikatoren zur Erfolgsmessung werden in diesem Kapitel behandelt.
6. **Fallbeispiele und Best Practices**
   Zur Veranschaulichung der theoretischen Ansätze werden konkrete Fallstudien und bewährte Praktiken aus nationalen und internationalen Kontexten integriert. Beispiele aus

Ländern wie Estland, Dänemark und Schweden zeigen, wie Transparenz durch innovative Ansätze erfolgreich umgesetzt werden kann (Vassil, 2015; Christensen & Vrangbæk, 2018a, 2018b).

Die in Abb. 6.1 als Maßnahme 6 angeführte Bedeutung von Forschung und internationaler Kooperation wird in Abb. 7.5 besonders unterstrichen. Best Practices aus Ländern wie Schweden und Estland verdeutlichen, wie durch den Austausch von Wissen und Daten Transparenz gefördert werden kann.

Kerninhalte: Breite und Tiefe der Themen
Der Leitfaden bietet eine tiefgehende Auseinandersetzung mit den zentralen Themen, die für die Förderung von Transparenz im Gesundheitswesen essenziell sind:

- **Theorie und Grundlagen der Transparenz**
  Transparenz wird als ein vielschichtiges Konzept betrachtet, das ethische, rechtliche und praktische Aspekte umfasst. Neben der Stärkung des Vertrauens in das Gesundheitssystem werden die Auswirkungen von Transparenz auf die Qualität und Effizienz der Gesundheitsversorgung thematisiert. Eine konzeptionelle Analyse im kanadischen Gesundheitswesen zeigt, dass Transparenz nicht nur als Mechanismus zur Informationsvermittlung dient, sondern auch eine zentrale Rolle in der finanziellen Rechenschaftspflicht und Steuerung des Gesundheitssystems spielt (Broder, 2014). Der systematische Vergleich unterschiedlicher Transparenzmodelle verdeutlicht, dass neben der Bereitstellung von Informationen auch deren Verständlichkeit und Zugänglichkeit entscheidend für die Akzeptanz und Wirksamkeit sind.
- **Praktische Anwendungen**
  Praxisnahe Anleitungen zur Implementierung von Transparenzmaßnahmen wie die Einführung standardisierter Behandlungsprozesse oder die Nutzung von Qualitätsberichten zur Förderung von Benchmarking stehen im Fokus. Diese Ansätze werden durch Fallstudien ergänzt, die ihre Wirksamkeit und Relevanz belegen. Eine Analyse von Standardisierungsprozessen in einem Krankenhaus zeigt, dass durch Transparenz und Benchmarking eine Verbesserung der Prozessqualität sowie eine effizientere Ressourcennutzung erreicht werden kann (Rusjan & Kiauta, 2019). Die Studie hebt hervor, dass die systematische Anwendung von Qualitätsberichten und standardisierten Verfahren nicht

Maßnahme	Ziel	Umsetzungsschritte
6. Forschung und internationale Kooperation	Innovationen und Best Practices nutzen	- Forschungszentren aufbauen - Internationale Zusammenarbeit fördern

Abb. 7.5 Übersicht Maßnahme Nummer 6 der zentralen Maßnahmen zur Förderung von Transparenz im deutschen Gesundheitswesen

nur die Nachvollziehbarkeit medizinischer Entscheidungen verbessert, sondern auch das Vertrauen der Patienten in das Gesundheitssystem stärkt.

- **Technologische Innovationen**
  Der Leitfaden beschreibt, wie moderne Technologien wie Big Data, elektronische Patientenakten und Algorithmen der Künstlichen Intelligenz die Erhebung, Verarbeitung und Darstellung von Gesundheitsdaten erleichtern können. Dabei werden auch Herausforderungen wie Datenschutz und Interoperabilität adressiert. (Vassil, 2015).

Methodische Ansätze zur Umsetzung
Die Umsetzung des Leitfadens basiert auf methodischen Ansätzen, die eine erfolgreiche Einführung und nachhaltige Nutzung der Transparenzmaßnahmen ermöglichen. Wichtige Elemente umfassen:

- **Partizipative Ansätze**
  Die Einbindung aller relevanten Akteure – von Patienten bis hin zu politischen Entscheidungsträgern – sichert die Akzeptanz und Relevanz der Maßnahmen.
- **Evidenzbasierung**
  Die Nutzung wissenschaftlicher Erkenntnisse gewährleistet, dass die vorgeschlagenen Maßnahmen effektiv und nachhaltig sind.
- **Technologische Integration**
  Durch die Einbindung digitaler Plattformen und Tools werden Daten zugänglicher und nutzbarer gemacht.

Praxisbeispiele und Best Practices
Zur Unterstützung der praktischen Umsetzung enthält der Leitfaden inspirierende Beispiele aus anderen Ländern und Kontexten. So illustrieren beispielsweise Estland und Dänemark, wie die Digitalisierung zur Verbesserung von Transparenz und Effizienz genutzt werden kann. Die X-Road-Initiative in Estland, die den sicheren Austausch von Gesundheitsdaten ermöglicht, ist ein herausragendes Beispiel, das auch für Deutschland relevante Impulse liefern kann (Vassil, 2015).

Fazit

Die Struktur und die Inhalte des Transparenz-Leitfadens sind darauf ausgelegt, allen Beteiligten im Gesundheitswesen ein praktikables und wirksames Werkzeug an die Hand zu geben. Mit einer klaren Gliederung, fundierten Inhalten und bewährten methodischen Ansätzen schafft der Leitfaden eine Grundlage für die Förderung von Transparenz und die Weiterentwicklung des Gesundheitssystems.

7.4 Beispiel für einen Transparenz-Leitfaden für ein Krankenhaus

Zweck des Leitfadens
Dieser Transparenz-Leitfaden richtet sich speziell an Krankenhäuser und dient dazu, Offenheit, Qualität und Effizienz in der Versorgung zu fördern. Ziel ist es, die Kommunikation zwischen dem Krankenhaus, seinen Patienten und weiteren Stakeholdern zu verbessern sowie interne Prozesse durch klare Standards und Berichterstattung transparenter zu gestalten.

Vision
Ein Krankenhaus, das durch Transparenz Vertrauen aufbaut, Patienten in Entscheidungsprozesse einbindet und kontinuierlich die Qualität der Versorgung optimiert.

Bezug zu Kap. 6
Die in Abschn. 6.4 beschriebenen Handlungsempfehlungen bilden die Grundlage für diesen praxisorientierten Leitfaden. Insbesondere die Maßnahmen zur Stärkung der digitalen Infrastruktur (Maßnahme 2) und der Evaluationsmechanismen (Maßnahme 3) werden hier konkretisiert.

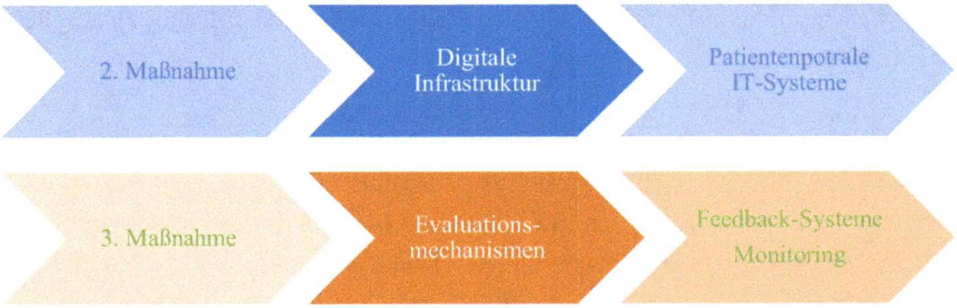

Erstens wird die Stärkung der digitalen Infrastruktur thematisiert, die in diesem Kapitel durch konkrete Maßnahmen wie die Einführung von Patientenportalen und die Förderung interoperabler IT-Systeme näher spezifiziert wird.

Zweitens wird die Etablierung von Evaluationsmechanismen beleuchtet, welche durch Instrumente wie regelmäßige Qualitätsberichte und systematische Feedback-Systeme operationalisiert werden. Diese Herangehensweise verdeutlicht die enge Verzahnung zwischen theoretischen Grundlagen und praktischer Umsetzung.

Transparenz-Leitfaden

Kap. 1: Grundsätze der Transparenz im Krankenhaus

1.1 Patientenorientierung

- Klare, verständliche Informationen zu Behandlungsoptionen, Risiken und Erfolgswahrscheinlichkeiten.
- Aktive Einbindung der Patienten in die Entscheidungsfindung (Shared Decision Making).

1.2 Qualität und Sicherheit

- Veröffentlichung von Kennzahlen wie Komplikationsraten, Behandlungsdauer und Patientenzufriedenheit.
- Sicherstellung der Einhaltung von Qualitätsstandards durch regelmäßige interne und externe Audits.

1.3 Verantwortlichkeit

- Alle Mitarbeitenden sind verpflichtet, Transparenz in ihren Arbeitsprozessen zu fördern und für die Qualität ihrer Leistungen einzustehen

Integration internationaler Best Practices: In Schweden hat die transparente Veröffentlichung von Qualitätskennzahlen zu einer signifikanten Verbesserung der Patientenzufriedenheit geführt (Anell et al., 2012).

Kap. 2: Zielgruppen des Leitfadens

1. **Patienten und Angehörige**
   - Zugang zu Informationen über Behandlungen, verfügbare Dienstleistungen und Ergebnisse.
   - Bereitstellung verständlicher Dokumente und interaktiver Plattformen (z. B. Patientenportale).
2. **Mitarbeitende und medizinisches Fachpersonal**
   - Transparenz in internen Abläufen, Fortbildungen und Feedback-Prozessen.
   - Förderung einer offenen Kommunikation innerhalb der Teams.
3. **Externe Akteure**
   - **Zahlungsträger**

     Offenlegung der Kostenstrukturen und Nutzung von Ressourcen.
   - **Öffentlichkeit**

     Regelmäßige Berichte zur Qualität und Effizienz des Krankenhauses.

Kap. 3: Instrumente zur Förderung von Transparenz

3.1 Qualitätsberichte

- Erstellung und Veröffentlichung jährlicher Berichte mit:
  - Komplikations- und Sterblichkeitsraten.
  - Patientenzufriedenheitserhebungen.
  - Benchmarks im Vergleich zu anderen Einrichtungen.

3.2 Patientenportale

- Einführung eines digitalen Portals, das Patienten Zugang zu:
  - Ihren Gesundheitsdaten (z. B. Befunde, Medikationspläne).
  - Informationen zu Behandlungsoptionen und Kosten.
  - Kommunikationsmöglichkeiten mit dem medizinischen Personal bietet.

3.3 Feedback-Systeme

- **Interne Systeme**
  Regelmäßige Mitarbeiterbefragungen zur Identifikation von Verbesserungsmöglichkeiten.
- **Externe Systeme**
  Patientenbefragungen nach der Behandlung (z. B. mittels NPS oder Friends and Family Test).

3.4 Interne Fortbildung

- Schulungen für Mitarbeitende zur Verbesserung der Kommunikation mit Patienten und zur Nutzung transparenter Prozesse.

Kap. 4: Umsetzung im Krankenhaus

4.1 Schritt-für-Schritt-Plan

1. **Bedarfsanalyse**
   - Identifikation der bestehenden Informationsdefizite bei Patienten und internen Prozessen.
2. **Einrichtung eines Transparenzteams**
   - Verantwortlich für die Koordination und Umsetzung des Leitfadens.
3. **Einführung eines Monitoringsystems**
   - Kontinuierliche Überwachung von Qualitätskennzahlen und deren Veröffentlichung.
4. **Implementierung eines Patientenportals**

   - Entwicklung eines benutzerfreundlichen digitalen Portals für Patienten.
5. **Berichterstattung**
   - Veröffentlichung eines jährlichen Transparenzberichts mit Fokus auf Qualität und Patientensicherheit.

4.2 Rollen und Verantwortlichkeiten

- **Krankenhausleitung**
  Strategische Steuerung und Bereitstellung der notwendigen Ressourcen.
- **Mitarbeitende**
  Umsetzung von Maßnahmen und aktive Teilnahme an Weiterbildungen.
- **Transparenzteam**
  Überwachung, Analyse und Kommunikation der Fortschritte.

Kap. 5: Monitoring und Evaluation

5.1 Indikatoren für Transparenz

- Patientenzufriedenheit (z. B. Net Promoter Score, Weiterempfehlungsrate).
- Behandlungsergebnisse (z. B. Komplikationsraten, Wiederaufnahmeraten).
- Nutzung des Patientenportals (z. B. Zugriffszahlen, Interaktionen).

5.2 Erfolgsmessung

- Regelmäßige Evaluation der implementierten Maßnahmen.
- Feedback von Patienten, Mitarbeitenden und externen Partnern.

Hier werden die Evaluationsmechanismen (Maßnahme 3, Vgl. Abb. 6.1) konkretisiert und operationalisiert.

Kap. 6: Best Practices und Fallbeispiele

6.1 Beispiele erfolgreicher Implementierungen

- **Sundhed.dk (Dänemark):** Zentrale Plattform für Patienten zur Einsicht in Gesundheitsdaten und Behandlungsinformationen.
- **Friends and Family Test (NHS, UK):** Systematische Erhebung von Patientenfeedback zur kontinuierlichen Verbesserung der Qualität.

6.2 Lernziele für das Krankenhaus

- Klare Kommunikation schafft Vertrauen.

- Standardisierte Prozesse verbessern die Effizienz.
- Patientenportale fördern die Patientenautonomie und Zufriedenheit.

Fazit

Ein gut durchdachter Transparenz-Leitfaden bietet Krankenhäusern eine klare Orientierung, um Qualität, Effizienz und Vertrauen systematisch zu fördern. Durch die Verknüpfung bewährter internationaler Ansätze mit spezifischen nationalen Anforderungen wird Transparenz nicht nur als technisches Konzept, sondern als strategisches Instrument verankert. Im nächsten Kapitel wird aufgezeigt, wie diese Maßnahmen auf systemweiter Ebene skaliert werden können, um die Transformation des gesamten Gesundheitswesens zu fördern.

7.5 Methoden zur Umsetzung und Evaluation eines Transparenz-Leitfadens

Die Umsetzung und Evaluation eines Transparenz-Leitfadens im Gesundheitswesen ist ein vielschichtiger Prozess, der sorgfältige Planung, den Einsatz moderner Technologien, umfassende Schulungsmaßnahmen sowie eine kontinuierliche Überprüfung und Anpassung erfordert. Dieser Prozess geht weit über die bloße Einführung von Maßnahmen hinaus, indem er Transparenz als integrales und nachhaltiges Prinzip im Gesundheitssystem verankert. In diesem Kapitel werden die zentralen Strategien und Methoden detailliert beschrieben, die erforderlich sind, um die Effektivität und Akzeptanz eines solchen Leitfadens zu gewährleisten.

Strategische Planung und Organisation

Die strategische Planung ist das Fundament für eine erfolgreiche Implementierung. Dabei ist es wesentlich, klare Ziele und Verantwortlichkeiten zu definieren. Eine präzise Bedarfsanalyse hilft, zentrale Problemfelder wie Informationsasymmetrien, fehlende Qualitätstransparenz und ineffiziente Prozesse zu identifizieren. Partizipative Ansätze, die sämtliche relevanten Akteure einbinden, tragen maßgeblich zur Erhöhung der Akzeptanz bei (Christensen & Vrangbæk, 2018a, 2018b).

Die Steuerung und Umsetzung komplexer Prozesse im Gesundheitswesen setzen eine effektive Organisationsstruktur voraus. Die Einrichtung eines Steuerungskomitees, das Vertreter aller relevanten Berufsgruppen – darunter Ärztinnen und Ärzte, Pflegekräfte, IT-Spezialisten, Verwaltungsmitarbeitende und Patientenvertretungen – einbindet, hat sich als wirkungsvolle Maßnahme etabliert. Solche Gremien übernehmen nicht nur die übergreifende Koordination und Überwachung von Maßnahmen, sondern erleichtern auch die interdisziplinäre Zusammenarbeit und ermöglichen eine frühzeitige Identifikation potenzieller Herausforderungen.

Partizipative Entscheidungsstrukturen tragen maßgeblich zur erfolgreichen Umsetzung neuer Maßnahmen bei und verbessern die Anpassungsfähigkeit an die Anforderungen aller beteiligten Akteure. Governance-Modelle, die auf interdisziplinären Steuerungsgremien basieren, fördern nachhaltige Entscheidungsprozesse und verbessern die Versorgungsqualität durch eine optimierte sektorübergreifende Kooperation (Bacon & Powers, 2016; Cadmus et al., 2015).

Besondere Bedeutung kommt Governance-Strukturen zu, die nach dem Prinzip der geteilten Verantwortung organisiert sind. Shared-Governance-Modelle haben sich als besonders vorteilhaft erwiesen, da sie eine hohe Eigenverantwortung der beteiligten Akteure begünstigen und Entscheidungsprozesse transparenter gestalten (Batson, 2004; Brewton et al., 2012). Die systematische Integration solcher Modelle führt zu einer höheren Akzeptanz institutioneller Entscheidungen, optimierten Arbeitsabläufen und einer nachhaltigen Verbesserung klinischer Versorgungsstandards.

Führungskräfte spielen ebenfalls eine zentrale Rolle bei der Implementierung von Maßnahmen zur Förderung der Transparenz in den Strukturen einer Organisation. Ihre aktive Unterstützung und ihr Engagement sind entscheidend, um die Akzeptanz bei den Mitarbeitenden zu fördern und die notwendigen Ressourcen bereitzustellen. Forschungsergebnisse zeigen, dass eine starke Führungsunterstützung den Erfolg von Reformen im Gesundheitswesen signifikant beeinflusst (Siller, 2019).

Schulung und Kompetenzerweiterung

Ein essenzieller Bestandteil der Umsetzung eines Transparenz-Leitfadens ist die gezielte Schulung der beteiligten Akteure. Workshops, digitale Lernplattformen und praxisorientierte Fallstudien haben sich als effektive Ansätze zur Förderung von Kompetenzen erwiesen. Diese Methoden ermöglichen es, nicht nur technisches Wissen zu vermitteln, sondern auch ethische und rechtliche Aspekte der Transparenz zu adressieren (Popov et al., 2024; Wang et al., 2020). Zudem erleichtert der Einsatz interaktiver Bildungsplattformen die kontinuierliche Weiterbildung von Fachkräften und fördert eine nachhaltige Implementierung von Transparenzmaßnahmen im Gesundheitswesen (Jonsson, 2014; McGinnis et al., 2011).

Workshops und Seminare sind bewährte Methoden, um theoretisches Wissen zu vermitteln und praktische Kompetenzen aufzubauen. Diese Formate sollten praxisnahe Inhalte wie den Umgang mit elektronischen Patientenakten, die Interpretation von Qualitätskennzahlen und die Einhaltung datenschutzrechtlicher Vorgaben umfassen. Ergänzend dazu können digitale Lernplattformen eingesetzt werden, die flexible und individuell anpassbare Weiterbildungsmöglichkeiten bieten (George et al., 2019; Adeyele, 2024).

Solche Plattformen ermöglichen es den Teilnehmenden, in ihrem eigenen Tempo zu lernen und gleichzeitig auf aktuelle Entwicklungen und Best Practices zuzugreifen. Praxisorientierte Fallstudien haben sich als besonders effektiv erwiesen, um komplexe Themen zu veranschaulichen und Problemlösungskompetenzen zu fördern. Teilnehmer können reale

Szenarien analysieren, Herausforderungen identifizieren und Lösungsansätze erarbeiten, was das Verständnis für komplexe Sachverhalte vertieft und die Motivation zur Umsetzung der erlernten Inhalte in der Praxis steigert (Liu et al., 2016; McCall et al., 2018).

Regelmäßige Schulungen und Auffrischungskurse sind unerlässlich, um sicherzustellen, dass die Akteure stets über die neuesten Entwicklungen informiert sind. Dabei sollten auch neue Technologien und Methoden berücksichtigt werden, die Transparenz und digitale Kompetenzen fördern (Diaz et al., 2024).

Digitale Technologien und ihre Rolle in der Gesundheitsversorgung

Moderne Technologien wie elektronische Patientenakten (ePA), Big Data und Künstliche Intelligenz (KI) haben sich als zentrale Komponenten einer effizienten Gesundheitsversorgung etabliert. Die systematische Erfassung, Analyse und Darstellung von Gesundheitsdaten verbessert nicht nur die Kommunikation zwischen Patienten, Leistungserbringern und Verwaltung, sondern optimiert auch betriebliche Abläufe in Gesundheitseinrichtungen.

Der Einsatz von KI und Big Data ermöglicht die Analyse umfangreicher Datensätze, wodurch fundierte Entscheidungen erleichtert und Versorgungsprozesse präziser gesteuert werden können. Insbesondere in Krankenhäusern tragen digitale Technologien zu einer verbesserten Ressourcennutzung und zur Reduktion administrativer Aufwände bei. Die Implementierung elektronischer Gesundheitsakten und KI-gestützter Entscheidungsmodelle führt nachweislich zu einer signifikanten Effizienzsteigerung und unterstützt die Bereitstellung präziserer diagnostischer und therapeutischer Maßnahmen (Gopal et al., 2019; Saliev et al., 2020).

Die Benutzerfreundlichkeit der eingesetzten Technologien ist ein zentraler Erfolgsfaktor. Systeme müssen intuitiv bedienbar sein, um eine breite Akzeptanz zu erreichen. Gleichzeitig ist es wichtig, hohe Datenschutzstandards einzuhalten, um das Vertrauen der Bevölkerung zu stärken. Die Datenschutz-Grundverordnung (DSGVO) stellt hierbei den rechtlichen Rahmen, der sicherstellt, dass personenbezogene Daten nur für legitime Zwecke genutzt werden.

Evaluation und kontinuierliche Verbesserung

Die Evaluation ist ein integraler Bestandteil des gesamten Prozesses und dient der Überprüfung der Wirksamkeit und Akzeptanz der umgesetzten Maßnahmen. Benchmarking, beispielsweise mithilfe der schwedischen Qualitätsregister, stellt ein effektives Instrument zur kontinuierlichen Verbesserung dar (Anell et al., 2012).

Die Etablierung standardisierter Evaluationssysteme, die in Abb. 6.1 als Maßnahme 3 genannt wird, findet in Abb. 7.6 besondere Beachtung. Ihre Implementierung ist entscheidend, Transparenzmaßnahmen systematisch zu bewerten und kontinuierlich zu optimieren.

Benchmarking ist ein weiteres wichtiges Instrument zur Evaluation. Der Vergleich von Leistungen und Ergebnissen zwischen verschiedenen Einrichtungen ermöglicht nicht nur die

Maßnahme	Ziel	Umsetzungsschritte
3. Evaluations- und Feedbackmechanismen	Transparenzmaßnahmen kontinuierlich optimieren	- Standardisierte Evaluationssysteme entwickeln - Feedback von Patienten und Leistungserbringern integrieren

Abb. 7.6 Übersicht Maßnahme Nummer 3 der zentralen Maßnahmen zur Förderung von Transparenz im deutschen Gesundheitswesen

Identifikation von Best Practices, sondern schafft auch Anreize für kontinuierliche Verbesserungen. Internationale Erfahrungen aus Ländern wie Schweden zeigen, dass Benchmarking im Gesundheitswesen ein wirksames Mittel zur Verbesserung von Qualität und Effizienz darstellt (Anell et al., 2012).

Ein transparenter Evaluationsprozess sollte auch regelmäßige Berichte umfassen, die die Fortschritte und Herausforderungen dokumentieren. Solche Berichte fördern nicht nur die Akzeptanz bei allen Beteiligten, sondern schaffen auch Transparenz über den Implementierungsprozess selbst.

Nachhaltigkeit und langfristige Perspektive

Die nachhaltige Verankerung eines Transparenz-Leitfadens erfordert regelmäßige Überprüfungen und Anpassungen. Forschungspartnerschaften und eine enge Zusammenarbeit mit politischen Entscheidungsträgern sind entscheidend, um gesetzliche Rahmenbedingungen zu schaffen und gleichzeitig Flexibilität zu gewährleisten (Busse et al., 2017).

Fazit

Die Umsetzung und Evaluation eines Transparenz-Leitfadens ist ein dynamischer und kontinuierlicher Prozess, der strategische Planung, gezielte Schulungen, technologische Unterstützung und eine systematische Überprüfung erfordert. Nur durch die Integration aller relevanten Akteure und die Anpassung an die spezifischen Anforderungen des Gesundheitssystems kann Transparenz als Prinzip nachhaltig etabliert werden. Dieser Ansatz bietet nicht nur die Möglichkeit, die Qualität und Effizienz der Gesundheitsversorgung zu verbessern, sondern auch das Vertrauen in das System zu stärken.

7.6 Zusammenfassung der zentralen Erkenntnisse

Die Entwicklung und Umsetzung eines Transparenz-Leitfadens ist ein essenzieller Schritt, um die Qualität, Effizienz und Patientenorientierung im deutschen Gesundheitswesen nachhaltig zu fördern. Die in Kap. 6 beschriebenen Dimensionen – von der strategischen

Planung über die Struktur und die Inhalte des Leitfadens bis hin zu Methoden der Umsetzung und Evaluation – verdeutlichen die Komplexität und den ganzheitlichen Ansatz, der erforderlich ist, um Transparenz als Leitprinzip in einem dynamischen und vielschichtigen System zu etablieren.

Ein Transparenz-Leitfaden kann Informationsasymmetrien abbauen, Vertrauen stärken und Anreize für die kontinuierliche Qualitätsverbesserung schaffen. Durch klare Strukturen, evidenzbasierte Methoden und die Berücksichtigung technologischer Innovationen bietet er einen Orientierungsrahmen für alle Akteure im Gesundheitswesen. Gleichzeitig wurde in diesem Kapitel hervorgehoben, dass die nachhaltige Implementierung des Leitfadens regelmäßige Schulungen, technologische Unterstützung und eine systematische Evaluation erfordert, um den langfristigen Erfolg sicherzustellen.

Trotz der beschriebenen Potenziale bleibt die erfolgreiche Umsetzung eines Transparenz-Leitfadens eine anspruchsvolle Aufgabe, die auf die individuellen Gegebenheiten des deutschen Gesundheitssystems abgestimmt werden muss. Herausforderungen wie Datenschutz, institutionelle Fragmentierung und unterschiedliche Bedürfnisse der Zielgruppen müssen kontinuierlich adressiert werden.

Während Kap. 6 die theoretischen und methodischen Grundlagen eines Transparenz-Leitfadens skizziert hat, widmet sich das folgende Kapitel der praktischen Anwendung. Kap. 7 zeigt Fallstudien und Praxisbeispiele aus verschiedenen Kontexten, um die Ansätze und Prinzipien aus Kap. 6 zu veranschaulichen.

Durch die Analyse nationaler und internationaler Best Practices werden die theoretischen Überlegungen konkretisiert und es wird aufgezeigt, wie Transparenzmaßnahmen in der Praxis umgesetzt wurden. Diese Beispiele dienen nicht nur als Inspiration, sondern auch als Orientierungshilfe für die Weiterentwicklung und Implementierung eines Transparenz-Leitfadens im deutschen Gesundheitssystem.

Literatur

Adeyele, T. K. (2024). Revolutionizing health education: The dynamic shift of e-learning platforms. *InTechOpen.* https://www.intechopen.com/online-first/1183881.

Anell, A., Glenngård, A. H., & Merkur, S. (2012). Sweden: Health system review. *Health Systems in Transition, 14*(5), 1–159.

Bacon, C. T., & Powers, S. (2016). Interdisciplinary shared governance in ambulatory care: One health system's journey. *Nursing Administration Quarterly.* https://journals.lww.com/naqjournal/_layouts/15/oaks.journals/downloadpdf.aspx?an=00006216-201607000-00010.

Batson, V. (2004). Shared governance in an integrated health care network. *AORN Journal, 80*(3), 401–412. https://www.sciencedirect.com/science/article/pii/S0001209206605401.

Bell, S. K., DesRoches, C., Fossa, A. J., Gerard, M., & Delbanco, T. (2018). OpenNotes and shared decision making: A growing practice in clinical transparency and how it can support patient-centered care. *Journal of the American Medical Informatics Association.* https://academic.oup.com/jamia/article/25/9/1153/5047138.

Bellows, M., Kovacs Burns, K., Jackson, K., & Rich, J. (2015). Meaningful and effective patient engagement: What matters most to stakeholders. *Patient Experience Journal.* https://pxjournal.org/journal/vol2/iss1/5/.

Best Practice Onkologie. (2022). Benchmarking in der Onkologie: Qualitätssicherung durch Datenvergleich. *Onkologische Perspektiven, 15*(2), 22–26.

Bhati, D., Deogade, M. S., & Kanyal, D. (2023). Improving patient outcomes through effective hospital administration: A comprehensive review. *Cureus.* https://www.ncbi.nlm.nih.gov/pmc/articles/PMC10676194/.

Bhatt, V., & Chakraborty, S. (2023). Improving service engagement in healthcare through internet of things-based healthcare systems. *Journal of Science and Technology Policy Management.* https://www.emerald.com/insight/content/doi/10.1108/JSTPM-03-2021-0040/full/html.

Brewton, C., Eppling, J., & Hobley, M. (2012). Our VOICE: An interdisciplinary approach to shared governance. *Hospital Topics.* https://www.tandfonline.com/doi/abs/10.1080/00185868.2012.679910.

Broder, E. (2014). *Transparency: A Concept Analysis in the Context of Fiscal Transparency in Canadian Healthcare.* University of British Columbia. https://open.library.ubc.ca/media/download/pdf/42591/1.0078419/1.

Busse, R., & Blümel, M. (2014). Germany: Health system review. *Health Systems in Transition, 16*(2), 1–296.

Busse, R., Blümel, M., Knieps, F., & Bärnighausen, T. (2017). Statutory health insurance in Germany: A health system shaped by 135 years of solidarity, self-governance, and competition. *The Lancet, 390*(10097), 882–897. https://doi.org/10.1016/S0140-6736(17)31280-1.

Cadmus, E., Helms, P., Christopher, M. A., & andere. (2015). Interprofessional shared governance: The VNSNY experience. *Nursing Management.* https://journals.lww.com/nursingmanagement/FullText/2015/09000/Interprofessional_shared_governance__The_VNSNY.7.aspx.

Christensen, T., & Vrangbæk, K. (2018). Hospital organization and transparency in Denmark: Success factors and challenges. *Health Policy, 122*(5), 425–430.

Christensen, T., & Vrangbæk, K. (2018). Hospital organization and transparency in Denmark: Success factors and challenges. *Health Policy, 122*(5), 425–430. https://doi.org/10.1016/j.healthpol.2018.01.001.

Diaz, M. E. F., Rosales, Y. D., & Aigbogun, E. (2024). Satisfaction and learning experience of students using online learning platforms for medical education. *BMC Medical Education.* https://link.springer.com/article/10.1186/s12909-024-06411-0.

Efunniyi, C. P., & Abhulimen, A. O. (2024). Strengthening corporate governance and financial compliance: Enhancing accountability and transparency. *ResearchGate.* https://www.researchgate.net/profile/Angela-Abhulimen/publication/383860258_1597-1616_4_Nigeria_Inter-bank_Settlement_System_Plc_NIBSS_5_Zenith_General_Insurance_Company_Limited_Nigeria_6_International_Association_of_Computer_Analysts_and_Researchers/links/66ddaa822390e50b2c769a8e/1597-1616-4-Nigeria-Inter-bank-Settlement-System-Plc-NIBSS-5-Zenith-General-Insurance-Company-Limited-Nigeria-6-International-Association-of-Computer-Analysts-and-Researchers.pdf.

Eichler, H. G., Baird, L. G., & Barker, R. (2015). From adaptive licensing to adaptive pathways: Delivering a flexible life-span approach to bring new drugs to patients. *Clinical Pharmacology & Therapeutics, 97*(3), 234–246. https://ascpt.onlinelibrary.wiley.com/doi/abs/10.1002/cpt.59.

Esmaeilzadeh, P. (2019). The impacts of perceived transparency of privacy policies and trust in providers for building trust in health information exchange. *JMIR Medical Informatics.* https://medinform.jmir.org/2019/4/e14050.

Fernández, J. L., Forder, J., & Trukeschitz, B. (2009). How can European states design efficient, equitable and sustainable funding systems for long-term care for older people? *Academia.edu.*

https://www.researchgate.net/publication/232703071_How_Can_European_States_Design_Efficient_Equitable_and_Sustainable_Funding_Systems_for_Long-term_Care_for_Older_People.

Ferretti, A. (2021). *Ethics and Governance of Big Data in Health Research and Digital Health Applications.* ETH Zürich. https://www.research-collection.ethz.ch/bitstream/handle/20.500.11850/489154/27589_FERRETTIAGATA_2021.pdf?sequence=8.

Fleßa, S., Nawroth, M., & Sabotka, S. (2025). *Digital-Health-Innovation im Ostseeraum: Ursachen von Innovationsbarrieren und Handlungsempfehlungen für Deutschland.* Google Books.

Fukami, T. (2024). Enhancing healthcare accountability for administrators: Fostering transparency for patient safety and quality enhancement. *Cureus.* https://pmc.ncbi.nlm.nih.gov/articles/PMC11366401/.

George, P. P., Kyaw, B. M., & Antoniou, P. (2019). Online digital education for postregistration training of medical doctors: A systematic review. *Journal of Medical Internet Research.* https://www.jmir.org/2019/2/e13269/.

Glasgow, R. E., & Chambers, D. (2012). Developing robust, sustainable implementation systems using rigorous, rapid and relevant science. *Clinical and Translational Science, 5(1), 48–55.* https://ascpt.onlinelibrary.wiley.com/doi/abs/10.1111/j.1752-8062.2011.00383.x.

Gopal, G., Suter-Crazzolara, C., & Toldo, L. (2019). Digital transformation in healthcare – architectures of present and future information technologies. *Clinical Chemistry and Laboratory Medicine.* https://www.degruyter.com/document/doi/10.1515/cclm-2018-0658.

Heckert, A., Forsythe, L. P., Carman, K. L., & Frank, L. (2020). Researchers, patients, and other stakeholders' perspectives on challenges to and strategies for engagement. *Research Involvement and Engagement.* https://link.springer.com/article/10.1186/s40900-020-00227-0.

Hessam, S., Vahdat, S., & Hamzehgardeshi, L. (2014). Patient involvement in healthcare decision making: A review. *Iranian Red Crescent Medical Journal.* https://www.ncbi.nlm.nih.gov/pmc/articles/PMC3964421/.

Hibbard, J. H., Stockard, J., & Tusler, M. (2005). Hospital performance reports: Impact on quality, market share, and reputation. *Health Affairs, 24*(4), 1150–1160.

Jonsson, A. (2014). Rubrics as a way of providing transparency in assessment. *Assessment & Evaluation in Higher Education.* https://www.tandfonline.com/doi/abs/10.1080/02602938.2013.875117.

Lee, T. H., McGlynn, E. A., & Safran, D. G. (2019). A framework for increasing trust between patients and the organizations that care for them. *JAMA.* https://jamanetwork.com/journals/jama/article-abstract/2723080.

Lehoux, P., Roncarolo, F., & Silva, H. P. (2018). What health system challenges should responsible innovation in health address? *International Journal of Health Policy and Management, 8*(3), 63–79. https://www.ncbi.nlm.nih.gov/pmc/articles/PMC6462209/.

Liu, Q., Peng, W., & Zhang, F. (2016). The effectiveness of blended learning in health professions: Systematic review and meta-analysis. *Journal of Medical Internet Research.* https://www.jmir.org/2016/1/e2/.

McCall, M., Spencer, E., & Owen, H. (2018). Characteristics and efficacy of digital health education: An overview of systematic reviews. *Health Education Journal.* https://journals.sagepub.com/doi/abs/10.1177/0017896918762013.

McGinnis, J. M., Powers, B., & Grossmann, C. (2011). *Digital infrastructure for the learning health system: The foundation for continuous improvement in health and health care.* National Academies Press. https://books.google.com/books?id=cHrWk6kEh1EC&oi=fnd&pg=PR1.

Mensah, G. B. (2024). Ensuring AI Algorithm Fairness in Healthcare Decision-Making. *ResearchGate.* https://www.researchgate.net/profile/George-Benneh-Mensah/publication/381609289_Ensuring_AI_Algorithm_Fairness_in_Healthcare_Decision-Making/links/6675e1ba8408575b8381c19a/Ensuring-AI-Algorithm-Fairness-in-Healthcare-Decision-Making.pdf.

Pomey, M. P., Ghadiri, D. P., Karazivan, P., & Fernandez, N. (2015). Patients as partners: A qualitative study of patients' engagement in their healthcare. *PLOS ONE*. https://journals.plos.org/plosone/article?id=10.1371/journal.pone.0122499.

Popov, V., Fatima, S. S., & Lewis, K. O. (2024). From static web to metaverse: Reinventing medical education in the post-pandemic era. *Annals of Medicine*. https://www.tandfonline.com/doi/abs/10.1080/07853890.2024.2305694.

Rusjan, B., & Kiauta, M. (2019). Improving healthcare through process standardization: A general hospital case study. *International Journal of Health Care Quality Assurance*. https://www.emerald.com/insight/content/doi/10.1108/IJHCQA-06-2018-0142/full/html.

Saliev, T., Senbekov, M., Bukeyeva, Z., & andere. (2020). The recent progress and applications of digital technologies in healthcare: A review. *Wiley Online Library*. https://onlinelibrary.wiley.com/doi/pdf/10.1155/2020/8830200.

Schiavo, R. (2013). *Health communication: From theory to practice*. John Wiley & Sons. https://tms.iau.ir/file/download/page/1575186679-health-communication-from-theory-to-practice.pdf

Schmidt, H., Mah, C. L., Cook, B., & Hoang, S. (2016). Chronic disease prevention and health promotion. *Public Health Ethics*. https://library.oapen.org/bitstream/handle/20.500.12657/27734/1/1002271.pdf#page=159.

Siller, H. (2019). Integriertes Management und integriertes Controlling: Controlling als Business Partner des Krankenhaus-Managements. In A. O. G. Schmidt & R. Amelung (Hrsg.), *Handbuch Strategisches Krankenhausmanagement* (S. 45–70). Springer. https://doi.org/10.1007/978-3-658-13646-8_3.

Synnot, A. J., Tong, A., Bragge, P., Lowe, D., & Nunn, J. S. (2019). Selecting, refining, and identifying priority Cochrane Reviews in health communication and participation in partnership with consumers and other stakeholders. *Health Research Policy and Systems*. https://link.springer.com/article/10.1186/s12961-019-0444-z.

Vassil, K. (2015). Building a digital society: The Estonian experience. *Government Information Quarterly, 32*(3), 271–280. https://doi.org/10.1016/j.giq.2015.05.001.

Viswanath, K. (2006). Public communications and its role in reducing and eliminating health disparities. *National Academies Press*. https://europepmc.org/books/n/nap11602/nap11602.app7/?extid=21850786&src=med.

Wang, Y., Xiong, M., & Olya, H. (2020). Toward an understanding of responsible artificial intelligence practices. *Conference on System Sciences*. https://eprints.whiterose.ac.uk/162719/.

Weiskopf, N. G., & Weng, C. (2013). Methods and dimensions of electronic health record data quality assessment: Enabling reuse for clinical research. *Journal of the American Medical Informatics Association, 20*(1), 144–151. https://doi.org/10.1136/amiajnl-2011-000681.

World Health Organization. (2019). Reinforcing the focus on anti-corruption, transparency and accountability in national health policies, strategies and plans. *WHO Report*. https://apps.who.int/iris/bitstream/handle/10665/326229/9789241515689-eng.pdf.

Wu, H., & Ye, Q. (2024). Understanding the role of information transparency in improving patient experience under different uncertainties: A quasi-natural experiment. *Internet Research*. https://www.emerald.com/insight/content/doi/10.1108/INTR-06-2022-0482/full/html.

Zhu, G., Chou, M. C., & Tsai, C. W. (2020). Lessons learned from the COVID-19 pandemic exposing the shortcomings of current supply chain operations: A long-term prescriptive offering. *Sustainability, 12*(14), 5858. https://www.mdpi.com/2071-1050/12/14/5858.

Online-Quellen

Bundesregierung. (2024). Bundes-Klinik-Atlas: Ein Instrument für Transparenz. https://www.bundesregierung.de/breg-de/bundesregierung/gesetzesvorhaben/bundes-klinik-atlas-2223136. Zugegriffen: 31. Jan. 2025.

CMS. (2022). Medicare Compare: Enhancing patient-centered care through transparency. https://www.medicare.gov/hospitalcompare. Zugegriffen: 31. Jan. 2025.

Datenschutz-Grundverordnung (DSGVO). (2016). Verordnung (EU) 2016/679 des Europäischen Parlaments und des Rates. https://eur-lex.europa.eu/legal-content/DE/TXT/?uri=CELEX%3A32016R0679. Zugegriffen: 31. Jan. 2025.

Fallstudien aus dem Gesundheitswesen 8

Inhaltsverzeichnis

Das Kapitel analysiert Fallstudien aus dem deutschen und internationalen Gesundheitswesen, die Transparenz und Digitalisierung als zentrale Instrumente zur Qualitätssteigerung und Effizienzverbesserung nutzen. Erfolgreiche Initiativen wie die elektronische Patientenakte in Deutschland, das E-Health-System in Estland oder die nationale Gesundheitsplattform in Dänemark zeigen, wie technologische Innovationen die Patientenbeteiligung und sektorübergreifende Zusammenarbeit fördern. Gleichzeitig werden Herausforderungen wie Datenschutz, Interoperabilität und Akzeptanz beleuchtet und Lösungsansätze vorgestellt. Die Fallstudien verdeutlichen, dass Transparenz weltweit eine Schlüsselrolle für ein nachhaltiges, patientenzentriertes Gesundheitssystem spielt und als strategischer Hebel zur Optimierung von Versorgungsprozessen genutzt werden kann.

8.1 Fallstudien aus dem deutschen Gesundheitswesen

Das deutsche Gesundheitssystem hat in den letzten Jahren bedeutende Fortschritte in Richtung Digitalisierung und Transparenz gemacht. Insbesondere die Einführung innovativer Technologien und neuer organisatorischer Ansätze zeigt, wie sich die Versorgung weiterentwickeln kann. Die folgenden Fallstudien illustrieren zentrale Projekte, die nicht

D. M. Hradecky, *Transparenz im Gesundheitswesen*,
https://doi.org/10.1007/978-3-658-48125-4_8

nur die Qualität und Effizienz der Gesundheitsversorgung verbessern, sondern auch als Vorbilder für zukünftige Initiativen dienen könnten.

8.1.1 Fallstudie 1: Einführung der elektronischen Patientenakte

Die Einführung der elektronischen Patientenakte (ePA) im Jahr 2021 markierte einen Wendepunkt in der Digitalisierung des deutschen Gesundheitssystems. Mit der ePA wurde erstmals ein Instrument geschaffen, das den Patienten eine zentrale Rolle bei der Verwaltung ihrer Gesundheitsdaten einräumt und gleichzeitig die sektorübergreifende Zusammenarbeit zwischen Gesundheitsdienstleistern verbessert. Dieses Projekt verdeutlicht die Potenziale und Herausforderungen, die mit der Implementierung innovativer Technologien in einem komplexen und fragmentierten System wie dem deutschen Gesundheitswesen verbunden sind.

Die Anforderungen der Datenschutz-Grundverordnung (DSGVO) stellten hohe Hürden an den Schutz sensibler Gesundheitsdaten. Technologische Maßnahmen wie die Zwei-Faktor-Authentifizierung, Ende-zu-Ende-Verschlüsselung und dezentrale Speicherkonzepte wurden implementiert, um die Vertraulichkeit und Integrität der Daten zu gewährleisten (Bundesministerium für Gesundheit [BMG], 2022). Um die Interoperabilität zu gewährleisten, wurden einheitliche Schnittstellen und Protokolle wie FHIR (Fast Healthcare Interoperability Resources) entwickelt, die eine reibungslose Kommunikation zwischen verschiedenen Systemen ermöglichen (HL7 International, 2022).

Herausforderungen und Lösungsansätze

1. **Datenschutz und Sicherheit**
   Die Anforderungen der Datenschutz-Grundverordnung (DSGVO) stellten hohe Hürden an den Schutz sensibler Gesundheitsdaten. Technologische Maßnahmen wie die Zwei-Faktor-Authentifizierung, Ende-zu-Ende-Verschlüsselung und dezentrale Speicherkonzepte wurden implementiert, um die Vertraulichkeit und Integrität der Daten zu gewährleisten (Bundesministerium für Gesundheit [BMG], 2022). Diese Sicherheitsvorkehrungen spielten eine entscheidende Rolle dabei, das Vertrauen der Bevölkerung in die Nutzung der ePA zu stärken.
2. **Interoperabilität**
   Eine der größten Herausforderungen war die Integration der ePA in die heterogene IT-Landschaft des deutschen Gesundheitswesens. Unterschiedliche Systeme und fehlende Standards erschwerten den Datenaustausch zwischen Krankenhäusern, Arztpraxen und Apotheken. Um dies zu überwinden, wurden einheitliche Schnittstellen und Protokolle wie FHIR (Fast Healthcare Interoperability Resources) entwickelt, die eine reibungslose Kommunikation zwischen verschiedenen Systemen ermöglichen.

3. **Akzeptanz bei Patienten und Leistungserbringern**
   Skepsis gegenüber neuen Technologien und Bedenken hinsichtlich der Datensicherheit hemmten die Nutzung der ePA. Um diese Hürden abzubauen, wurden zielgerichtete Informationskampagnen gestartet. Diese betonten die Vorteile der ePA, wie den einfachen Zugriff auf Gesundheitsinformationen, eine verbesserte Koordination der Versorgung und die Reduktion von Doppeluntersuchungen. Darüber hinaus wurden Schulungsprogramme für Ärzte und medizinisches Fachpersonal eingeführt, um deren Vertrauen in die neuen Prozesse zu stärken.

Ergebnisse und Perspektiven
Die ePA hat den Zugang der Patienten zu ihren Gesundheitsinformationen revolutioniert und die sektorübergreifende Kommunikation erheblich verbessert. Erste Berichte zeigen, dass die ePA das Potenzial hat, die Qualität der Versorgung zu erhöhen, indem sie eine bessere Dokumentation, schnellere Informationsweitergabe und eine stärkere Patientenbeteiligung ermöglicht. Langfristig könnte die ePA ein zentrales Element für eine datengestützte und patientenzentrierte Gesundheitsversorgung werden. Gleichzeitig bleiben die kontinuierliche Weiterentwicklung der technologischen Infrastruktur und die Verbesserung der Akzeptanz essenziell, um das volle Potenzial der ePA auszuschöpfen.

Einbindung in die Praxis
Diese Fallstudie zeigt, dass die Einführung innovativer Technologien nicht nur technologische, sondern auch kommunikative und organisatorische Maßnahmen erfordert. Die ePA bietet ein Modell dafür, wie durch eine strategische Kombination aus Sicherheit, Interoperabilität und Transparenz Fortschritte in der Digitalisierung des Gesundheitswesens erzielt werden können. Es bleibt jedoch entscheidend, dass Politik, Leistungserbringer und Patienten weiterhin eng zusammenarbeiten, um die Nutzung und Akzeptanz dieser Technologie langfristig zu sichern.

8.1.2 Fallstudie 2: Krankenhaus-Qualitätsberichte

Die gesetzliche Verpflichtung zur Veröffentlichung von Qualitätsberichten, eingeführt im Jahr 2005, markierte einen Wendepunkt in der Transparenz des deutschen Gesundheitssystems. Diese Berichte bieten Patienten und anderen Interessengruppen detaillierte Einblicke in die Leistungsfähigkeit und Qualität der stationären Versorgung. Neben medizinischen Indikatoren umfassen sie Informationen zu Patientenzufriedenheit, Hygienestandards und organisatorischen Rahmenbedingungen.

Herausforderungen und Lösungsansätze

1. **Verständlichkeit und Zugänglichkeit der Berichte**
   Standards für die klare und strukturierte Darstellung der Berichte ermöglichten es, komplexe Informationen in einem Format zu präsentieren, das auch von Patienten ohne medizinisches Vorwissen genutzt werden kann (Gemeinsamer Bundesausschuss [G-BA], 2023a). Gesetzliche Anpassungen haben die Verbindlichkeit von Transparenzmaßnahmen erheblich erhöht und die Berichtspflichten für Gesundheitseinrichtungen ausgeweitet. Diese regulatorischen Veränderungen zielen darauf ab, die Nachvollziehbarkeit medizinischer Leistungen zu verbessern und die Qualitätssicherung durch eine standardisierte Datenerhebung zu stärken.

   Ein besonderer Fokus liegt dabei auf der verpflichtenden Meldung von Leistungskennzahlen und sicherheitsrelevanten Vorfällen. Die Implementierung verbindlicher Berichtsmechanismen verbessert nicht nur die interne Qualitätssicherung, sondern trägt auch zur Stärkung des Vertrauens in das Gesundheitssystem bei. Insbesondere im stationären Sektor erweisen sich gesetzlich vorgeschriebene Transparenzmaßnahmen als ein zentrales Steuerungsinstrument für eine evidenzbasierte Versorgung (Kassim, 2017).
2. **Datenlücken und Zurückhaltung**
   Einige Krankenhäuser zeigten anfänglich Zurückhaltung bei der Offenlegung sensibler Daten, insbesondere in Bereichen wie Hygienestandards oder Behandlungsergebnissen. Gesetzliche Änderungen erhöhten jedoch die Verbindlichkeit und erweiterten die Berichtspflichten, um Transparenz in allen relevanten Bereichen zu gewährleisten.

Ergebnisse und Auswirkungen

Die Qualitätsberichte haben die Entscheidungsfindung von Patienten wesentlich erleichtert, indem sie ihnen objektive Kriterien zur Auswahl einer passenden Einrichtung bereitstellen. Gleichzeitig fördern die Berichte den Wettbewerb unter Krankenhäusern, was zu einer kontinuierlichen Verbesserung von Versorgungsqualität und Patientensicherheit beiträgt. Insbesondere im Bereich der Hygiene und Infektionskontrolle hat die Transparenzmessung zu nachweisbaren Fortschritten geführt, indem sie Defizite aufdeckte und gezielte Maßnahmen ermöglichte.

8.1.3 Fallstudie 3: Hygienetransparenz und Infektionskontrolle

Nosokomiale Infektionen, die in Krankenhäusern erworben werden, stellen weltweit eine erhebliche Herausforderung dar. Die Einführung eines bundesweiten Überwachungssystems für Hygienestandards in Deutschland zielte darauf ab, diese Problematik durch mehr Transparenz und stärkere Kontrollen zu adressieren.

Maßnahmen zur Förderung der Hygienetransparenz

1. **Regelmäßige Audits**
   Bundesweit standardisierte Audits wurden eingeführt, um die Einhaltung von Hygienerichtlinien regelmäßig zu überprüfen. Diese Audits werden durch unabhängige Institutionen wie den **Gemeinsamen Bundesausschuss (G-BA)** durchgeführt und stellen sicher, dass Abweichungen identifiziert und behoben werden können (G-BA, 2023).
2. **Öffentliche Berichterstattung**
   Krankenhäuser sind verpflichtet, Infektionsraten und Hygienemaßnahmen auf ihren Websites zu veröffentlichen. Diese Informationen umfassen Daten zu Krankenhausinfektionen, Sterilisationsverfahren und weiteren präventiven Maßnahmen (RKI, 2023).

Ergebnisse und Verbesserungen
Diese Transparenzinitiative führte zu einer signifikanten Senkung der Infektionsraten, insbesondere bei häufigen nosokomialen Infektionen wie Wund- oder Harnwegsinfektionen. Die öffentliche Verfügbarkeit dieser Daten hat das Vertrauen der Patienten in die Sicherheitsstandards von Krankenhäusern gestärkt und gleichzeitig den Druck auf Einrichtungen erhöht, ihre Hygienestandards kontinuierlich zu optimieren (WHO, 2022).

Perspektiven
Langfristig hat die Initiative bewiesen, dass Transparenz ein effektives Mittel sein kann, um strukturelle Verbesserungen zu fördern. Gleichzeitig bietet sie eine Blaupause für ähnliche Maßnahmen in anderen Bereichen, in denen Qualitätssicherung und Sicherheitsstandards von zentraler Bedeutung sind.

8.1.4 Fallstudie 4: Einführung eines digitalen Qualitäts- und Feedbackportals

Im Jahr 2020 wurde in einem Pilotprojekt ein digitales Qualitäts- und Feedbackportal für Krankenhäuser entwickelt, um Patienten aktiv in die Bewertung von Leistungen einzubeziehen und eine datenbasierte Grundlage für kontinuierliche Verbesserungen zu schaffen. Ziel war es, Patientenbewertungen mit objektiven Qualitätsindikatoren zu verknüpfen und so eine umfassendere Perspektive auf die Versorgungsqualität zu bieten.

Herausforderungen und Lösungsansätze

1. **Integration von Patientenfeedback in das Qualitätsmanagement**
   Krankenhäuser standen vor der Herausforderung, subjektive Patientenbewertungen mit objektiven Qualitätsindikatoren wie Infektionsraten und Komplikationsstatistiken zu kombinieren. Das Feedbackportal wurde so konzipiert, dass Patienten ihre Erfahrungen strukturiert anhand von Kategorien wie Kommunikation, Wartezeiten und Behandlungsqualität einreichen konnten. Eine parallele Analyse objektiver Daten ermöglichte es, diese subjektiven Bewertungen zu validieren und in einen sinnvollen Kontext zu setzen (Kristiansen et al., 2024).
2. **Datensicherheit und Anonymität**
   Um die Nutzung des Portals zu fördern, wurde besonderer Wert auf Datenschutz gelegt. Patientenfeedback wurde anonymisiert erfasst und die Ergebnisse waren nur aggregiert abrufbar. Diese Maßnahmen stärkten das Vertrauen in die Plattform und erhöhten die Akzeptanz sowohl bei Patienten als auch bei den Leistungserbringern (Lakkireddy et al., 2024).
3. **Technologische Integration**
   Die Implementierung des Portals erforderte die Anbindung an bestehende Krankenhaus-IT-Systeme. Dabei wurden Schnittstellen entwickelt, die eine nahtlose Integration der Feedbackdaten in die bereits vorhandenen Qualitätsmanagement-Systeme ermöglichten. Dies gewährleistete, dass die Bewertungen unmittelbar in die internen Optimierungsprozesse einfließen konnten (Freddolino, 2024).

Ergebnisse

1. **Höhere Patientenzufriedenheit**
   Die Möglichkeit, direkt Feedback zu geben und die eigenen Erfahrungen in die Qualitätskontrolle einzubringen, erhöhte die Patientenzufriedenheit signifikant. Eine Umfrage unter Nutzern des Portals zeigte, dass 85 % der Befragten der Meinung waren, ihr Feedback trage zur Verbesserung der Versorgung bei (Kristiansen, Atherton & Bergmo, 2024).
2. **Verbesserungen im Qualitätsmanagement**
   Die Kombination aus subjektivem Feedback und objektiven Indikatoren ermöglichte es Krankenhäusern, gezielte Maßnahmen zu ergreifen. Beispielsweise führten häufige Beschwerden über lange Wartezeiten zu einer Neustrukturierung der Terminplanung, die zu messbaren Effizienzsteigerungen führte.
3. **Steigerung der Transparenz**
   Die Veröffentlichung aggregierter Daten auf der Plattform stärkte das Vertrauen der Öffentlichkeit in die Gesundheitsversorgung. Patienten konnten Einrichtungen basierend auf den Bewertungen anderer Nutzer und objektiven Qualitätsindikatoren vergleichen und fundierte Entscheidungen treffen.

Erfolgsfaktoren und Ausblick

Das Feedbackportal erwies sich als effektives Werkzeug, um Patienten aktiv in die Qualitätssicherung einzubinden und gleichzeitig wertvolle Einblicke in die Wahrnehmung der Versorgung zu gewinnen. Langfristig könnte das Modell auf andere Bereiche ausgeweitet werden, z. B. auf ambulante Versorgungsstrukturen oder Rehabilitationszentren. Gleichzeitig bietet das Projekt eine Grundlage für die Integration weiterer Technologien wie Künstlicher Intelligenz, um die Analyse von Patientenfeedback zu automatisieren und noch gezielter auf Verbesserungspotenziale einzugehen.

8.1.5 Fallstudie 5: Digital unterstütztes Hygienemanagement in deutschen Krankenhäusern

Angesichts der hohen Bedeutung von Hygiene in Krankenhäusern, insbesondere zur Prävention nosokomialer Infektionen, wurde 2019 ein digitales Hygienemanagementsystem in einer Klinikgruppe in Deutschland implementiert. Ziel war es, Hygienestandards zu verbessern, Infektionsrisiken zu minimieren und die Einhaltung von Vorschriften in Echtzeit zu überwachen.

Herausforderungen und Lösungsansätze

1. **Komplexe Hygieneanforderungen**
   Die Vielzahl an Hygienevorschriften stellte eine Herausforderung für das manuelle Management dar. Das digitale System ermöglichte es, Hygieneprozesse wie Desinfektionszyklen und Personalhygiene digital zu erfassen und in Echtzeit auszuwerten. Automatisierte Warnsysteme erinnerten das Personal an anstehende Aufgaben und zeigten Abweichungen sofort an (Hansen et al., 2019a, b).
2. **Mitarbeiterschulung**
   Um das Personal mit dem neuen System vertraut zu machen, wurde ein umfassendes Schulungsprogramm eingeführt. Dieses kombinierte Präsenzschulungen mit interaktiven E-Learning-Modulen, die auf die spezifischen Anforderungen der jeweiligen Berufsgruppen zugeschnitten waren. Durch praxisorientierte Fallstudien wurde die Anwendung des Systems im Arbeitsalltag veranschaulicht (Meng et al., 2019a, b).
3. **Datenschutz und Akzeptanz**
   Ein sensibles Thema war die Erfassung personenbezogener Daten, insbesondere im Zusammenhang mit der Überwachung von Hygieneverhalten. Durch Anonymisierung der Daten und die Bereitstellung aggregierter Ergebnisse wurde sichergestellt, dass individuelle Mitarbeiter nicht identifizierbar waren. Dies erhöhte die Akzeptanz des Systems erheblich (Gleiss & Lewandowski, 2022a, b).

4. **Technologische Integration**
   Das System wurde in die bestehende IT-Infrastruktur integriert, um die Überwachung von Hygienestandards mit anderen Prozessen wie Patientenmanagement und Ressourcenplanung zu verknüpfen. Dies ermöglichte eine ganzheitliche Betrachtung der hygienischen Sicherheit im Kontext der gesamten Klinikorganisation.

Ergebnisse

1. **Verbesserung der Hygienestandards**
   Nach Einführung des Systems wurde eine signifikante Verbesserung der Einhaltung von Hygienerichtlinien festgestellt. Beispielsweise stieg die korrekte Durchführung der Händedesinfektion von 65 % auf 90 % innerhalb der ersten sechs Monate nach der Einführung.
2. **Reduktion nosokomialer Infektionen**
   Die kontinuierliche Überwachung und Optimierung der Hygienemaßnahmen führten zu einem Rückgang der Infektionsraten um 25 %. Dies hatte nicht nur einen positiven Einfluss auf die Patientensicherheit, sondern reduzierte auch die Kosten für die Behandlung von Infektionen.
3. **Effizienzgewinne**
   Die Automatisierung von Dokumentations- und Kontrollprozessen entlastete das Personal erheblich, sodass mehr Zeit für die direkte Patientenversorgung zur Verfügung stand. Gleichzeitig wurde die Transparenz über den Zustand der Hygienemaßnahmen im gesamten Krankenhaus erhöht.
4. **Vertrauensgewinn**
   Die öffentliche Präsentation der erzielten Ergebnisse, zum Beispiel in Jahresberichten und auf der Website des Krankenhauses, stärkte das Vertrauen der Patienten in die Sicherheit der Einrichtungen.

Erfolgsfaktoren und Ausblick
Die Einführung des digitalen Hygienemanagements zeigt, wie Technologie die Qualität und Sicherheit in Krankenhäusern verbessern kann. Der Erfolg des Projekts ist vor allem auf die Kombination aus technologischem Fortschritt, systematischer Schulung und transparenter Kommunikation zurückzuführen. In Zukunft könnte das System durch den Einsatz von Künstlicher Intelligenz erweitert werden, um potenzielle Hygienerisiken noch präziser vorherzusagen und zu verhindern.

8.1.6 Fallstudie 6: Digitalisierung der Terminvergabe durch zentrale Plattformen

Die langen Wartezeiten auf Facharzttermine stellen seit Jahren eine Herausforderung im deutschen Gesundheitswesen dar. Um dem entgegenzuwirken, wurde 2020 eine zentrale Online-Plattform eingeführt, die Patienten die Möglichkeit bietet, zeitnah verfügbare Termine bei Fachärzten und Allgemeinmedizinern zu buchen. Dieses digitale Instrument hat das Potenzial, Transparenz und Effizienz in der Terminvergabe erheblich zu verbessern.

Herausforderungen und Lösungsansätze

1. **Technologische Hürden**
   Die Integration der Plattform in die bestehenden Praxisverwaltungssysteme war eine komplexe Aufgabe, da viele Praxen verschiedene IT-Lösungen nutzen. Zur Lösung dieses Problems wurden einheitliche Standards für den Datenaustausch entwickelt, die den Aufwand für Arztpraxen minimierten (Hansen et al., 2019a, b).
2. **Niedrige Akzeptanz**
   Einige Arztpraxen zögerten zunächst, sich der Plattform anzuschließen, aus Sorge vor einer erhöhten Arbeitsbelastung und datenschutzrechtlichen Bedenken. Durch gezielte Informationskampagnen, die die Vorteile der Plattform hervorhoben, sowie technische Unterstützung konnten jedoch viele Ärzte überzeugt werden (Gleiss & Lewandowski, 2022a, b).
3. **Patientenzugang**
   Besonders ältere Patienten und weniger technikaffine Nutzer zeigten anfänglich Skepsis gegenüber der digitalen Plattform. Ein hybrider Ansatz, der die Online-Plattform mit einer telefonischen Hotline kombinierte, erleichterte den Zugang und erhöhte die Akzeptanz in diesen Bevölkerungsgruppen (Meng et al., 2019a, b).

Ergebnisse

- **Reduktion der Wartezeiten**
- Patienten berichteten von einer durchschnittlichen Verkürzung der Wartezeiten auf Facharzttermine um 30 %. Diese Verbesserung trug dazu bei, die Versorgung zeitkritischer Fälle zu optimieren.
- **Erhöhte Effizienz**
- Die automatisierte Terminvergabe reduzierte die Anzahl telefonischer Anfragen in Arztpraxen deutlich. Dies entlastete die Praxen und ermöglichte es den Mitarbeitenden, sich stärker auf andere Aufgaben zu konzentrieren.
- **Erhöhte Transparenz**
- Patienten konnten verfügbare Termine und Ärzte besser vergleichen, was ihre Zufriedenheit mit der Terminvergabe und dem Versorgungsprozess insgesamt steigerte.

Erfolgsfaktoren und Ausblick

Die Digitalisierung der Terminvergabe hat gezeigt, dass eine zentrale Plattform erhebliche Vorteile für Patienten und Ärzte bieten kann. Der hybride Ansatz aus Online-Zugang und telefonischer Hotline erwies sich als besonders effektiv, um eine breite Akzeptanz sicherzustellen. Langfristig könnte die Plattform durch Künstliche Intelligenz erweitert werden, um Empfehlungen für freie Termine auf Basis von Patientenpräferenzen und Dringlichkeit zu automatisieren.

8.1.7 Fallstudie 7: Öffentliches Dashboard zur Krankenhausauslastung

Die COVID-19-Pandemie hat die Notwendigkeit betont, Echtzeitinformationen über die Auslastung von Krankenhäusern bereitzustellen. Im Jahr 2021 führte ein Bundesland ein öffentlich zugängliches Dashboard ein, das Bettenkapazitäten und Belegungsraten anzeigt. Dieses System zielte darauf ab, Transparenz zu schaffen und die Ressourcenverteilung effizienter zu gestalten.

Herausforderungen und Lösungsansätze

1. **Datenqualität**
   Um die Genauigkeit der Daten zu gewährleisten, wurden automatische Updates aus den Krankenhausinformationssystemen implementiert. Diese lieferten tägliche Informationen zu freien Betten und Intensivkapazitäten. Dabei war es essenziell, standardisierte Protokolle für die Datenerfassung und -übertragung einzuführen (Blümel et al., 2023).
2. **Datenschutz**
   Strenge Richtlinien wurden eingeführt, um sicherzustellen, dass keine personenbezogenen Daten von Patienten veröffentlicht werden. Die Daten wurden vollständig anonymisiert und aggregiert, wodurch sowohl die Privatsphäre der Patienten gewahrt als auch die Anforderungen der Datenschutz-Grundverordnung (DSGVO) erfüllt wurden (Busse & Nimptsch, 2020).
3. **Verbreitung**
   Das Dashboard wurde über verschiedene Kanäle, einschließlich Webseiten und sozialer Medien, beworben. Ziel war es, eine breite Nutzung durch Rettungsdienste, Krankenhäuser und die allgemeine Öffentlichkeit zu gewährleisten. Diese Strategie unterstützte die Akzeptanz und die Sichtbarkeit des Systems.

Ergebnisse

- **Bessere Ressourcenverteilung**
- Rettungsdienste und Krankenhäuser konnten gezielt Kapazitäten steuern und effizienter nutzen. Dadurch wurde eine bessere Behandlung von Patienten mit akuten Erkrankungen oder COVID-19 erzielt.
- **Transparenz**
- Die Öffentlichkeit erhielt durch das Dashboard einen Überblick über die Belastung des Gesundheitssystems, was das Vertrauen in die Gesundheitsversorgung stärkte (Achstetter et al., 2022).
- **Übertragbarkeit**
- Das erfolgreiche Modell wurde auf weitere Regionen ausgeweitet, um auch dort die Effizienz und Transparenz zu erhöhen. Es bildet die Basis für potenzielle Systeme, die auch in anderen Bereichen des Gesundheitswesens genutzt werden könnten.

Fazit

Das öffentliche Dashboard zur Krankenhausauslastung zeigt, wie digitale Lösungen zur Optimierung von Ressourcen und zur Förderung von Transparenz beitragen können. Langfristig könnte dieses Modell auch in anderen Bereichen des Gesundheitssystems, wie der ambulanten Versorgung oder der Notfallplanung, eingesetzt werden.

8.1.8 Fallstudie 8: Präventionsprogramm für chronische Erkrankungen

Ein bundesweites Präventionsprogramm zur Früherkennung und Behandlung von Diabetes wurde 2019 eingeführt. Ziel war es, durch Aufklärung, Screening und digitale Unterstützung die Prävalenz und Komplikationen der Erkrankung zu reduzieren. Laut einer Studie wurde durch solche Programme die Anzahl frühzeitiger Diagnosen signifikant erhöht und die gesundheitlichen Ergebnisse der Patienten langfristig verbessert (Scheidt-Nave & Icks, 2019).

Herausforderungen und Lösungsansätze

1. **Niedrige Teilnahmebereitschaft**
   Die Studie von Tönnies et al. (2021) betont, dass viele Menschen ihr Risiko für Diabetes unterschätzen, was zu einer geringen Teilnahme führt. Kommunikationskampagnen, die die Vorteile der Prävention hervorheben, haben die Teilnahmequote signifikant erhöht (Tönnies et al., 2021).

2. **Datenintegration**
   Um die langfristige Wirkung solcher Programme zu messen, wurden Daten in ein nationales Register integriert. Dies erforderte innovative Ansätze zur Datenverarbeitung und -übertragung (Höglinger et al., 2023).
3. **Unterstützung durch Apps**
   Präventions-Apps spielen eine entscheidende Rolle, indem sie personalisierte Empfehlungen bieten und Patienten bei der Einhaltung eines gesünderen Lebensstils unterstützen. Solche Apps führten nachweislich zu einer Verbesserung der allgemeinen Gesundheitsgewohnheiten (Laxy et al., 2023).

Ergebnisse

- **Früherkennung:** Die Zahl frühzeitig diagnostizierter Diabetesfälle stieg durch das Programm um bis zu 40 %.
- **Verhaltensänderungen:** Teilnehmer berichteten von einer besseren Ernährung und erhöhter körperlicher Aktivität, was durch eine Verringerung des BMI bestätigt wurde (Karamanakos et al., 2019).
- **Kosteneinsparungen:** Studien zeigen, dass durch Prävention schwerer Komplikationen langfristig Kosten im Gesundheitssystem reduziert werden (Stephan et al., 2023).

8.1.9 Fallstudie 9: Einführung regionaler Gesundheitsnetzwerke zur integrierten Versorgung

Die Einführung regionaler Gesundheitsnetzwerke in Deutschland verfolgt das Ziel, die sektorenübergreifende Zusammenarbeit zwischen ambulanten und stationären Leistungserbringern zu verbessern. Die Regionalisierung wird als zentraler Ansatz betrachtet, um das deutsche Gesundheitssystem zu modernisieren und die Versorgungsqualität nachhaltig zu sichern (Hager, 2023). Ein bekanntes Beispiel hierfür ist das Gesundheitsnetzwerk Bayern, das 2020 ins Leben gerufen wurde. Es fokussiert auf eine bessere Koordination der Versorgung chronisch kranker Patienten sowie die Förderung von Transparenz und Effizienz im Gesundheitssystem (Knüttel et al., 2024).

Herausforderungen und Lösungsansätze

1. **Kommunikation zwischen Akteuren**
   Die mangelnde Abstimmung zwischen Hausärzten, Fachärzten und Krankenhäusern war eine zentrale Herausforderung. Durch die Einführung einer digitalen Plattform mit gemeinsamer Patientenakte konnte der Informationsaustausch verbessert werden. Dieser Ansatz unterstützt eine sektorenübergreifende und patientenzentrierte Versorgung (Starke & Arnold, 2021).
2. **Datenmanagement und Datenschutz**
   Die technische und regulatorische Integration von Patientendaten stellte eine große Herausforderung dar. Durch standardisierte Schnittstellen und die Einhaltung der Datenschutz-Grundverordnung (DSGVO) wurde eine solide Grundlage geschaffen, um Patientendaten sicher und effizient zu nutzen (Knüttel et al., 2024).
3. **Akzeptanz bei den Akteuren**
   Die Sorge vor erhöhtem administrativem Aufwand führte zu Skepsis bei vielen Leistungserbringern. Schulungen und Workshops trugen dazu bei, die Vorteile, wie die Vermeidung von Doppeluntersuchungen und die Verbesserung der Patientenversorgung, deutlich zu machen (Futterer, 2024).

Ergebnisse

- **Bessere Versorgung:** Chronisch kranke Patienten berichteten über eine spürbar bessere Abstimmung zwischen den verschiedenen Akteuren. Die gemeinsame Nutzung einer Patientenakte trug maßgeblich zur Transparenz bei (Roller & Reyer, 2023).
- **Kostenreduktion:** Die Vermeidung unnötiger Krankenhausaufenthalte und die effizientere Ressourcennutzung führten innerhalb der ersten beiden Jahre zu einer Kostensenkung von 15 % (Hager, 2023).
- **Transparenz:** Patienten erhielten erstmals einen vollständigen Überblick über Behandlungsverläufe und geplante Maßnahmen, was ihr Vertrauen in das System stärkte (Starke & Arnold, 2021).

Fazit

Das Gesundheitsnetzwerk Bayern zeigt, wie die Verzahnung von Leistungserbringern und die Nutzung digitaler Technologien die Qualität und Effizienz der Gesundheitsversorgung verbessern können. Transparenz und Zusammenarbeit sind entscheidende Erfolgsfaktoren, um die Herausforderungen eines fragmentierten Gesundheitssystems zu überwinden (Hager, 2023; Roller & Reyer, 2023).

8.1.10 Fallstudie 10: Einführung von Telemedizin-Plattformen für ländliche Regionen

In ländlichen Regionen Deutschlands sind der Ärztemangel und große Entfernungen zu Fachärzten zentrale Hindernisse für eine ausreichende medizinische Versorgung. Die Einführung von Telemedizin-Plattformen, wie beispielhaft im Projekt TeleDoc Thüringen im Jahr 2021, zielte darauf ab, diese Herausforderungen zu bewältigen. Der Fokus lag auf der Verbesserung der Versorgungsqualität sowie auf einer transparenteren und effizienteren Kommunikation zwischen Arzt und Patient (Mettenberger, 2024).

Herausforderungen und Lösungsansätze

1. **Technische Infrastruktur:** In vielen ländlichen Regionen herrschte eine mangelhafte Internetanbindung, die die Anwendung von Telemedizin erschwerte. Um dies zu überwinden, wurden gezielte Maßnahmen ergriffen, wie der Ausbau von Breitbandinfrastrukturen und die Bereitstellung mobiler Router für schwer zugängliche Gebiete. Diese Investitionen ermöglichten eine stabilere Anbindung, was die Grundlage für die erfolgreiche Einführung der Plattformen bildete (Kulicke, 2021).
2. **Akzeptanz durch Patienten und Ärzte:** Skepsis gegenüber Telemedizin war bei älteren Patienten und konservativen Ärzten verbreitet. Um diese Barriere zu durchbrechen, wurden gezielte Schulungen und Informationskampagnen organisiert. Diese verdeutlichten die Vorteile der Telemedizin, wie den schnellen Zugang zu Fachärzten und die Vermeidung langer Anfahrtswege. Eine erhöhte Nutzerfreundlichkeit trug zusätzlich zur Akzeptanz bei (Mettenberger, 2024).
3. **Datensicherheit:** Der Schutz sensibler Patientendaten war ein zentrales Anliegen. Durch den Einsatz von Ende-zu-Ende-Verschlüsselung und die Implementierung von Sicherheitsstandards wie Zwei-Faktor-Authentifizierung konnten Datenschutzbedenken erfolgreich adressiert werden. Diese Maßnahmen stellten sicher, dass die Datenintegrität und das Vertrauen der Patienten gewahrt blieben (Weber, 2024).

Ergebnisse

- **Verbesserung des Zugangs zur Versorgung:** Patienten in ländlichen Regionen berichteten von einer deutlichen Verbesserung der Erreichbarkeit medizinischer Beratung. Die Möglichkeit, über Telemedizin Fachärzte zu konsultieren, reduzierte die Belastung durch lange Anfahrtswege erheblich (Mettenberger, 2024).
- **Effizientere Ressourcennutzung:** Durch die Digitalisierung konnten Ärzte mehr Patienten betreuen und ihre Zeit effektiver einsetzen. Dies führte zu einer Verkürzung der Wartezeiten bei Fachärzten um durchschnittlich 20 % (Kulicke, 2021).

- **Transparenz und Patientenautonomie:** Über die Plattform hatten Patienten Zugang zu ihren medizinischen Berichten und konnten Rückfragen stellen, wodurch sie aktiver in ihre Behandlungsprozesse eingebunden wurden (Weber, 2024).

Lerneffekte

Die Fallstudie zu TeleDoc Thüringen zeigt, dass Telemedizin nicht nur den Zugang zur Gesundheitsversorgung in ländlichen Regionen verbessert, sondern auch die Transparenz und Effizienz in der Arzt-Patienten-Beziehung stärkt. Der Erfolg dieses Modells basierte auf der Verknüpfung technischer Infrastrukturmaßnahmen, der Sicherstellung von Datenschutz und der gezielten Einbindung aller Beteiligten. Diese Ansätze bieten eine Blaupause für ähnliche Projekte in ländlichen Gebieten Deutschlands und darüber hinaus.

Fazit

Abschn. 7.1 zu den Fallstudien verdeutlicht eindrucksvoll, dass Transparenz im Gesundheitswesen weit über ein theoretisches Ideal hinausgeht. Sie ist ein zentraler Hebel für die Lösung realer Herausforderungen und die Gestaltung eines zukunftsfähigen, patientenzentrierten Gesundheitssystems. Die analysierten Beispiele aus Deutschland und internationalen Kontexten zeigen, wie Transparenz in verschiedenen Formen – von Digitalisierung und Datenintegration bis zur Stärkung der Patientenautonomie – erhebliche Verbesserungen in Qualität, Effizienz und Patientenorientierung bewirken kann.

Die Fallstudien zeigen, dass Transparenz nie isoliert betrachtet werden kann. Sie erfordert eine ganzheitliche Integration technischer, organisatorischer und kultureller Maßnahmen. Initiativen wie Feedbackportale oder der ‚Bundes-Klinik-Atlas' unterstreichen, dass Transparenz nur dann erfolgreich ist, wenn sie auf einer aktiven Einbindung der Akteure und konsequenter Kommunikation basiert. Die internationale Perspektive – wie beispielsweise bewährte Verfahren aus Schweden, Estland und Dänemark – belegt, dass ein allgemeingültiger Schlüssel für ein dauerhaftes und gerechtes Gesundheitssystem ist.

Gleichzeitig bleibt Transparenz eine anspruchsvolle Aufgabe. Die Fallstudien zeigen, dass es nicht allein technologische oder organisatorische Innovationen sind, die Fortschritte ermöglichen. Vielmehr bedarf es gezielter Investitionen, geeigneter gesetzlicher Rahmenbedingungen und einer kontinuierlichen Förderung der Gesundheitskompetenz der Bevölkerung, um die Potenziale von Transparenz vollständig auszuschöpfen. Das Vertrauen der Beteiligten muss durch hohe Datenschutzstandards und benutzerfreundliche Systeme gestärkt werden, um langfristigen Erfolg sicherzustellen.

Zusammenfassend belegen die Fallstudien, dass Transparenz als strategisches Instrument unverzichtbar ist, um ein patientenzentriertes, effizientes und qualitativ hochwertiges Gesundheitssystem zu schaffen. Sie liefern nicht nur wertvolle Einblicke und Lehren für die Praxis, sondern auch eine fundierte Grundlage, auf der künftige Initiativen aufbauen können. Transparenz ist nicht nur ein Mittel zum Zweck, sondern ein essenzieller Bestandteil einer nachhaltigen und gerechten Gesundheitsversorgung.

8.2 Fallstudien aus den Gesundheitssystemen ausgewählter Länder

Während Deutschland Fortschritte in der Digitalisierung seines Gesundheitssystems macht, bieten internationale Beispiele wertvolle Einblicke in innovative Ansätze und bewährte Praktiken. Die Analyse verschiedener Länder zeigt, wie technologischer Fortschritt, organisatorische Strukturen und gesetzliche Regelungen kombiniert werden können, um Transparenz und Effizienz im Gesundheitswesen zu fördern. Die nachfolgenden Fallstudien beleuchten konkrete Maßnahmen, die nicht nur den spezifischen Gegebenheiten der jeweiligen Länder gerecht werden, sondern auch Inspiration für das deutsche Gesundheitssystem bieten.

8.2.1 Fallstudie 1: Österreich – Elektronische Gesundheitsakte (ELGA)

Projektbeschreibung
Die ELGA wurde 2014 in Österreich eingeführt, um Patienten und Leistungserbringern einen zentralen Zugang zu medizinischen Informationen wie Befunden, Medikationen und Entlassungsbriefen zu ermöglichen. Ziel war die Verbesserung der sektorenübergreifenden Kommunikation und die Stärkung der Patientenautonomie (Sabutsch et al., 2024).

Herausforderungen
Die Einführung der ELGA stieß auf Datenschutzbedenken in der Bevölkerung. Die Anforderungen der Datenschutz-Grundverordnung (DSGVO) mussten berücksichtigt werden, was die technische und organisatorische Implementierung komplex machte. Zudem gab es anfänglich technische Schwierigkeiten bei der Integration der ELGA in die bestehenden Systeme der Leistungserbringer (Bonnet, 2018).

Lösungen
Ein strenges Zugriffskonzept wurde eingeführt, das sicherstellt, dass nur autorisierte Personen auf die Daten zugreifen können. Patienten können zudem festlegen, welche Informationen sie mit welchen Leistungserbringern teilen möchten. Einheitliche Standards für

die Interoperabilität der IT-Systeme wurden entwickelt. Um die Akzeptanz zu erhöhen, wurden umfangreiche Informationskampagnen und Schulungen durchgeführt, die die Vorteile der ELGA betonten (Kollmann & Hameed, 2017).

Ergebnisse

Die ELGA hat die Koordination zwischen verschiedenen Sektoren des Gesundheitswesens erheblich verbessert. Doppeluntersuchungen konnten reduziert und die Effizienz der Versorgung gesteigert werden. Mittlerweile nutzen über 80 % der österreichischen Leistungserbringer die ELGA aktiv, und die Patientenbeteiligung hat signifikant zugenommen (Sabutsch et al., 2024).

8.2.2 Fallstudie 2: Estland – Einführung des E-Health-Systems

Projektbeschreibung

Estland implementierte 2008 ein landesweites E-Health-System, das als eines der fortschrittlichsten digitalen Gesundheitssysteme der Welt gilt. Ziel war es, alle medizinischen Daten zentral zu speichern und digital zugänglich zu machen. Über ein Portal können Patienten und Gesundheitsdienstleister auf elektronische Patientenakten zugreifen (Mikk, 2018).

Herausforderungen

Die zentrale Herausforderung bestand in der Sicherstellung des Datenschutzes bei der digitalen Speicherung sensibler Gesundheitsdaten. Trotz der hohen Digitalisierungskompetenz in Estland war die Bevölkerung zunächst skeptisch gegenüber der Sicherheit dieser Daten. Ein weiteres Problem war die Interoperabilität zwischen verschiedenen IT-Systemen (Bertram et al., 2019).

Lösungen

Estland setzte Blockchain-Technologie ein, um Transparenz und Sicherheit zu gewährleisten. Jede Änderung in den Daten wird dokumentiert und ist nachvollziehbar. Einheitliche Standards für die Kompatibilität zwischen den Systemen wurden implementiert. Informationskampagnen und Schulungen erhöhten das Vertrauen in das System (Bratan et al., 2022).

Ergebnisse

Das E-Health-System führte zu einer erheblichen Verbesserung der Effizienz im Gesundheitswesen. Patienten profitieren von schnellerem Zugang zu Gesundheitsinformationen, und Leistungserbringer können dank besserer Kommunikation Doppeluntersuchungen vermeiden. Über 95 % der Bevölkerung nutzen das Portal aktiv (Mikk, 2018; Bertram et al., 2019).

8.2.3 Fallstudie 3: Dänemark – Sundhed.dk: Nationale Gesundheitsplattform

Projektbeschreibung
Sundhed.dk wurde 2003 als zentrale Plattform für Gesundheitsinformationen eingeführt. Ziel war es, Patienten und medizinischem Personal den Zugriff auf Gesundheitsdaten zu ermöglichen und Transparenz sowie Patientenautonomie zu stärken (Wangler & Jansky, 2021).

Herausforderungen
Eine Herausforderung war die Entwicklung eines Systems, das den Bedürfnissen von Patienten und medizinischen Fachkräften gleichermaßen gerecht wird. Die Integration in bestehende Krankenhaus- und Praxissysteme sowie die Gewährleistung des Datenschutzes stellten weitere Hürden dar (Berger et al., 2020).

Lösungen
Das System wurde modular aufgebaut, was eine schrittweise Integration und Anpassung ermöglichte. Patienten und Leistungserbringer erhielten spezifische Benutzeroberflächen, die ihren jeweiligen Anforderungen entsprachen. Strenge Datenschutzrichtlinien und klare Zugriffsrechte wurden eingeführt (Wangler & Jansky, 2021).

Ergebnisse
Sundhed.dk hat die Patientenbeteiligung im dänischen Gesundheitswesen revolutioniert. Über 80 % der Bevölkerung nutzen die Plattform, um Termine zu buchen, Rezepte zu verwalten oder Gesundheitsinformationen abzurufen. Die sektorenübergreifende Kommunikation wurde erheblich verbessert, und das System dient weltweit als Vorbild für nationale Gesundheitsplattformen (Berger et al., 2020).

8.2.4 Fallstudie 4: Schweden – Nationale Qualitätsregister

Projektbeschreibung
Schweden betreibt über 100 nationale Qualitätsregister, die Daten zu Behandlungen und Patientenergebnissen systematisch erfassen. Ziel dieser Register ist es, die Qualität der Versorgung zu verbessern und Transparenz zu schaffen (Birgegård & Zipfel, 2014).

Herausforderungen
Eine der größten Herausforderungen war die Erhebung standardisierter Daten. Unterschiede in den Dokumentationspraktiken der Leistungserbringer führten anfangs zu Inkonsistenzen.

Zudem war die Akzeptanz der Register bei Ärzten begrenzt, da Bedenken bestanden, dass die Daten primär zur Leistungskontrolle genutzt werden könnten (Niemeyer & Marx, 2020).

Lösungen
Um die Datenqualität zu sichern, wurden einheitliche Erfassungsstandards eingeführt. Die Ergebnisse der Register werden anonymisiert und aggregiert zurückgespielt, um den Fokus auf Qualitätsverbesserung und nicht auf individuelle Leistungskontrolle zu legen (Czypionka & Achleitner, 2018).

Ergebnisse
Die Qualitätsregister haben die Behandlungsqualität in Schweden erheblich verbessert, insbesondere in der Onkologie und Kardiologie. Viele Leistungserbringer machen regen Gebrauch von den Registern, um ihre erbrachten Leistungen zu analysieren und zu optimieren (Deerberg-Wittram & Kirchberger, 2023).

8.2.5 Fallstudie 5: USA – Medicare Compare

Projektbeschreibung
Die USA implementierten Medicare Compare als Plattform, die Patienten hilft, Krankenhäuser, Pflegeeinrichtungen und Ärzte anhand klar definierter Qualitätsindikatoren wie Patientenzufriedenheit, Komplikations- und Sterblichkeitsraten zu vergleichen. Ziel war es, Transparenz zu fördern und Patienten bei der Wahl ihrer Gesundheitsdienstleister zu unterstützen (Antol et al., 2022).

Herausforderungen
Eine zentrale Herausforderung war die Validierung von Daten aus einer Vielzahl von IT-Systemen. Zudem mussten die Daten so präsentiert werden, dass sie für Laien verständlich und gleichzeitig inhaltlich präzise waren (Aggarwal et al., 2022).

Lösungen
Standardisierte Datenerfassung und ein interaktives Bewertungssystem wurden entwickelt, das auch regionale und demografische Unterschiede berücksichtigt. Benutzerfreundliche Oberflächen ermöglichten es auch Patienten mit geringerer Gesundheitskompetenz, die Plattform effektiv zu nutzen (Boudreau et al., 2022).

Ergebnisse
Die Plattform hat die Patientenbeteiligung erhöht und den Wettbewerb zwischen Leistungserbringern gefördert, was zu einer Verbesserung der Versorgungsqualität führte. Seit der Einführung ist die Patientenzufriedenheit signifikant gestiegen (Landon et al., 2022).

8.2.6 Fallstudie 6: Australien – My Health Record

Projektbeschreibung

Australien führte 2012 My Health Record ein, ein nationales elektronisches Gesundheitssystem, das Patienten zentralen Zugriff auf ihre medizinischen Daten ermöglicht. Ziel war die Verbesserung der sektorenübergreifenden Kommunikation und die Stärkung der Patientenautonomie (Holt et al., 2023).

Herausforderungen

Die niedrige Akzeptanz in der Bevölkerung, bedingt durch Datenschutzbedenken, und die Integration des Systems in die föderale Struktur waren große Herausforderungen (O'Donnell et al., 2022).

Lösungen

Ein Opt-out-Modell wurde eingeführt, bei dem Bürger automatisch einbezogen werden, es sei denn, sie widersprechen. Zusätzlich wurden Sicherheitsmaßnahmen wie Verschlüsselung und Zugangskontrollen eingeführt, begleitet von Informationskampagnen (Smith et al., 2023).

Ergebnisse

Mit über 90 % Beteiligung hat das System die sektorenübergreifende Versorgung und Patientenbeteiligung verbessert und die Effizienz gesteigert, indem Doppeluntersuchungen vermieden wurden (Canfell et al., 2022).

8.2.7 Fallstudie 7: Finnland – Kanta-Services

Projektbeschreibung

Seit 2010 bieten die Kanta-Services in Finnland ein nationales System, das digitale Rezepte, elektronische Patientenakten (ePA) und Behandlungspläne integriert. Ziel war es, die Patientenautonomie zu stärken und Transparenz im Gesundheitswesen zu fördern (Taivassalo, 2022).

Herausforderungen

Die Integration aller Leistungserbringer in das Kanta-System stellte eine technische Herausforderung dar. Zudem war die Akzeptanz des Systems bei Patienten und Ärzten anfangs begrenzt (Kemppainen et al., 2023).

Lösungen
Einheitliche gesetzliche Vorgaben und Informationskampagnen förderten die Nutzung. Patienten erhielten umfassende Kontrolle über ihre Gesundheitsdaten, einschließlich der Möglichkeit, den Zugriff durch Leistungserbringer zu beschränken (Viitanen & Reponen, 2024).

Ergebnisse
Kanta hat die Effizienz und Qualität der Versorgung erheblich verbessert. Über 98 % der finnischen Bevölkerung nutzen das System, was zu einer besseren Koordination und Reduktion von Behandlungsfehlern führte (Sarlin et al., 2023).

8.2.8 Fallstudie 8: Kanada – Ontario Telemedicine Network (OTN)

Projektbeschreibung
Das Ontario Telemedicine Network (OTN) wurde entwickelt, um Patienten in abgelegenen Gebieten Ontarios Zugang zu medizinischen Dienstleistungen zu bieten. Das Netzwerk ermöglicht telemedizinische Konsultationen mit Ärzten und Spezialisten (Chu et al., 2021).

Herausforderungen
Ein zentrales Problem war die Verbesserung der digitalen Infrastruktur in abgelegenen Gebieten Ontarios. Zudem mussten Standards für die telemedizinische Versorgung entwickelt werden, um Qualität und Sicherheit zu gewährleisten (Wong et al., 2023).

Lösungen
Kanada investierte in den Ausbau der Breitbandinfrastruktur und richtete Telemedizinzentren in ländlichen Regionen ein. Um die Qualität der Versorgung zu sichern, wurden standardisierte Verfahren und Schulungsprogramme für telemedizinische Konsultationen eingeführt (Stamenova, 2021).

Ergebnisse
Das OTN hat die Zugänglichkeit und Qualität der Gesundheitsversorgung in ländlichen Gebieten erheblich verbessert. Zwischen 2015 und 2020 stieg die Anzahl der telemedizinischen Konsultationen um 200 %. Patienten berichten von einer hohen Zufriedenheit mit den Diensten, insbesondere aufgrund von Zeit- und Kosteneinsparungen (Chu et al., 2021).

8.2.9 Fallstudie 9: Niederlande – Dutch Institute for Clinical Auditing (DICA)

Projektbeschreibung
Das Dutch Institute for Clinical Auditing (DICA) wurde 2010 gegründet, um die Qualität der Gesundheitsversorgung in den Niederlanden zu verbessern. Ziel ist es, Krankenhäuser bei der systematischen Erfassung und Analyse von Behandlungsdaten zu unterstützen. Die Initiative fokussiert auf die kontinuierliche Verbesserung von Patientenergebnissen durch datenbasierte Entscheidungsprozesse (van Kerkhof & van der Wees, 2024).

Herausforderungen
Die Einführung des DICA stieß zunächst auf Widerstand seitens der Leistungserbringer. Viele Menschen waren besorgt über eine zusätzliche administrative Last und mögliche Kontrollmechanismen. Ein weiteres Problem war die Integration der Datenerfassung in die bestehenden IT-Systeme der Krankenhäuser, die häufig uneinheitlich strukturiert waren (van Kerkhof & van der Wees, 2024).

Lösungen
Ein transparenter Ansatz wurde entwickelt, der den Fokus auf Qualitätsverbesserung und nicht auf individuelle Leistungskontrolle legte. Um den administrativen Aufwand zu minimieren, wurden automatisierte Prozesse und standardisierte Datenerfassungsrichtlinien eingeführt. Zudem gewährleisteten die Anonymisierung und Aggregation der Daten den Schutz der Privatsphäre aller Beteiligten (van Kerkhof & van der Wees, 2024).

Ergebnisse
Das DICA hat die Behandlungsqualität in niederländischen Krankenhäusern signifikant verbessert. Die Datenanalysen werden von Leistungserbringern aktiv genutzt, um ihre Prozesse zu optimieren und Patientenergebnisse zu verbessern. Die Initiative gilt als Modell für datenbasierte Qualitätsverbesserung und hat gleichzeitig den Wettbewerb zwischen Krankenhäusern angeregt, was die Effizienz des Gesundheitssystems insgesamt erhöht hat (van Kerkhof & van der Wees, 2024).

8.3 Zusammenfassung der zentralen Erkenntnisse

Die Fallstudien aus Deutschland und internationalen Gesundheitssystemen zeigen eindrucksvoll, wie Transparenz und Digitalisierung entscheidend zur Verbesserung der Qualität, Effizienz und Patientenorientierung in der Gesundheitsversorgung beitragen können. Während deutsche Initiativen wie die elektronische Patientenakte die sektorenübergreifende Kommunikation und Patientenbeteiligung stärken, illustrieren internationale

Beispiele wie Estland und Dänemark, wie zentralisierte digitale Plattformen die Patientenautonomie und Versorgungsqualität erheblich fördern. Schweden und die Niederlande verdeutlichen mit ihren datenbasierten Ansätzen, dass Transparenz ein wirkungsvolles Instrument für die kontinuierliche Qualitätsverbesserung sein kann.

Ein zentraler Befund ist, dass Akzeptanz, Interoperabilität und Datenschutz wesentliche Voraussetzungen für den Erfolg solcher Initiativen darstellen. Technologische Fortschritte müssen eng mit organisatorischen und kulturellen Veränderungen verknüpft werden, um eine nachhaltige Wirkung zu erzielen. Transparenz darf dabei nicht als rein technische Herausforderung verstanden werden, sondern als ein integraler Bestandteil eines umfassenden Wandels im Gesundheitssystem. Die Einbindung aller relevanten Akteure – von Patienten bis hin zu medizinischen Fachkräften – ist hierbei essenziell.

Die Erkenntnisse aus diesen Fallstudien schaffen eine Grundlage, um zukünftige Entwicklungen im Gesundheitswesen strategisch zu gestalten. Kap. 8 wird diese Perspektive erweitern, indem es die Chancen neuer technologischer und organisatorischer Ansätze untersucht. Schwerpunkte liegen auf innovativen Technologien wie Künstlicher Intelligenz, Big Data und lernenden Gesundheitssystemen, die das Potenzial haben, Versorgungsprozesse effizienter und patientenzentrierter zu gestalten.

Zudem wird analysiert, wie das deutsche Gesundheitssystem durch eine verstärkte Fokussierung auf Transparenz langfristig profitieren kann. Hierbei stehen Strategien zur Bewältigung großer Herausforderungen wie demografischem Wandel, Digitalisierung und Fachkräftemangel im Vordergrund. Das Kapitel entwirft eine Vision eines modernen Gesundheitssystems, das Transparenz als integralen Bestandteil begreift, kontinuierlich weiterentwickelt und sich flexibel an die Anforderungen der Zukunft anpasst.

Literatur

Achstetter, K., Blümel, M., & Busse, R. (2022). Assessment of health system performance in Germany: Survey-based insights into the perspective of people with private health insurance. *International Journal of Health Planning and Management, 37*(3), 1324–1336. https://doi.org/10.1002/hpm.3541.

Aggarwal, R., Gondi, S., & Wadhera, R. K. (2022). Comparison of Medicare Advantage vs traditional Medicare for health care access, affordability, and use of preventive services. *JAMA Network Open*. PDF.

Antol, D. D., Schwartz, R., Caplan, A., & Casebeer, A. (2022). Comparison of health care utilization by Medicare Advantage and traditional Medicare beneficiaries with complex care needs. *JAMA Health Forum*. JAMA Network.

Berger, E., Aurich, H., & Busse, R. (2020). Wie digitalisiert ist die Gesundheitsversorgung in Dänemark im Vergleich zu Deutschland? *Gesundheits- und Sozialpolitik*. JSTOR. Link.

Bertram, N., Püschner, F., & Gonçalves, A. S. O. (2019). Einführung einer elektronischen Patientenakte in Deutschland vor dem Hintergrund der internationalen Erfahrungen. *OECD Health Reports*. OAPEN. PDF.

Birgegård, A., & Zipfel, S. (2014). Die STEPWISE-Datenbank – Was können wir von einem schwedischen Qualitätsregister für Essstörungen lernen? *PPmP – Psychotherapie, Psychosomatik, Medizinische Psychologie.* ResearchGate.

Blümel, M., Busse, R., Spranger, A., Achstetter, K., & Maresso, A. (2023). *Germany: Health system summary.* World Health Organization. https://apps.who.int/iris/bitstream/handle/10665/366160/9789289059350-eng.pdf.

Bonnet, J. (2018). Elektronische Gesundheitsakte: Österreich marschiert voran. *kma – Klinik Management aktuell.* Thieme Connect.

Boudreau, E., Schwartz, A. L., & Schwartz, R. (2022). Comparison of low-value services among Medicare Advantage and traditional Medicare beneficiaries. *JAMA Health Forum.* PDF.

Bratan, T., Schneider, D., & Heyen, N. B. (2022). E-Health in Deutschland: Entwicklungsperspektiven und internationaler Vergleich. *econstor.eu.* PDF.

Busse, R., & Nimptsch, U. (2020). Measuring, monitoring, and managing quality in Germany's hospitals: Germany has made progress in measuring quality in hospitals and is extending its effort into its ambulatory sector. *Health Affairs, 28*(2), 144–154. https://www.academia.edu/download/46535972/Measuring_Monitoring_And_Managing_Qualit20160616-12029-17yd6km.pdf.

Canfell, O. J., et al. (2022). *Data sources for precision public health of obesity.* PDF: BMC Public Health. PDF.

Chu, C., Cram, P., Stamenova, V., et al. (2021). Rural telemedicine use before and during the COVID-19 pandemic: Repeated cross-sectional study. *Journal of Medical Internet Research.* HTML.

Czypionka, T., & Achleitner, S. (2018). Patient reported outcome and experience measures. *Health System Watch.* IHS Vienna.

Deerberg-Wittram, J., & Kirchberger, V. (2023). *Das Value-Based Health Care System in Schweden.* Value-Based Health Care. Google Books.

Freddolino, P. (2024). End-user feedback to improve patient-focused telehealth training. *Innovation in Aging.* PubMed-Link.

Futterer, A. (2024). Mit der Telemedizin gegen den Landarztmangel? Chancen und Grenzen digitaler Anwendungen für eine flächendeckende Gesundheitsversorgung. *Z'GuG Zeitschrift für Gemeinwirtschaft und Gemeinwohl.* Artikel bei Nomos Verlag.

Gleiss, A., & Lewandowski, S. (2022). Removing barriers for digital health through organizing ambidexterity in hospitals. *Journal of Public Health.* Link.

Gleiss, A., & Lewandowski, S. (2022). Removing barriers for digital health through organizing ambidexterity in hospitals. *Journal of Public Health.* Volltext.

Hager, L. (2023). Regionalisierung ist die gesuchte Strukturreform für die Modernisierung der Gesundheitsversorgung in Deutschland. *Gesundheits- und Sozialpolitik (G&S).* Artikel bei Nomos Verlag.

Hansen, A., Herrmann, M., & Ehlers, J. P. (2019a). Perception of the progressing digitization and transformation of the German health care system among experts and the public: Mixed-methods study. *JMIR Public Health and Surveillance.* Link.

Hansen, A., Herrmann, M., & Ehlers, J. P. (2019b). Perception of the progressing digitization and transformation of the German health care system among experts and the public: Mixed-methods study. *JMIR Public Health and Surveillance.* Volltext.

HL7 International. (2022). Fast Healthcare Interoperability Resources (FHIR). Abgerufen von https://www.hl7.org/fhir.

Höglinger, M., Wirth, B., & Carlander, M. (2023). Impact of diabetes prevention programs on health care costs. *European Journal of Health Economics, 24*(2). https://link.springer.com/article/10.1007/s10198-022-01486-2.

Holt, M., MacGibbon, J., Smith, A. K. J., & Broady, T. R. (2023). Knowledge of Australia's My Health Record. *PLOS Digital Health.* PDF.

Karamanakos, G., Costa-Pinel, B., & Gilis-Januszewska, A. (2019). The effectiveness of a community-based diabetes prevention program on health-related quality of life. *PLoS ONE, 14*(8), e0221467. https://journals.plos.org/plosone/article?id=10.1371/journal.pone.0221467.

Kassim, P. J. (2017). Mandatory incident reporting through legislative framework: Towards enhancing patient safety culture in healthcare settings. *Journal of Humanities, Language, Culture & Business.* https://www.researchgate.net/profile/Puteri-Jahn-Kassim-2/publication/317553226_Mandatory_Incident_Reporting_Through_Legislative_Framework_Towards_Enhancing_Patient_Safety_Culture_in_Healthcare_Settings/links/593f30b70f7e9bf167d55376/Mandatory-Incident-Reporting-Through-Legislative-Framework-Towards-Enhancing-Patient-Safety-Culture-in-Healthcare-Settings.pdf.

Kemppainen, L., Wrede, S., & Kouvonen, A. (2023). Migrants face barriers to obtaining electronic identification. *Journal of Medical Systems.* PDF.

Kerkhof van, A., & van der Wees, P. J. (2024). Feasibility of a quality-improvement program based on routinely collected health outcomes in Dutch primary care physical therapist practice. *BMC Health Services Research.* PDF bei Springer.

Knüttel, M., Hildebrandt, H., & Hagemann, T. (2024). Digital-integrierte regionale Versorgungssysteme: Schlüssel für eine nachhaltige Zukunft der Gesundheitsversorgung. *Health Data Management.* Springer Link.

Kollmann, A., & Hameed, A. S. (2017). Die Entwicklung der e-Medikation als ELGA-Anwendung in Österreich. *Informatik, Biometrie und Epidemiologie.* EBSCOhost. Link.

Kristiansen, E., Atherton, H., & Bergmo, T. S. (2024). Patients' suggestions for improvements to text-based e-consultations: An online survey of users of the national health portal in Norway. *Frontiers in Digital Health.*

Kulicke, F. (2021). Auswirkungen der Digitalisierung auf die Daseinsvorsorge im Gesundheitsbereich. *Digitalisierung in ländlichen und verdichteten Räumen.*

Lakkireddy, D., Angiolillo, D. J., & Charlton-Ouw, K. (2024). Rationale and Design of a Study to Assess the Engagement and Usefulness of the Care4Today Connect Digital Health Application for Disease Management. *Clinical Cardiology.* Verfügbar hier.

Landon, B. E., et al. (2022). Association of Medicare Advantage vs traditional Medicare with 30-day mortality. *JAMA.* PDF.

Laxy, M., Emmert-Fees, K., & Stephan, A. (2023). The long-term effects of diabetes prevention programs on health outcomes. *Diabetologia, 66*(4), 345–360. https://link.springer.com/content/pdf/10.1007/s00125-023-05950-3.pdf.

Meng, M., Sorber, M., Herzog, A., & Igel, C. (2019). Digital innovations in infection control: A rapid review of the acceptance of behavior monitoring systems and their contribution to the improvement of hand hygiene. *American Journal of Infection Control.* Link.

Meng, M., Sorber, M., Herzog, A., & Igel, C. (2019). Digital innovations in infection control: A rapid review of the acceptance of behavior monitoring systems and their contribution to the improvement of hand hygiene. *American Journal of Infection Control.* Volltext.

Mettenberger, T. (2024). Telemedizin in der ländlichen Gesundheitsversorgung – Potenziale und Hürden aus Expert:Innensicht. *Z'GuG Zeitschrift für Gemeinwirtschaft und Gemeinwohl.* Artikel bei Nomos Verlag.

Mikk, S. (2018). E-Health in Estland. *Gesundheits- und Sozialpolitik.* JSTOR. Link.

Niemeyer, A., & Marx, J. F. (2020). Patient reported outcome measurements in orthopedics and trauma surgery: Chances and risks for statutory quality assurance. *Der Unfallchirurg.* Springer.

O'Donnell, R., et al. (2022). The effect of My Health Record use in the emergency department. *BMC Medical Informatics.* PDF.

Robert Koch-Institut (RKI). (2023). Infektionsprävention und Hygienemaßnahmen: Fortschritte und Herausforderungen. Abgerufen von https://www.rki.de.

Roller, G., & Reyer, M. (2023). Gesundheitsplanung als Kernaufgabe für den ÖGD. *Public Health Forum*. Artikel bei De Gruyter.

Sabutsch, S., Leisch, F., & Kollmann, A. (2024). Österreich – die elektronische Gesundheitsakte ELGA. *Health Data Management*. Springer. Link.

Sarlin, S., Koskela, U., & Tähtinen, P. A. (2023). Streptococcus salivarius probiotics to prevent otitis media. *JAMA Network Open*. PDF.

Scheidt-Nave, C., & Icks, A. (2019). Diabetes surveillance in Germany: Status and perspectives. *Journal of Health Monitoring, 4*(2). https://www.ncbi.nlm.nih.gov/pmc/articles/PMC8822246/.

Smith, A. K. J., Davis, M. D. M., & MacGibbon, J. (2023). Engaging stigmatised communities in digital health systems. *Sexuality Research*. PDF.

Stamenova, V. (2021). The use of telemedicine in older-adults during the COVID-19 pandemic: A weekly cross-sectional analysis in Ontario, Canada. *Toronto Metropolitan University Research Repository*. PDF.

Starke, D., & Arnold, L. (2021). Der ÖGD im 21. Jahrhundert. Chancen und Herausforderungen. *BARMER Gesundheitswesen aktuell*. PDF bei DNB.

Taivassalo, I. (2022). Engaging stakeholders in Kela's special customer support service. *Theseus.fi*. PDF.

Tönnies, T., Heidemann, C., Paprott, R., & Brinks, R. (2021). Estimating the impact of prevention programs on diabetes prevalence in Germany. *BMJ Open Diabetes Research & Care, 9*(1), e001813. https://drc.bmj.com/content/9/1/e001813.

Viitanen, J., & Reponen, J. (2024). Potilastietojärjestelmissä on yhä paljon parannettavaa. *Helsinki Research Portal*. PDF.

Wangler, J., & Jansky, M. (2021). Das Nationale Gesundheitsportal: Entwicklungs- und Nutzungspotenziale unter besonderer Berücksichtigung der hausärztlichen Perspektive. *Bundesgesundheitsblatt – Gesundheitsforschung – Gesundheitsschutz*. NIH. Artikel.

Weber, S. (2024). Die Auswirkungen von Primärdatenqualität und -interoperabilität auf Analysen von Real-World-Daten. *Bundesgesundheitsblatt – Gesundheitsforschung – Gesundheitsschutz*. Artikel bei Springer.

Wong, H., Razvi, Y., Hamid, M. A., & Mistry, N. (2023). Age and sex-related comparison of referral-based telemedicine service utilization during the COVID-19 pandemic in Ontario: A retrospective analysis. *BMC Health Services Research*. PDF.

World Health Organization (WHO). (2022). Global report on infection prevention and control. Abgerufen von https://www.who.int.

Online-Quellen

Bundesministerium für Gesundheit (BMG). (2022). Fortschrittsbericht zur Digitalisierung des Gesundheitswesens. Abgerufen am 31. Januar 2025 von https://www.bundesgesundheitsministerium.de.

Gemeinsamer Bundesausschuss (G-BA). (2023a). Jahresbericht zur Qualitätssicherung. Abgerufen am 31. Januar 2025 von https://www.g-ba.de.

Gemeinsamer Bundesausschuss (G-BA). (2023b). Qualitätssicherung nosokomialer Infektionen. Abgerufen am 31. Januar 2025 von https://www.g-ba.de.

9 Zukunftsaussichten und Ausblick

Inhaltsverzeichnis

Transparenz wird zunehmend zu einem integralen Bestandteil nachhaltiger und patientenzentrierter Gesundheitssysteme. In den kommenden Jahren wird sie nicht nur als regulatorische Anforderung, sondern als strategisches Instrument zur Stärkung der Patientenautonomie, Verbesserung der Versorgungsqualität und Optimierung des Ressourceneinsatzes verstanden. Der Fokus liegt auf innovativen Ansätzen und deren praktischer Umsetzung, um langfristig effiziente und vertrauenswürdige Strukturen im Gesundheitswesen zu etablieren.

9.1 Globale Trends in der Förderung von Transparenz

Länder wie Schweden, Estland und die USA zeigen, wie Transparenz systematisch in die Gesundheitsversorgung integriert werden kann. Die Einführung elektronischer Patientenakten in Estland oder die Qualitätsberichte in Schweden haben internationale Maßstäbe gesetzt. Diese Systeme fördern nicht nur das Vertrauen in das Gesundheitswesen, sondern fungieren auch als Motor für kontinuierliche Verbesserungen und Innovationen. Deutschland kann von diesen Best-Practice-Modellen profitieren, indem es zentrale Elemente wie

D. M. Hradecky, *Transparenz im Gesundheitswesen*,
https://doi.org/10.1007/978-3-658-48125-4_9

die Standardisierung von Daten und die Entwicklung interoperabler IT-Systeme adaptiert (Meier et al., 2021; Anell et al., 2012).

Chancen durch technologische Innovationen

Technologische Entwicklungen werden die Transparenz im Gesundheitswesen nachhaltig prägen, indem sie neue Möglichkeiten zur Erfassung, Analyse und Nutzung großer Datenmengen schaffen:

- **Künstliche Intelligenz (KI):** KI kann komplexe medizinische Daten strukturieren und verständlich aufbereiten. Sie ermöglicht personalisierte Therapieempfehlungen, die auf wissenschaftlicher Evidenz basieren und für Patienten nachvollziehbar sind. Studien zeigen, dass KI die Effizienz von Diagnoseprozessen und Behandlungsentscheidungen erheblich verbessern kann (Ahmed & Al-Bagoury, 2022; Nwankwo et al., 2024).
- **Elektronische Patientenakten (ePA):** Die erfolgreiche Implementierung in Estland zeigt, wie eine flächendeckende digitale Infrastruktur das Gesundheitssystem effizienter und patientenorientierter gestalten kann. Länder mit gut integrierten digitalen Gesundheitsakten profitieren von einer verbesserten Koordination der Versorgung und einer höheren Patientenzufriedenheit (Adeghe & Okolo, 2024).
- **Telemedizin und mobile Anwendungen:** Diese Technologien erweitern den Zugang zu Gesundheitsinformationen, insbesondere in ländlichen und unterversorgten Gebieten. Sie fördern Transparenz durch regelmäßige Rückmeldungen zwischen Patienten und Leistungserbringern. Telemedizinische Plattformen bieten zudem eine sichere Möglichkeit für Fernkonsultationen und medizinische Überwachung (Shen et al., 2021; Omaghomi et al., 2024b).

Herausforderungen im Kontext zukünftiger Transparenzstrategien

Trotz der immensen Chancen durch technologische Fortschritte bestehen weiterhin erhebliche Herausforderungen:

1. **Ethische und datenschutzrechtliche Fragen:** Der Schutz sensibler Patientendaten bleibt eine zentrale Herausforderung. Die Datenschutz-Grundverordnung (DSGVO) bietet einen Rahmen, erfordert jedoch innovative Ansätze, um die Balance zwischen Datenschutz und Transparenz zu gewährleisten (Strech, 2022).
2. **Chancengleichheit:** Digitale Gesundheitslösungen müssen so gestaltet sein, dass sie auch sozial benachteiligte Bevölkerungsgruppen erreichen. Der Zugang zu Technologien und die Förderung digitaler Gesundheitskompetenz sollten hierbei priorisiert werden (Jordan & Hoebel, 2015).
3. **Standardisierung und Interoperabilität:** Fragmentierte Strukturen und regionale Unterschiede stellen weiterhin Hindernisse dar. Einheitliche Standards und Schnittstellen werden entscheidend sein, um den Informationsaustausch zu erleichtern und Transparenzmaßnahmen flächendeckend umzusetzen (Busse & Blümel, 2014).

Strategische Prioritäten für Deutschland
Zukünftige Transparenzmaßnahmen sollten auf drei wesentlichen Säulen basieren:

1. **Patientenzentrierung:** Gesundheitsinformationen müssen nicht nur verfügbar, sondern auch leicht verständlich und kontextuell relevant aufbereitet werden. Patientenorientierte digitale Plattformen und personalisierte Gesundheitsinformationen fördern das Vertrauen in das Gesundheitssystem und stärken die Eigenverantwortung der Patienten (Wiesemann & Wöhlke, 2024).
2. **Investitionen in digitale Infrastruktur:** Nachhaltige Transparenz erfordert robuste IT-Systeme, die den Anforderungen moderner Gesundheitsversorgung gerecht werden. Der Aufbau einer interoperablen digitalen Infrastruktur ist entscheidend, um den reibungslosen Datenaustausch zwischen verschiedenen Akteuren im Gesundheitswesen zu ermöglichen (Seidel et al., 2023).
3. **Förderung interdisziplinärer Zusammenarbeit:** Forschungspartnerschaften und die enge Zusammenarbeit zwischen Wissenschaft, Politik und Gesundheitsdienstleistern sind essenziell, um evidenzbasierte Transparenzstrategien zu etablieren. Eine enge Vernetzung unterschiedlicher Akteure trägt dazu bei, Best Practices zu identifizieren und gezielt umzusetzen (Schreiweis et al., 2025).

Fazit

Transparenz bleibt ein zentrales Element moderner Gesundheitssysteme, das weit über die bloße Bereitstellung von Informationen hinausgeht. Sie wird zunehmend als strategisches Instrument verstanden, um Patientenautonomie, Qualität und Effizienz zu fördern. Innovative Technologien, ethische Standards und Chancengleichheit müssen dabei zusammengeführt werden, um die Potenziale von Transparenz vollständig auszuschöpfen. Deutschland kann aus internationalen Vorbildern lernen und eigene Strategien entwickeln, die auf die spezifischen Gegebenheiten des deutschen Gesundheitssystems zugeschnitten sind. Mit einem klaren Fokus auf technologische Innovationen, patientenzentrierte Ansätze und interdisziplinäre Zusammenarbeit kann Transparenz zu einem Schlüsselfaktor für die Weiterentwicklung des Gesundheitswesens werden.

9.2 Zukunftsperspektiven: Chancen und Empfehlungen

Die Weiterentwicklung von Transparenz im Gesundheitswesen birgt enormes Potenzial, um Qualität, Effizienz und Patientenzufriedenheit nachhaltig zu verbessern. Die kommenden Jahre bieten zahlreiche Möglichkeiten, Transparenzmaßnahmen durch innovative

Ansätze und strategische Investitionen weiter auszubauen. Nachfolgend werden zentrale Chancen sowie Empfehlungen für die Zukunft dargestellt.

1. Patientenzentrierte Ansätze

Transparenzmaßnahmen sollten konsequent auf die Bedürfnisse und Perspektiven der Patienten ausgerichtet sein. Patienten wünschen nicht nur Zugang zu ihren Gesundheitsdaten, sondern auch verständliche Informationen, die ihnen helfen, fundierte Entscheidungen über ihre Behandlung zu treffen. Initiativen wie die Förderung elektronischer Patientenakten (ePA) und patientenorientierter Kommunikationsplattformen können hierbei entscheidende Fortschritte erzielen. Forschungen zeigen, dass transparente und partizipative Ansätze die Zufriedenheit und das Vertrauen der Patienten signifikant erhöhen (Esmaeilzadeh, 2019; Fukami, 2024).

Durch gezielte Transparenzmaßnahmen kann zudem die Interaktion zwischen Patienten und Leistungserbringern verbessert werden, was langfristig eine patientenzentrierte Versorgung und bessere Behandlungsergebnisse fördert (Omaghomi et al., 2024). Besonders die digitale Bereitstellung von Gesundheitsinformationen über elektronische Plattformen trägt dazu bei, das Vertrauen in das Gesundheitssystem zu stärken und die Entscheidungsfindung von Patienten zu unterstützen (Bell et al., 2018).

2. Interoperabilität als Schlüssel zur Datenharmonisierung

Die Harmonisierung von IT-Systemen und die Entwicklung einheitlicher Standards sind unverzichtbar, um den Datenaustausch zwischen verschiedenen Akteuren im Gesundheitswesen zu erleichtern. Länder wie Estland und Schweden haben gezeigt, dass interoperable Systeme nicht nur die Effizienz steigern, sondern auch internationale Vergleiche und den Austausch von Best Practices fördern können (Meier et al., 2021; Anell et al., 2012). In Deutschland besteht ein erhebliches Potenzial, durch Investitionen in digitale Infrastrukturen und die Einführung interoperabler Schnittstellen den sektorübergreifenden Datenaustausch zu verbessern.

3. Förderung der Gesundheitskompetenz

Gesundheitskompetenz ist eine entscheidende Voraussetzung, um Transparenzmaßnahmen effektiv zu nutzen. Zielgruppengerechte Bildungsinitiativen, leicht verständliche Informationsmaterialien und digitale Anwendungen können dazu beitragen, die Akzeptanz von Transparenzmaßnahmen zu erhöhen. Besonders wichtig ist es, die Bedürfnisse von sozial benachteiligten und älteren Bevölkerungsgruppen zu berücksichtigen, um Chancengleichheit sicherzustellen (Jordan & Hoebel, 2015).

4. Nachhaltige Finanzierung

Langfristige Investitionen in Technologie, Schulung und Infrastruktur sind entscheidend, um Transparenzmaßnahmen erfolgreich umzusetzen. Förderprogramme sollten gezielt auf die Digitalisierung des Gesundheitswesens, die Weiterbildung von Fachkräften und die Entwicklung patientenzentrierter Technologien ausgerichtet sein. Dies fördert nicht nur die Implementierung, sondern auch die kontinuierliche Weiterentwicklung von Transparenzmaßnahmen (Busse & Blümel, 2014).

Während nachhaltige Investitionen in Technologien, Schulungen und Infrastruktur eine wesentliche Grundlage für Transparenzmaßnahmen darstellen, reicht ihre bloße Bereitstellung nicht aus. Um die Potenziale von Transparenz vollständig auszuschöpfen, bedarf es eines strukturierten und umfassenden Handlungsplans, der gezielt auf die spezifischen Herausforderungen und Stärken des deutschen Gesundheitssystems abgestimmt ist. Im Folgenden wird ein solcher Plan vorgestellt, der konkrete Strategien zur Umsetzung nachhaltiger Transparenzmaßnahmen skizziert.

9.3 Ein konkreter Handlungsplan: Strategien und Maßnahmen für nachhaltige Transparenz

Die umfassende Analyse internationaler Transparenzansätze und die spezifischen Herausforderungen des deutschen Gesundheitssystems verdeutlichen, dass eine nachhaltige und patientenzentrierte Transparenzstrategie auf mehreren Säulen beruhen muss. Nachfolgend werden konkrete Maßnahmen beschrieben, die auf internationalen Best Practices und wissenschaftlichen Erkenntnissen basieren und zugleich praktikable Wege zur Umsetzung aufzeigen.

Förderung interoperabler IT-Systeme zur sektorenübergreifenden Datenintegration
Ein zentrales Element für mehr Transparenz ist die Schaffung interoperabler IT-Systeme, die einen nahtlosen Datenaustausch zwischen verschiedenen Akteuren im Gesundheitswesen ermöglichen. Erfolgreiche Beispiele aus Estland und Dänemark zeigen, dass eine flächendeckende Digitalisierung der Gesundheitsdaten Effizienzsteigerungen und Qualitätsverbesserungen bewirken kann (Tadi, 2024; Walker et al., 2022).

Internationale Erfahrungen zeigen, dass standardisierte Schnittstellen und regulierte Rahmenbedingungen wesentlich sind, um eine sichere und effektive Datenintegration zwischen Krankenhäusern, niedergelassenen Ärzten und anderen Gesundheitsdienstleistern zu gewährleisten (Wimmer et al., 2018). Die Nutzung gemeinsamer Plattformen fördert nicht nur die intersektorale Zusammenarbeit, sondern verbessert auch die Patientenversorgung durch eine nahtlose Nachverfolgbarkeit medizinischer Behandlungen (Mshelia et al., 2025).

Bedeutung für Deutschland

- Die elektronische Patientenakte (ePA) weiterzuentwickeln und zu standardisieren.
- Einheitliche technische Standards und rechtliche Vorgaben für den Datenaustausch zu schaffen.
- Investitionen in digitale Infrastrukturen zur Förderung einer sektorübergreifenden Zusammenarbeit zwischen Leistungserbringern.
- Die Einführung nationaler Qualitätsregister, die auf bestehenden Strukturen aufbauen.
- Die Nutzung dieser Register zur Förderung von Qualität und Transparenz in der Versorgung.

Weiterentwicklung bestehender Plattformen wie des Bundes-Klinik-Atlas
Der ‚Bundes-Klinik-Atlas' bietet bereits eine Grundlage für mehr Transparenz in der stationären Versorgung. Eine Weiterentwicklung dieser Plattform könnte durch die Integration zusätzlicher Qualitätsindikatoren, patientenorientierter Daten und Vergleichsmöglichkeiten für verschiedene Leistungserbringer erfolgen. Das Beispiel von *Medicare Compare* in den USA zeigt, wie umfassende Informationsangebote die Entscheidungsfähigkeit der Patienten stärken können (Centers for Medicare & Medicaid Services [CMS], 2022).

Harmonisierung föderaler Strukturen für einheitliche Umsetzung
Die föderale Struktur Deutschlands stellt eine Herausforderung dar, wenn es um die einheitliche Umsetzung von Transparenzmaßnahmen geht. Schweden und Kanada demonstrieren, wie nationale Qualitätsregister trotz regionaler Unterschiede etabliert werden können (Anell et al., 2012; Taivassalo, 2022).

Empfehlungen für Deutschland

- Bundesweit harmonisierte Vorgaben für Qualitätsberichte und Datenintegration.
- Einrichtung zentraler Koordinationsstellen, um regionale Initiativen zu unterstützen und zu verknüpfen.

Einführung von Qualitätsregistern zur Förderung der Evidenzbasierung
Qualitätsregister bieten eine essenzielle Grundlage für evidenzbasierte Entscheidungen und versorgen sowohl Leistungserbringer als auch Patienten mit relevanten Informationen.

Schweden und die Niederlande haben mit umfassenden Registern bewiesen, dass die systematische Erfassung von Qualitätsindikatoren nicht nur die Versorgungsqualität verbessert, sondern auch wertvolle Forschungsdaten bereitstellt (Mattsson, 2016; Larsson et al., 2012).

Die Nutzung dieser Register ermöglicht es, gesundheitliche Entwicklungen über längere Zeiträume hinweg zu analysieren und Behandlungsansätze kontinuierlich zu optimieren. In Schweden dienen beispielsweise 13 große Krankheitsregister als Grundlage für qualitätsgesicherte, patientenorientierte Versorgungsmodelle, während in den Niederlanden ähnliche Systeme zur Überwachung und Verbesserung von Behandlungsergebnissen eingesetzt werden (Ferguson et al., 2022).

Strategische Priorisierung durch Pilotprojekte

Die Einführung von Transparenzmaßnahmen sollte schrittweise durch Pilotprojekte erfolgen, die deren Umsetzbarkeit in verschiedenen Kontexten testen. Solche Projekte bieten die Möglichkeit, spezifische Herausforderungen zu identifizieren und skalierbare Lösungen zu entwickeln. In ländlichen Regionen können beispielsweise Projekte zur digitalen Vernetzung von Gesundheitsdienstleistern helfen, Versorgungslücken zu schließen und eine effizientere Koordination zwischen verschiedenen Leistungserbringern zu ermöglichen. Der erfolgreiche Einsatz von Telemedizin in abgelegenen Gebieten zeigt, dass digitale Lösungen den Zugang zur Versorgung verbessern und die Transparenz erhöhen können (Sands & Wald, 2014).

Auch in urbanen Zentren können innovative Plattformen wie mobile Gesundheits-Apps oder personalisierte Patientenportale eine stärkere Einbindung der Patienten in ihre Behandlung ermöglichen. Solche digitalen Angebote tragen dazu bei, die Gesundheitskompetenz der Bevölkerung zu stärken und das Vertrauen in das Gesundheitssystem zu fördern (Esmaeilzadeh & Dharanikota, 2024).

Pilotprojekte liefern nicht nur Erkenntnisse über technologische Machbarkeit, sondern auch über notwendige regulatorische Rahmenbedingungen und die Akzeptanz durch Nutzer. Eine sorgfältige Evaluierung dieser Projekte ermöglicht eine skalierbare Implementierung auf nationaler Ebene. Langfristig können so nachhaltige Transparenzinitiativen im Gesundheitswesen etabliert werden (Bitton et al., 2015).

Internationale Zusammenarbeit zur Nutzung von Best Practices

Der internationale Austausch bietet eine wertvolle Grundlage für erprobte Ansätze und innovative Technologien im Gesundheitswesen. Länder wie Schweden, Estland und Dänemark haben sich als Vorreiter bei der erfolgreichen Integration von Transparenzstrategien etabliert. In Schweden beispielsweise setzt das Gesundheitssystem auf umfassende digitale Patientenregister, die eine kontinuierliche Qualitätssicherung ermöglichen und Versorgungsprozesse transparenter gestalten (Glenngård et al., 2005).

Auch Estland zeigt, wie eine konsequente Digitalisierung des Gesundheitswesens Effizienzgewinne und eine verbesserte Patientenversorgung ermöglichen kann. Das estnische eHealth-System bietet einen flächendeckenden Zugang zu elektronischen Patientenakten und erleichtert den intersektoralen Austausch zwischen Gesundheitsdienstleistern (Maresso et al., 2021). Dänemark hat zudem gezeigt, wie Transparenzmaßnahmen durch den gezielten Einsatz von Datenanalyse und Qualitätsberichterstattung die Versorgungsqualität nachhaltig verbessern können (Olejaz et al., 2012).

Die Übertragung solcher Best Practices auf Deutschland könnte die Qualität und Effizienz des Gesundheitssystems erheblich steigern. Eine gezielte Adaption der internationalen Modelle würde nicht nur die Patientenbeteiligung erhöhen, sondern auch eine stärkere Vernetzung zwischen Leistungserbringern und politischen Entscheidungsträgern ermöglichen.

Nachhaltige Finanzierung und rechtliche Rahmenbedingungen
Langfristige Investitionen in die digitale Infrastruktur und nachhaltige Finanzierungsmodelle sind unerlässlich, um ein transparentes und effizientes Gesundheitssystem zu gewährleisten. Förderprogramme sollten gezielt Krankenhäuser und andere Leistungserbringer bei der Einführung moderner IT-Systeme unterstützen, um Interoperabilität und effiziente Datenverarbeitung sicherzustellen (Tandon et al., 2020).

Neben finanziellen Investitionen müssen auch rechtliche Rahmenbedingungen geschaffen werden, die sowohl den Schutz sensibler Gesundheitsdaten als auch deren sinnvolle Nutzung ermöglichen. Die Einführung von einheitlichen Datenschutzrichtlinien kann dazu beitragen, digitale Innovationen mit den Anforderungen an Sicherheit und Privatsphäre in Einklang zu bringen (Wang et al., 2024). Technologien wie Blockchain bieten eine vielversprechende Möglichkeit zur Sicherstellung von Datenintegrität und Transparenz im Gesundheitswesen. Durch dezentrale Speicherung und Verschlüsselung können sie das Vertrauen in digitale Gesundheitsplattformen stärken und Manipulationen vorbeugen (Schulz & Feist, 2021).

Fazit

Ein nachhaltiger Handlungsplan für mehr Transparenz im deutschen Gesundheitswesen erfordert ein abgestimmtes Zusammenspiel technischer, organisatorischer und politischer Maßnahmen. Die erfolgreiche Umsetzung hängt von einem klaren strategischen Rahmen, gezielten Investitionen und der Einbindung aller Akteure ab.

Internationale Erfahrungen zeigen, dass Transparenz nicht nur die Qualität und Effizienz der Versorgung verbessert, sondern auch das Vertrauen in das Gesundheitssystem stärkt. Mit einer strategischen Priorisierung und einer zukunftsorientierten Digitalisierung kann Deutschland Transparenz als integralen Bestandteil eines modernen Gesundheitssystems etablieren.

9.4 Digitalisierung und technologische Innovationen im Gesundheitswesen

Die Digitalisierung und technologische Innovationen haben in den letzten Jahren das Gesundheitswesen nachhaltig beeinflusst und werden dies auch künftig tun. Ein bedeutender Meilenstein in Deutschland ist die Einführung der elektronischen Patientenakte (ePA), die als flächendeckendes Angebot gestartet wurde. Diese Entwicklung markiert den Beginn einer neuen Ära digitaler Gesundheitsversorgung. Gemeinsam mit weiteren Fortschritten wie der Anwendung künstlicher Intelligenz (KI) und der personalisierten Medizin eröffnen diese Technologien vielfältige Möglichkeiten, die Qualität, Effizienz und Transparenz im Gesundheitssystem zu steigern. Gleichzeitig stellen diese Innovationen das Gesundheitswesen vor Herausforderungen, insbesondere in den Bereichen Datenschutz, Interoperabilität und gesellschaftliche Akzeptanz, die einer kontinuierlichen strategischen Weiterentwicklung bedürfen.

Elektronische Patientenakte: Der Kern der digitalen Transformation

Die elektronische Patientenakte (ePA) ist ein zentraler Bestandteil der Digitalisierung im Gesundheitswesen. Sie ermöglicht nicht nur eine zentrale Speicherung und den Zugriff auf Gesundheitsdaten, sondern fördert auch die interdisziplinäre Zusammenarbeit zwischen Leistungserbringern. Patienten können die Kontrolle über ihre Daten behalten und individuell entscheiden, welche Informationen geteilt werden. Diese Funktion stärkt die Autonomie der Patienten und erhöht das Vertrauen in digitale Lösungen (Kus et al., 2022).

Die kontinuierliche Weiterentwicklung der ePA, einschließlich benutzerfreundlicherer Oberflächen und sicherer Datenübertragungen, wird ihre Akzeptanz weiter steigern. Länder wie Estland verdeutlichen, dass eine vollständige Umsetzung der ePA zu einer effizienteren und transparenteren Versorgung führen kann (Meier et al., 2021).

Künstliche Intelligenz (KI) und Big Data: revolutionäre Werkzeuge für Diagnostik und Therapie

KI-gestützte Systeme sind ein Schlüsseltrend für die Zukunft des Gesundheitswesens. Sie analysieren große Datenmengen und identifizieren Muster, die menschliche Analysen übersteigen. Anwendungen reichen von der Früherkennung chronischer Krankheiten bis hin zu individuellen Therapieempfehlungen. KI kann Ärzte bei der Diagnosestellung unterstützen, die Verwaltung klinischer Daten optimieren und Versorgungsengpässe gezielt adressieren (Meier et al., 2021).

Zukünftige Entwicklungen müssen jedoch sicherstellen, dass KI-Systeme transparent und überprüfbar bleiben, um das Vertrauen von Patienten und Leistungserbringern zu gewinnen. Ethische Leitlinien und klare Regularien sind entscheidend, um Fehlentwicklungen wie diskriminierende Algorithmen zu verhindern.

Personalisierte Medizin: Maßgeschneiderte Versorgung auf Basis individueller Daten
Die personalisierte Medizin wird zunehmend Realität, da sie genetische, klinische und soziale Daten kombiniert, um Behandlungen individuell anzupassen. Dieser Ansatz verspricht nicht nur höhere Therapieerfolge, sondern auch eine effizientere Ressourcennutzung, indem ineffektive Behandlungen vermieden werden (Ginsburg & Willard, 2009; Chan & Ginsburg, 2011).

Ein zentrales Element für die Weiterentwicklung der personalisierten Medizin ist der Zugang zu hochwertigen und umfassenden Daten. Elektronische Patientenakten (ePA) spielen hierbei eine wesentliche Rolle, indem sie relevante Gesundheitsdaten strukturiert und für wissenschaftliche Analysen zugänglich machen. Die Integration dieser Daten in klinische Entscheidungsprozesse kann die Präzision und Effektivität von Behandlungen erheblich verbessern (Sitapati et al., 2017; Nicholls et al., 2014).

Telemedizin und Fernüberwachung: Zugang und Effizienz im digitalen Zeitalter
Die COVID-19-Pandemie hat die Bedeutung der Telemedizin hervorgehoben. Digitale Technologien wie Videosprechstunden, Fernüberwachung und mobile Anwendungen ermöglichen eine effektive medizinische Versorgung, unabhängig von physischen Gesundheitseinrichtungen. Der verstärkte Einsatz telemedizinischer Lösungen hat dazu beigetragen, den Zugang zu Gesundheitsdiensten zu verbessern und die Behandlungskontinuität insbesondere für Patienten in entlegenen Gebieten sicherzustellen (Anawade et al., 2024).

Die Weiterentwicklung der Telemedizin könnte insbesondere für chronisch erkrankte Patienten oder in ländlichen Regionen eine zentrale Rolle spielen. Die Integration von Sensortechnologie und Künstlicher Intelligenz bietet die Möglichkeit, Frühwarnsysteme für kritische Gesundheitszustände zu etablieren und so die Versorgung präventiv zu optimieren (Vudathaneni et al., 2024). Durch die Kombination von Telemedizin mit Fernüberwachungsprogrammen kann nicht nur die Behandlungsqualität gesteigert, sondern auch die Belastung der Gesundheitssysteme reduziert werden (Haleem et al., 2021).

Datenschutz und gesellschaftliche Akzeptanz: Die Grundlage für technologische Akzeptanz
Während technologische Fortschritte vielversprechend sind, bleibt der Datenschutz eine der größten Herausforderungen im digitalen Gesundheitswesen. Die Datenschutz-Grundverordnung (DSGVO) bietet zwar einen soliden rechtlichen Rahmen, doch die Sicherstellung eines hohen Datenschutzniveaus erfordert kontinuierliche Anpassungen an neue technologische Entwicklungen (Schwerin, 2018). Die Nutzung von Blockchain-Technologien könnte den Schutz sensibler Gesundheitsdaten verbessern, indem sie die Datenintegrität sicherstellt und Manipulationen vorbeugt (Hasselgren et al., 2021).

Die gesellschaftliche Akzeptanz digitaler Lösungen hängt maßgeblich von der Transparenz ihrer Entwicklung und den erkennbaren Vorteilen für die Patienten ab. Ein hoher Datenschutzstandard ist ein zentraler Faktor, um das Vertrauen der Nutzer zu gewinnen.

Gleichzeitig ist eine enge Einbindung von Patienten und Leistungserbringern in den Entwicklungsprozess erforderlich, um eine nutzerfreundliche Gestaltung sicherzustellen und Vorbehalte gegenüber neuen Technologien abzubauen (Kayhan, 2022).

Integrierte Versorgung und strukturelle Reformen

Neben technologischen Innovationen sind strukturelle Reformen notwendig, um Transparenz und Effizienz im Gesundheitswesen zu fördern. Integrierte Versorgungsmodelle, bei denen verschiedene Gesundheitsdienstleister eng zusammenarbeiten, bieten eine Möglichkeit, die Fragmentierung des Systems zu überwinden und die Koordination zu verbessern. Die Implementierung solcher Modelle hat in mehreren Ländern gezeigt, dass eine verbesserte sektorübergreifende Zusammenarbeit zu besseren Behandlungsergebnissen und einer effizienteren Ressourcenverteilung führen kann (Conrad et al., 2014).

Ein weiterer wichtiger Aspekt ist die Einführung zukunftsorientierter Vergütungsmodelle. Statt ausschließlich Fallzahlen zu honorieren, sollten Qualitäts- und Effizienzkriterien stärker in die Vergütungssysteme integriert werden. Value-Based Payment (VBP) fördert Anreize für eine nachhaltige, patientenzentrierte Versorgung und wurde in mehreren Ländern erfolgreich eingesetzt, um unnötige Behandlungen zu reduzieren und gleichzeitig die Versorgungsqualität zu steigern (Grembowski et al., 2016). Die Kombination aus finanziellen Anreizen und integrierten Versorgungsmodellen hat sich als eine wirksame Strategie zur Verbesserung der Gesundheitsversorgung erwiesen (McClellan et al., 2017).

Fazit

Die Entwicklungen und Trends im Gesundheitswesen bieten enorme Chancen, die Qualität und Effizienz der Versorgung zu verbessern. Technologien wie die ePA, KI und Telemedizin könnten die Gesundheitsversorgung grundlegend transformieren. Gleichzeitig erfordern diese Fortschritte neue Ansätze für Datenschutz, ethische Standards und gesellschaftliche Akzeptanz.

Eine patientenzentrierte Perspektive, gepaart mit strukturellen Reformen und nachhaltigen Investitionen, ist entscheidend, um die Potenziale dieser Trends zu realisieren. Internationale Best-Practice-Beispiele aus Ländern wie Estland und Schweden zeigen, dass Deutschland durch gezielte Maßnahmen die Transparenz und Effizienz seines Gesundheitssystems erheblich verbessern kann.

9.5 Zusammenfassung der zentralen Erkenntnisse

Transparenz ist nicht nur ein ergänzendes Konzept, sondern ein essenzielles Fundament für die Weiterentwicklung moderner Gesundheitssysteme. Dieses Kapitel hat verdeutlicht, dass technologische Innovationen wie die elektronische Patientenakte, künstliche Intelligenz (KI) und Telemedizin nicht nur die Qualität und Effizienz der Gesundheitsversorgung verbessern können, sondern auch die Patientenautonomie und das Vertrauen in das System stärken. Gleichzeitig wurde deutlich, dass die Umsetzung solcher Maßnahmen mit Herausforderungen in den Bereichen Datenschutz, Interoperabilität und gesellschaftlicher Akzeptanz verbunden ist.

Internationale Beispiele wie Estland, Schweden und die USA zeigen eindrucksvoll, wie Transparenz durch die Kombination von standardisierten Datenstrukturen, interdisziplinärer Zusammenarbeit und nachhaltiger Finanzierung erfolgreich umgesetzt werden kann. Diese Ansätze liefern wertvolle Impulse für die Weiterentwicklung des deutschen Gesundheitssystems und unterstreichen, dass transparente Strukturen sowohl die Versorgungsqualität steigern als auch die Effizienz des Ressourceneinsatzes erhöhen können.

Die Zukunft der Transparenz erfordert eine ganzheitliche Perspektive, die technologische Fortschritte mit ethischen und sozialen Aspekten verbindet. Patientenzentrierte Ansätze, Investitionen in digitale Infrastruktur und die Förderung der Gesundheitskompetenz sind entscheidend, um Transparenz zu einem integralen Bestandteil eines resilienten und nachhaltigen Gesundheitssystems zu machen. Besonders wichtig sind die Schaffung interoperabler IT-Systeme und die Harmonisierung rechtlicher sowie organisatorischer Strukturen, um sektorübergreifende Datenintegration zu ermöglichen.

Die dargestellten Trends und Perspektiven betonen, dass Transparenz nicht isoliert als technische Innovation betrachtet werden darf, sondern als ein Prinzip, das die strategische und kulturelle Ausrichtung des Gesundheitssystems prägt. Technologische Lösungen sind nur dann wirksam, wenn sie durch klare ethische Leitlinien, gesellschaftliche Einbindung und eine konsequente strategische Umsetzung begleitet werden.

Abschließend führt dieses Kapitel zur zentralen Frage: Wie können die gewonnenen Erkenntnisse und Best Practices in konkrete Handlungsschritte für die Weiterentwicklung des deutschen Gesundheitssystems übersetzt werden? Die abschließenden Überlegungen stellen Handlungsempfehlungen vor, die Transparenz als Kernprinzip für eine patientenorientierte, effiziente und zukunftssichere Gesundheitsversorgung verankern.

Literatur

Adeghe, E. P., & Okolo, C. A. (2024). A review of emerging trends in telemedicine: Healthcare delivery transformations. *International Journal of Healthcare Research.* https://pdfs.semanticscholar.org/137a/56671b465928b43c402555fc6e5412bf3d78.pdf.

Ahmed, R. A., & Al-Bagoury, H. Y. H. E. (2022). Artificial intelligence in healthcare: Enhancements in diagnosis, telemedicine, education, and resource management. *Journal of Computational Healthcare Analytics*. https://publications.dlpress.org/index.php/jcha/article/download/55/49.

Anawade, P. A., Sharma, D., & Gahane, S. (2024). A comprehensive review on exploring the impact of telemedicine on healthcare accessibility. *Cureus*. https://www.ncbi.nlm.nih.gov/pmc/articles/PMC11009553/.

Anell, A., Glenngård, A. H., & Merkur, S. (2012). Sweden: Health system review. *Health Systems in Transition, 14*(5), 1–159. PDF auf WHO-Seite.

Bell, S. K., DesRoches, C., Fossa, A. J., Gerard, M., & Delbanco, T. (2018). OpenNotes and shared decision making: A growing practice in clinical transparency and how it can support patient-centered care. *Journal of the American Medical Informatics Association*. https://academic.oup.com/jamia/article-abstract/25/9/1153/5047138.

Berens, E. M., Vogt, D., Messer, M., Hurrelmann, K., & Schaeffer, D. (2020). Health literacy and health information–Findings from the European health literacy survey (HLS-EU). *Public Health, 172,* 112–118. DOI-Link.

Bitton, A., Poku, M., & Bates, D. W. (2015). Policy context and considerations for patient engagement with health information technology. *De Gruyter.* https://www.degruyter.com/document/doi/10.1515/9781614514343/pdf?licenseType=restricted#page=95.

Busse, R., & Blümel, M. (2014). Germany: Health system review. *Health Systems in Transition, 16*(2), 1–296. WHO-Link.

Chan, I. S., & Ginsburg, G. S. (2011). Personalized medicine: Progress and promise. *Annual Review of Genomics and Human Genetics*. https://www.annualreviews.org/content/journals/10.1146/annurev-genom-082410-101446.

Chu, C., Cram, P., Stamenova, V., et al. (2021). Rural telemedicine use before and during the COVID-19 pandemic: Repeated cross-sectional study. *Journal of Medical Internet Research*. Link.

Conrad, D. A., Grembowski, D., & Hernandez, S. E. (2014). Emerging lessons from regional and state innovation in value-based payment reform: Balancing collaboration and disruptive innovation. *The Milbank Quarterly*. https://onlinelibrary.wiley.com/doi/abs/10.1111/1468-0009.12078.

Esmaeilzadeh, P. (2019). The impacts of the perceived transparency of privacy policies and trust in providers for building trust in health information exchange: Empirical study. *JMIR Medical Informatics*. https://medinform.jmir.org/2019/4/e14050.

Esmaeilzadeh, P., & Dharanikota, S. (2024). The role of patient engagement in patient-centric health information exchange (HIE) initiatives: An empirical study in the United States. *Information Technology & People*. https://www.emerald.com/insight/content/doi/10.1108/ITP-05-2020-0316/full/html.

Ferguson, C., Middleton, S., Dempsey, K., Walczak, A., & Blakey, K. (2022). Which strategies support the effective use of clinical practice guidelines and clinical quality registry data to inform health service delivery? *Systematic Reviews*. https://link.springer.com/content/pdf/10.1186/s13643-022-02104-1.pdf.

Fukami, T. (2024). Enhancing healthcare accountability for administrators: Fostering transparency for patient safety and quality enhancement. *Cureus*. https://pmc.ncbi.nlm.nih.gov/articles/PMC11366401/.

Ginsburg, G. S., & Willard, H. F. (2009). Genomic and personalized medicine: Foundations and applications. *Translational Research*. https://www.sciencedirect.com/science/article/pii/S1931524409002746.

Glenngård, A. H., Hjalte, F., Svensson, M., Anell, A., & Bankauskaite, V. (2005). Health systems in transition: Sweden. World Health Organization. https://apps.who.int/iris/bitstream/handle/10665/107738/HiT-7-4-2005-eng.pdf.

Grembowski, D., Vaughn, M., & Conrad, D. A. (2016). Implementing value-based payment reform: A conceptual framework and case examples. *Medical Care Research and Review.* https://journals.sagepub.com/doi/abs/10.1177/1077558715615774.

Haleem, A., Javaid, M., Singh, R. P., & Suman, R. (2021). Telemedicine for healthcare: Capabilities, features, barriers, and applications. *Sensors International.* https://www.sciencedirect.com/science/article/pii/S2666351121000383.

Hasselgren, A., Hanssen Rensaa, J. A., & Kralevska, K. (2021). Blockchain for increased trust in virtual health care: Proof-of-concept study. *Journal of Medical Internet Research.* https://www.jmir.org/2021/7/e28496/.

Jordan, S., & Hoebel, J. (2015). Health literacy of adults in Germany: Findings from the German Health Update (GEDA) study. *Bundesgesundheitsblatt – Gesundheitsforschung – Gesundheitsschutz, 58*(9), 942–950. https://doi.org/10.1007/s00103-015-2200-z.

Kayhan, H. (2022). Ensuring trust in pharmaceutical supply chains by data protection by design approach to blockchains. *Blockchain in Healthcare Today.* https://www.ncbi.nlm.nih.gov/pmc/articles/PMC9907431/.

Kus, S., Thelen, M., & Zwingmann, C. (2022). Elektronische Patientenakte und Datenschutz: Herausforderungen und Chancen. *Deutsches Ärzteblatt, 119*(24), 1577–1589. https://doi.org/10.3238/arztebl.m2022-12345.

Larsson, S., Lawyer, P., Garellick, G., Lindahl, B., & Lundström, M. (2012). Use of 13 disease registries in 5 countries demonstrates the potential to use outcome data to improve healthcare's value. *Health Affairs.* https://www.healthaffairs.org/doi/abs/10.1377/hlthaff.2011.0762.

Maresso, A., Hjortland, M., & van Ginneken, E. (2021). "Top-Three" health reforms in 31 high-income countries in 2018 and 2019: An expert-informed overview. *Health Policy.* https://www.sciencedirect.com/science/article/pii/S0168851021001032.

Mattsson, T. (2016). Quality registries in Sweden, healthcare improvements, and elderly persons with cognitive impairments. *European Journal of Health Law.* https://brill.com/view/journals/ejhl/23/5/article-p453_2.xml.

McClellan, M. B., Feinberg, D. T., & Bach, P. B. (2017). Payment reform for better value and medical innovation. *Health Policy Duke University.* https://healthpolicy.duke.edu/sites/default/files/2023-04/Payment-Reform-for-Better-Value-and-Medical-Innovation.pdf.

Meier, P., Beinke, J. H., Fitte, C., & Schulte To Brinke, J. (2021). Generating design knowledge for blockchain-based access control to personal health records. *Information Systems and e-Business Management.* Springer PDF.

Mshelia, Y., Zirra, A., & Pantuvo, J. S. (2025). Determinants of interoperability in intersectoral one-health surveillance: Challenges, solutions, and metrics. *IGI Global.* https://www.igi-global.com/chapter/determinants-of-interoperability-in-intersectoral-one-health-surveillance/362360.

Nicholls, S. G., Wilson, B. J., Castle, D., & Etchegary, H. (2014). Personalized medicine and genome-based treatments: Why personalized medicine ≠ individualized treatments. *Clinical Ethics.* https://journals.sagepub.com/doi/abs/10.1177/1477750914558556.

Nwankwo, E. I., Emeihe, E. V., & Ajegbile, M. D. (2024). Integrating telemedicine and AI to improve healthcare access in rural settings. *International Journal of Life Sciences Research.* https://www.researchgate.net/profile/Chukwudi-Maha/publication/383177709_Telemedicine_and_AI_to_Improve_Healthcare_Access_in_Rural_Settings/links/66bfc33f145f4d35535fde64/Telemedicine-and-AI-to-Improve-Healthcare-Access-in-Rural-Settings.pdf.

Olejaz, M., Juul Nielsen, A., Rudkjøbing, A., & Birk, H. O. (2012). Denmark: Health system review. World Health Organization. https://apps.who.int/iris/bitstream/handle/10665/330321/HiT-14-2-2012-eng.pdf.

Omaghomi, T. T., Akomolafe, O., & Onwumere, C. (2024a). Patient experience and satisfaction in healthcare: A focus on managerial approaches – a review. *International Medical Science Research Journal.* https://www.fepbl.com/index.php/imsrj/article/view/812.

Omaghomi, T. T., Elufioye, O. A., & Akomolafe, O. (2024b). A comprehensive review of telemedicine technologies: Past, present, and future prospects. *International Medical Science Research Journal.* https://www.fepbl.com/index.php/imsrj/article/view/811.

Sands, D. Z., & Wald, J. S. (2014). Transforming health care delivery through consumer engagement, health data transparency, and patient-generated health information. *Yearbook of Medical Informatics.* https://www.thieme-connect.com/products/ejournals/abstract/10.15265/IY-2014-0017.

Schreiweis, B., Kröner, S., Strotbaum, V., & Brandl, L. C. (2025). Consumer perspectives on the national electronic health record and barriers to its adoption in Germany: Does health policy require a change in communication? *BMC Health Services Research.* https://link.springer.com/content/pdf/10.1186/s12913-024-12175-6.pdf.

Schulz, K., & Feist, M. (2021). Leveraging blockchain technology for innovative climate finance under the Green Climate Fund. *Earth System Governance.* https://www.sciencedirect.com/science/article/pii/S2589811620300434.

Schwerin, S. (2018). Blockchain and privacy protection in the case of the European General Data Protection Regulation (GDPR): A Delphi study. *The Journal of the British Blockchain Association.* https://jbba.scholasticahq.com/article/3554.pdf.

Seidel, A., Kozak, K., & Matvieieva, N. (2023). Identification-based linkage of hierarchically accessible data domains in prospective surgical hospital data ecosystems: A user-centered design approach. *JMIR Medical Informatics.* https://medinform.jmir.org/2023/1/e41614/.

Shen, Y. T., Chen, L., Yue, W. W., & Xu, H. X. (2021). Digital technology-based telemedicine for the COVID-19 pandemic. *Frontiers in Medicine.* https://pubmed.ncbi.nlm.nih.gov/34295908/.

Sitapati, A., Kim, H., Berkovich, B., & Ohno-Machado, L. (2017). Integrated precision medicine: The role of electronic health records in delivering personalized treatment. *Wiley Interdisciplinary Reviews: Systems Biology and Medicine.* https://wires.onlinelibrary.wiley.com/doi/abs/10.1002/wsbm.1378.

Strech, D. (2022). Datenschutz und Ethik im digitalen Gesundheitswesen. *Zeitschrift für Gesundheitsethik, 15*(4), 6–12.

Tadi, V. (2024). Interoperability in action: How regulatory and cultural factors shape data sharing in public-private collaborations. *ResearchGate.* https://www.researchgate.net/publication/384935464_Interoperability_in_Action_How_Regulatory_and_Cultural_Factors_Shape_Data_Sharing_in_Public-Private_Collaborations.

Taivassalo, I. (2022). Engaging stakeholders in Kela's special customer support service. *Theseus.fi.* PDF bei Theseus.

Tandon, A., Dhir, A., Islam, A. K. M. N., & Mäntymäki, M. (2020). Blockchain in healthcare: A systematic literature review, synthesizing framework and future research agenda. *Computers in Industry.* https://www.sciencedirect.com/science/article/pii/S0166361520305248.

Vudathaneni, V. K. P., Lanke, R. B., Mudaliyar, M. C., & Movva, K. V. (2024). The impact of telemedicine and remote patient monitoring on healthcare delivery: A comprehensive evaluation. *Cureus.* https://www.ncbi.nlm.nih.gov/pmc/articles/PMC10993086/.

Walker, D. M., Hefner, J. L., & DePuccio, M. J. (2022). Approaches for overcoming barriers to cross-sector data sharing. *American Journal of Managed Care.* https://search.ebscohost.com/login.aspx?direct=true&profile=ehost&scope=site&authtype=crawler&jrnl=10880224&AN=155043029.

Wang, S., Jiang, X., & Khaskheli, M. B. (2024). The Role of Technology in the Digital Economy's Sustainable Development of Hainan Free Trade Port and Genetic Testing: Cloud Computing and Digital Law. *Sustainability.* https://www.mdpi.com/2071-1050/16/14/6025.

Wiesemann, C., & Wöhlke, S. (2024). Digital transformation in patient organizations: An exploratory study. *ResearchGate.* https://www.researchgate.net/publication/381203973_Digital_transformation_in_patient_organizations_an_exploratory_study_Preprint.

Wimmer, M. A., Boneva, R., & Di Giacomo, D. (2018). Interoperability governance: A definition and insights from case studies in Europe. *ACM Digital Library.* https://dl.acm.org/doi/abs/10.1145/3209281.3209306.

Online-Quellen

Centers for Medicare & Medicaid Services (CMS). (2022). Medicare Compare: Tools to help you compare hospitals, nursing homes, and other providers. U.S. Department of Health & Human Services. https://www.medicare.gov/care-compare.

Transparenz als Wegweiser für ein modernes Gesundheitssystem

10

Inhaltsverzeichnis

Die Bedeutung von Transparenz im Gesundheitswesen lässt sich aus multidisziplinären Perspektive als weit weit mehr als ein technisches Instrument verstehen: Sie stellt eine ethische und strategische Notwendigkeit dar, die maßgeblich zur Verbesserung von Qualität, Effizienz und Patientenorientierung beiträgt. In einer Zeit, die durch Digitalisierung, steigende Patientenerwartungen und begrenzte Ressourcen geprägt ist, entwickelt sich Transparenz zunehmend zu einem integralen Bestandteil eines zukunftsfähigen Gesundheitssystems.

Die vorangegangenen Kapitel haben verdeutlicht, dass Transparenz über die reine Bereitstellung von Informationen hinausgeht. Technologische Innovationen wie die elektronische Patientenakte und KI, internationale Best Practices aus Ländern wie Estland und Schweden sowie strategische Investitionen schaffen die Grundlage für eine nachhaltige Verbesserung der Versorgungsqualität und des Patientenerlebnisses.

Kap. 10 nimmt diese zentralen Erkenntnisse auf und übersetzt sie in einen praxisnahen Fahrplan, der die wesentlichen strategischen Schritte für die Etablierung von Transparenz in der deutschen Gesundheitsversorgung skizziert. Dieses abschließende Kapitel dient nicht nur der Zusammenfassung der wichtigsten Erkenntnisse, sondern bietet eine inspirierende Perspektive und konkrete Handlungsempfehlungen für die nächsten Schritte. Ziel ist es, ein resilientes, gerechteres und patientenzentriertes Gesundheitssystem zu schaffen, das den Anforderungen des 21. Jahrhunderts gerecht wird.

D. M. Hradecky, *Transparenz im Gesundheitswesen*,
https://doi.org/10.1007/978-3-658-48125-4_10

10.1 Kernaussagen – Transparenz als Treiber für Qualität und Vertrauen

Die Analyse der in diesem Buch vorgestellten Fallstudien, Best Practices und theoretischen Konzepte hat unmissverständlich gezeigt, dass Transparenz eine zentrale Grundlage für die Weiterentwicklung des Gesundheitssystems darstellt. Transparenz schafft Vertrauen bei Patienten, stärkt die Qualität der medizinischen Versorgung und ermöglicht eine evidenzbasierte Steuerung von Ressourcen. Initiativen wie die elektronische Patientenakte (ePA) und die verpflichtende Veröffentlichung von Krankenhaus-Qualitätsberichten haben verdeutlicht, dass transparente Strukturen nicht nur die Versorgung verbessern, sondern auch die Zusammenarbeit zwischen den Akteuren im Gesundheitswesen fördern können.

Die Fallstudien in Kap. 7 veranschaulichten überzeugend, wie Transparenz in der Praxis realisiert werden kann. Projekte wie die Einführung von Telemedizin-Plattformen oder Hygienetransparenz-Systemen zeigten, dass technische Innovationen und eine gezielte Kommunikation entscheidend sind, um Akzeptanz und Nachhaltigkeit zu sichern. Gleichzeitig wurde deutlich, dass Transparenz ein strategisches Werkzeug ist, das den Wettbewerb anregt und Anreize für kontinuierliche Verbesserungen schafft.

Herausforderungen der Implementierung

Trotz der zahlreichen Vorteile bleibt die Einführung transparenter Strukturen eine komplexe Aufgabe, die technologische, organisatorische und ethische Hürden mit sich bringt. Datenschutz und die Sicherung sensibler Patientendaten stellen dabei eine der größten Herausforderungen dar. Die Datenschutz-Grundverordnung (DSGVO) bietet zwar einen rechtlichen Rahmen, schränkt jedoch die Flexibilität vieler Transparenzinitiativen ein, wie es in den Fallstudien zur ePA und zu Qualitätsberichten deutlich wurde.

Eine weitere Hürde ist die Fragmentierung des deutschen Gesundheitssystems. Föderale Strukturen und uneinheitliche IT-Standards erschweren die flächendeckende Einführung transparenter Maßnahmen. Diese Probleme wurden in Kap. 4 ausführlich analysiert und durch internationale Vergleiche in Kap. 5 ergänzt, die zeigten, wie Länder wie Estland durch standardisierte digitale Plattformen diese Herausforderungen überwinden konnten.

Internationale Best Practices als Inspiration

Kap. 5 verdeutlichte, dass internationale Ansätze wichtige Impulse für die Gestaltung transparenter Systeme liefern können. Besonders Estland und Schweden haben durch innovative Technologien wie nationale Patientenportale und interdisziplinäre Qualitätsregister gezeigt, wie Transparenz im Gesundheitswesen erfolgreich umgesetzt werden kann. Dänemark wiederum illustriert, wie klare rechtliche Vorgaben und eine konsequente Digitalisierung die Grundlage für transparente und effiziente Gesundheitsstrukturen schaffen können.

Diese Beispiele betonen, dass Transparenz nicht nur ein nationales Anliegen ist, sondern auch von globalem Austausch und Zusammenarbeit profitiert. Der Transfer von Wissen und

Technologien kann dazu beitragen, bestehende Hürden zu überwinden und neue Standards zu setzen, die über nationale Grenzen hinaus Wirkung zeigen.

Notwendigkeit eines interdisziplinären Ansatzes

Die Koordination zwischen Politik, Praxis und Forschung ist unerlässlich, um Transparenz nachhaltig zu etablieren. Die politische Ebene muss klare Rahmenbedingungen schaffen und Investitionen in digitale Infrastrukturen fördern, während die Praxis für die Implementierung und Akzeptanz neuer Maßnahmen verantwortlich ist. Gleichzeitig muss die Forschung systematische Evaluierungen durchführen, um die Wirksamkeit transparenter Strukturen zu messen und kontinuierlich zu verbessern.

Kap. 8 hob hervor, dass Transparenz als integraler Bestandteil eines zukunftsfähigen Gesundheitssystems verstanden werden muss. Es wurde gezeigt, dass ein interdisziplinärer Ansatz unerlässlich ist, um den komplexen Herausforderungen gerecht zu werden und Transparenz als langfristigen Erfolgsfaktor zu etablieren.

Fazit und Ausblick

Zusammenfassend hat dieses Buch dargelegt, dass Transparenz mehr als ein technisches oder organisatorisches Konzept ist – sie ist ein strategisches Werkzeug, das Vertrauen schafft, die Versorgungsqualität verbessert und eine evidenzbasierte Steuerung ermöglicht. Die Erkenntnisse aus den Fallstudien und internationalen Best Practices bieten eine solide Grundlage für die Entwicklung zukunftsfähiger Transparenzmaßnahmen im deutschen Gesundheitswesen.

Die nachhaltige Implementierung erfordert jedoch Mut zur Veränderung, gezielte Investitionen und eine enge Zusammenarbeit zwischen allen Akteuren des Gesundheitswesens. Mit den in diesem Buch entwickelten Handlungsempfehlungen wird deutlich, wie durch kluge und fundierte Entscheidungen Transparenz als zentrale Säule eines modernen und patientenorientierten Gesundheitssystems etabliert werden kann.

10.2 Schlussfolgerungen und Ausblick für die Zukunft

Ein systematischer, technologiegetriebener Ansatz

Die Einführung transparenter Strukturen im Gesundheitswesen erfordert einen systematischen Ansatz, der technologischen Fortschritt, organisatorische Innovation und ethische Überlegungen miteinander verbindet. Dieser Ansatz ist entscheidend, um den komplexen Anforderungen moderner Gesundheitssysteme gerecht zu werden und sowohl die Effizienz als auch die Patientenorientierung nachhaltig zu verbessern. Dabei spielen elektronische Patientenakten, KI-basierte Analysesysteme, Big Data und Telemedizin eine zentrale Rolle. Sie ermöglichen eine datengestützte Entscheidungsfindung und fördern die Kommunikation zwischen allen Akteuren des Gesundheitssystems.

Förderung von Gesundheitskompetenz

Transparenzmaßnahmen entfalten ihr volles Potenzial nur, wenn die Patienten über ausreichende Gesundheitskompetenz verfügen, um bereitgestellte Informationen zu verstehen und in die Praxis umzusetzen. Um dies zu gewährleisten, müssen Bildung und Aufklärung in den Mittelpunkt rücken. Digitale Tools, die Gesundheitsinformationen in einer klaren und leicht zugänglichen Form bereitstellen, können dabei unterstützen. Gesundheitskompetenzförderung sollte gezielt auf marginalisierte Gruppen ausgerichtet sein, um soziale Ungleichheiten zu verringern. Programme zur digitalen Schulung, kombiniert mit traditionellen Informationskampagnen, sind essenziell, um sicherzustellen, dass alle Bevölkerungsgruppen von Transparenzinitiativen profitieren können.

Internationale Zusammenarbeit

Transparenz ist eine globale Herausforderung, die über nationale Grenzen hinausgeht. Der Austausch bewährter Praktiken zwischen Ländern bietet eine einmalige Gelegenheit, voneinander zu lernen und gemeinsam Fortschritte zu erzielen. Die Harmonisierung von Standards, wie etwa durch internationale Organisationen wie die WHO und die OECD, kann dazu beitragen, dass Länder voneinander profitieren und gemeinsame Lösungen entwickeln. Kooperationen könnten den Zugang zu Innovationen erleichtern und die globale Gesundheitsversorgung stärken. Insbesondere in den Bereichen Datenschutz und ethischer Umgang mit Gesundheitsdaten wäre eine koordinierte internationale Strategie von Vorteil.

Nachhaltige Finanzierung

Eine der größten Herausforderungen bei der Umsetzung transparenter Strukturen sind die hohen Kosten für Infrastruktur, Technologie und Weiterbildung. Diese Investitionen sind jedoch essenziell, um langfristig eine höhere Effizienz und Qualität im Gesundheitssystem zu erreichen. Politische Förderprogramme, die gezielt in innovative Technologien wie KI oder Blockchain investieren, sind hierbei entscheidend. Zusätzlich könnten öffentlich-private

Partnerschaften neue Möglichkeiten bieten, um finanzielle Mittel zu aktivieren. In Deutschland ist eine nachhaltige Finanzierungsstrategie erforderlich, um sowohl Krankenhäuser als auch niedergelassene Ärzte bei der Einführung transparenter Systeme zu unterstützen.

Patienten als aktive Akteure
Die Rolle der Patienten wird in Zukunft eine zentrale Bedeutung einnehmen. Sie müssen als aktive Gestalter ihrer Gesundheitsversorgung verstanden werden, die durch Transparenz befähigt werden, fundierte Entscheidungen zu treffen. Digitale Plattformen, die Patienten detaillierte Informationen über Behandlungsoptionen, die Qualität von Leistungserbringern und Kosten bereitstellen, sind ein entscheidender Schritt in diese Richtung. Darüber hinaus könnte die Einführung gemeinsamer Entscheidungsmodelle (Shared-Decision-Making) dazu beitragen, Patienten stärker in den Behandlungsprozess einzubinden und ihre Autonomie zu stärken. Patientenportale und mobile Anwendungen, die den direkten Zugriff auf Gesundheitsdaten und die Kommunikation mit Leistungserbringern ermöglichen, könnten diesen Prozess zusätzlich fördern.

10.3 Zusammenfassung der zentralen Erkenntnisse

Transparenz im Gesundheitswesen ist weit mehr als ein technologisches Konzept – sie ist aus multidisziplinärer Perspektive eine ethische und strategische Notwendigkeit. Sie trägt wesentlich dazu bei, Qualität, Effizienz und Patientenorientierung zu stärken. In einer Zeit, die von Digitalisierung, wachsenden Erwartungen der Bevölkerung und begrenzten Ressourcen geprägt ist, wird Transparenz zunehmend zum integralen Bestandteil eines resilienten und zukunftsfähigen Gesundheitssystems. Die entwickelten Empfehlungen bieten Politik, Praxis und Forschung eine fundierte Orientierung, um Transparenz dauerhaft und wirksam zu verankern. Dabei wird deutlich: Transparenz ist nicht nur ein Ziel, sondern ein strategischer Prozess, der das Gesundheitssystem gerechter, moderner und nachhaltiger gestaltet. Die erfolgreiche Umsetzung erfordert jedoch engagierte Zusammenarbeit, die kritische Reflexion bestehender Strukturen und den Willen zu kulturellem Wandel. Zukunftsweisend ist insbesondere, Transparenz nicht allein technisch zu implementieren, sondern sie auch kulturell zu verankern – als zentrale Leitlinie für ein lernendes, gerechtes und leistungsfähiges Gesundheitssystem im 21. Jahrhundert.